［改訂版］

経営学原理

浦野倫平・佐久間信夫 ［編著］

石井泰幸・井上善博・大塚英美
金　在淑・矢口義教・山口尚美 ［著］

創 成 社

はしがき

　本書は 2014 年に刊行された『経営学原理』の改訂版として企画・編集されたものである。旧版刊行から 7 年が経過し，法律や制度，そして社会の動向や企業の行動様式も変化を続けているため，これらの変化に対応したものに書き直す必要があった。

　たとえば，2015 年から始まった日本の本格的なコーポレート・ガバナンス改革は日本企業のトップマネジメント組織や企業行動に大きな変化をもたらした。また，GAFA（グーグル，アマゾン，フェイスブック，アップルの 4 社）をはじめとする IT 企業の急成長は，社会の利便性や産業の効率性を高めると同時に，様々な社会問題を引き起こし，労働者間の著しい格差を生み出す一因ともなり，今や欧米では GAFA に対する規制が日増しに厳しくなっている。これらの IT 企業は税逃れや独占の疑いなどで既に巨額の制裁金を課せられたほか，個人情報の不当な利用など多くの問題が指摘されており，GAFA を解体すべきであるとの主張もなされている。

　一方，自動車産業では高まる環境保護の世論を背景に，脱化石燃料の動きが加速している。欧米においては，多くの国や地域でガソリン車とディーゼル車の販売を全面的に禁止する目標が設定され，いわゆる EV シフト（電気自動車への移行）が進んでいる。この動きは 2015 年のフォルクスワーゲンの排ガス偽装事件を契機とするものであるが，その急速な政策の転換は驚くべきものである。

　自動車産業においては，つながる車（C），自動運転車（A），カーシェアリング（S），電気自動車（E）の 4 つの変化，いわゆる CASE といわれる産業の大きな変化が同時に進んでおり，世界の自動車メーカーがその対応に追われている。自動車業界では「強いモノが生き残るのではなく，変化に適応できるモノ

が生き残れる」と言われている。加速度的に変化が激しくなっている今日，これは他のすべての産業にも当てはまる言葉であろう。

　さらに多くの産業に変革を求めているのは，機関投資家による ESG の圧力である。機関投資家は投資対象企業に対して，これまでの利益や配当などのもとになる財務的業績だけでなく，環境 (E)，社会 (S)，ガバナンス (G) の側面においても企業に高い業績を要求するようになってきており，企業経営者もまた ESG を重視した経営が企業の持続的成長にとって不可欠であることを認識するようになってきた。しかも，機関投資家は大企業に対してそのサプライチェーンの全てにおいて ESG を求めているため，ほとんどの中小企業においても ESG 経営の実践が求められるようになってきている。

　また，近年，産業組織や行政，教育機関など，社会のほぼすべての組織を巻き込みながら急速に進展しているデジタルトランスフォーメーション (DX) が注目を集めている。DX は今後持続的に，企業活動，行政サービス，教育や医療，そして人々の生活様式を根底から変えていくと考えられる。10 年後の我々の世界は，今とはすっかり違ったものになっているかもしれない。

　企業をめぐるこれらの経営環境の急速な変化は，ついこの数年間の変化であるが，社会全体の通念や価値観さえ変えながら進んでおり，企業と経営者，そして従業員はこのような変化を十分に認識して活動することが求められる。本書はこれらの変化も意識して執筆されている。

　一方で，本書には経営学を学ぶものが必ず理解しておかなければならない，基礎的な理論を扱った章も設けられている。基礎的な理論は企業や組織についての原理を提示しており，時代が変わったとしても応用することができる知識である。常に変化してゆく現象を正しく捉えるだけでなく，理論を学ぶことによって現象の背後にある本質を理解する力を養っていただければ幸いである。

　2012 年 3 月　コロナ下にあって，桜の開花が待たれる窓辺にて

編　者

目　　次

はしがき

第1章　現代企業の諸形態 ——————————————— 1
第1節　はじめに ……………………………………………… 1
第2節　企業の概念 …………………………………………… 1
第3節　私企業形態の歴史的発展 …………………………… 4
第4節　今日の法制上の企業形態 ……………………………11
第5節　株式会社の機関設計 …………………………………14

第2章　日本の会社機関とコーポレート・ガバナンス ——— 27
第1節　はじめに ………………………………………………27
第2節　監査役設置会社の機関構造 …………………………28
第3節　1990年代までの会社機関（監査役設置会社）の問題点 …30
第4節　指名委員会等設置会社の導入 ………………………34
第5節　監査等委員会設置会社と2015年以降のコーポレート・
　　　　ガバナンス改革 ………………………………………36
第6節　おわりに ………………………………………………43

第3章　アメリカの会社機関とコーポレート・ガバナンス — 47
第1節　はじめに ………………………………………………47
第2節　トップ・マネジメント組織と企業統治 ……………48
第3節　株主総会 ………………………………………………52
第4節　取締役会 ………………………………………………54
第5節　機関投資家と企業統治活動 …………………………57
第6節　エンロンの破綻と企業改革法 ………………………59

第7節　リーマンショックとドッド・フランク法 ················63
第8節　おわりに ··65

第4章　現代企業の社会的責任 ──────── 68

第1節　企業の社会性に関する視点 ································68
第2節　伝統的な CSR モデル ·····································69
第3節　日本企業の CSR の展開 ··································71
第4節　近年の CSR の潮流─ ESG, ISO26000, CSV ─ ········79
第5節　CSR を促進する SDGs と現代企業の CSR の枠組み·····85
第6節　むすび ··90

第5章　現代企業と環境問題 ──────── 96

第1節　環境問題と「持続可能性」································96
第2節　環境問題と株式会社制度 ······························ 101
第3節　環境問題への対応を促進する外的要因 ················ 106

第6章　経営戦略論における理論体系 ──────── 115

第1節　経営戦略論の展開 ·· 115
第2節　ポジショニング理論 ····································· 122
第3節　リソース・ベースト・ビュー理論 ····················· 127
第4節　ブルー・オーシャン戦略 ································· 130

第7章　3つのレベルの経営戦略 ──────── 134

第1節　はじめに　経営戦略のレベル ························· 134
第2節　全社戦略（Corporate Strategy）····················· 136
第3節　事業戦略（Business Strategy）······················· 142
第4節　機能別戦略（Functional Area Strategy）·············· 149

第8章　テイラーの管理論 ──────── 156

第1節　テイラーの生涯と主要業績 ···························· 156

　　第2節　科学的管理論の背景 ……………………………………… 158
　　第3節　課業管理 ………………………………………………… 159
　　第4節　精神革命論 ……………………………………………… 162
　　第5節　科学的管理に対する批判と労働組合 ……………… 164
　　第6節　科学的管理法の継承者たち ………………………… 167

第9章　ファヨールの管理過程論 ―――――――――― 171
　　第1節　ファヨールの生涯と主要業績 ……………………… 171
　　第2節　企業管理と管理教育 ………………………………… 172
　　第3節　管理原則 ………………………………………………… 176
　　第4節　管理の要素 ……………………………………………… 179
　　第5節　ファヨール管理論の特質と管理過程学派 ………… 183

第10章　人間関係論と行動科学 ――――――――――― 188
　　第1節　はじめに ………………………………………………… 188
　　第2節　ホーソン実験 …………………………………………… 189
　　第3節　レスリスバーガーの人間関係論 …………………… 196
　　第4節　行動科学的管理論 …………………………………… 198
　　第5節　おわりに ………………………………………………… 205

第11章　バーナードの組織論 ――――――――――――― 208
　　第1節　はじめに ………………………………………………… 208
　　第2節　現代社会における組織 ……………………………… 209
　　第3節　バーナードの人間観（全人仮説） ………………… 209
　　第4節　個人と組織 ……………………………………………… 210
　　第5節　協働体系と公式組織 ………………………………… 211
　　第6節　オーソリティー受容説 ……………………………… 216
　　第7節　経営者の役割（管理職能） ………………………… 217

第12章 サイモンの組織論 ——————————— 223

第1節　はじめに ……………………………………………… 223

第2節　意思決定の前提（価値と事実）……………………… 224

第3節　限定合理性と満足化 ………………………………… 225

第4節　組織の影響力の理論 ………………………………… 228

第5節　組織の参加と組織均衡 ……………………………… 232

第13章 経営組織の基本形態と発展形態 ——————— 237

第1節　ライン組織 …………………………………………… 237

第2節　ファンクショナル組織 ……………………………… 239

第3節　ライン・アンド・スタッフ組織 …………………… 241

第4節　事業部制組織 ………………………………………… 242

第5節　マトリックス組織 …………………………………… 245

第14章 現代企業における情報管理 ————————— 251

第1節　はじめに ……………………………………………… 251

第2節　情報管理とは何か …………………………………… 252

第3節　わが国の情報管理 …………………………………… 262

第4節　わが国の情報管理の現状 …………………………… 268

第5節　これからの情報管理 ………………………………… 272

第6節　結　び ………………………………………………… 273

第15章 ビジネスのグローバル化と多国籍企業 ————— 278

第1節　はじめに ……………………………………………… 278

第2節　多国籍企業とグローバルビジネス ………………… 280

第3節　多国籍企業の史的展開—日本企業の海外進出 …… 285

第4節　組織構造の発展経路 ………………………………… 288

第5節　おわりに ……………………………………………… 296

第16章　創造的企業と知識経営 ——————— 298

第1節　はじめに ……………………………………… 298

第2節　知識の創出プロセス ……………………… 299

第3節　知識創造の特徴 …………………………… 303

第4節　賢慮から生まれる実践知 ………………… 307

第5節　知識を生み出す外的要因 ………………… 312

第6節　おわりに …………………………………… 314

索　引　317

第1章

現代企業の諸形態

第1節　はじめに

　経営学は組織を対象とする学問である。経営学を学ぶにあたり，その第一歩としてまず中心的な研究対象となる企業の概念を理解し，そして現代社会における企業の諸形態について確認しておくことが不可欠である。本章ではまず企業について広義，狭義二つの企業概念について整理する。次いでその中の制度的私企業形態の歴史的な発展について概観する。そして今日の日本における法制上の企業形態について紹介していく。

第2節　企業の概念

　現代社会は組織社会といわれる。これは社会に有用な財やサービスの提供，雇用の確保といった今日の社会におけるあらゆる機能が組織を通じて遂行される現実を捉えたものである。その組織社会の中にあって中心的な存在は大規模企業であり，これら大規模企業について高名なドラッカーは現代社会における決定的，代表的，社会的制度であると述べている。

　では企業という組織はどのように定義されるのであろうか。広辞苑によれば，企業とは「生産・営利の目的で，生産要素を総合し，継続的に事業を経営すること。また，その経営の主体。」とある。この定義が意味するところは何か。以下，これを起点にして企業概念をさらに深く掘り下げて行くことにする。

1. 広義の企業概念

　上記の企業の定義から，企業とは，①営利（収益性追求）を目的とした組織であり，かつ，②その目的を達成するために継続的に事業を行う組織であることがわかる。ちなみに「事業を行う」とは社会的規模で行われる仕事を継続的に遂行することを意味する。事業という言葉自体にすでに継続性が含意されている。では，社会にはいかなる事業が存在するのであろうか。

　まず，提供するサービスそのもの，あるいはそれらを提供するための活動が本質的に営利目的にふさわしいものではなく，社会通念として営利追求が厳しく否定される事業がある[1]。行政，福祉，医療，病院，教育，布教（宗教）といったサービス事業がこれに該当するもので，それぞれ官公庁，福祉団体，病院，学校，寺社・教会といった組織により遂行されている。これら事業の目的は，それぞれが社会的使命とするサービスを安定的に継続して提供することにある。これら事業は，次に述べる経済事業に対して，非経済事業と呼ばれ，その事業を遂行する組織は非経済事業組織としてまとめられる。

　一方，それ以外の事業は経済事業と総称される。経済事業とは，人間生活にとって不可欠もしくは生活向上に必要な財・サービスを，限りある資源に働きかけて生産・供給することを目的として，財貨を投下し，回収する活動である。経済事業を遂行する組織は経済事業組織の呼称でまとめられる。

　ここで注目すべきは，経済事業は社会的に有用な財・サービスの生産・交換という社会的活動の側面と同時に，資本の調達，運用（消費），回収・分配という財務的活動の側面も併せ持つ事業であるという点である。この経済事業における財務的活動は，将来のリターン獲得をめざして資本を集め，投下する投資活動に他ならない[2]。このことを勘案すれば，経済事業は，活動それ自体が財やサービスの提供という社会的活動（社会性）にとどまらず，事業主による事業主のための投資の側面，すなわち私的な営利追求（営利性）も本質的に内包しているといえるのである。経済事業組織はそのような意義を持つ経済事

業を遂行する組織として社会に存在している。そして，社会もまたその発展に資するものとして経済事業組織を必要としている。つまり，経済事業組織は営利を目的として事業を遂行することが許される存在として社会に受容されているのである。

このように社会の事業は営利を目的とすることに対する可否を基準にして，それが社会的に容認されない非経済事業と，本質的に営利性を内包している経済事業に分類される。出発点とした企業の定義は「営利を目的とした事業組織」であった。これに照らせば，企業とは，まずは営利追求が容認される経済事業を行う組織，すなわち経済事業組織であると定義することができる。これが広義の企業概念である。

2.　狭義の企業概念

しかしながら，経済事業を行う広義の企業の中にあえて営利を目的としない特殊なものが存在する。一つは投下された資本が公的性格を持つことに起因して非営利的な性格を有する組織で，公企業や第3セクターのような公私混合企業といったものがこれに該当する。いま一つは，私的資金が資本として投下され，営利を目的とすることは十分可能であるにもかかわらず，経営方針の中に民主的原理を導入することによってあえて非営利性を貫徹しているケースである。農協や生協といった協同組合のような組織がこれに該当する。これら公企業，公私混合企業，協同組合は経済事業を遂行しながらもあえて非営利を貫いており，その特殊性を明示するために非営利経済事業組織と呼ばれている[3]。

これに対して一般の経済事業組織は営利を目的としており，これを明確にするべく非営利経済事業組織に対して営利経済事業組織と呼ばれるようになっている。

このように広義の企業（経済事業組織）は，さらに非営利経済事業組織と営利経済事業組織に分類される。このうち「営利を目的とした事業組織」という当初の企業の定義に照らせば，厳密に企業と呼べるものは広義の企業（経済事

図表1－1　企業の概念

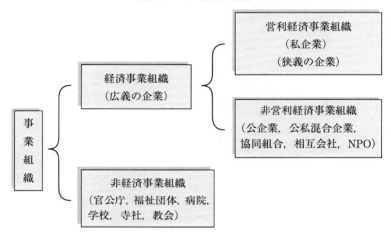

私企業：個人企業，合名会社，合資会社，株式会社，合同会社，有限責任事業組合
公企業（政府公企業）：現業官庁，公庫，日本輸出入銀行，日本開発銀行，公団，事業団
公企業（地方公共企業）：地方公営企業，地方公社
公私混合企業：日本銀行，商工中金，電源開発，JT，NTT，JRグループ7社，第3セクターなど
協同組合：JA，生協，信用金庫，信用組合，労働金庫など
出所：筆者作成。

業組織）のうち営利経済事業組織だけということになる。これが狭義の企業概念となる。なお，営利経済事業組織は，非営利経済事業組織の公企業，公私混合企業との呼称に対して，私企業と呼ばれている。

　これまで述べてきた企業概念について整理したものが図表1－1である。

第3節　私企業形態の歴史的発展

　前節では広義，狭義という2つの企業の定義を紹介したが，歴史的に見れば狭義の企業，すなわち私企業こそが企業の原点であり，現代の各種企業形態は私企業が大規模化を目指す中で登場したもの，あるいは登場した私企業形態を

モデルとしてそれらを組み合わせて派生的に生み出されたものと見ることができる。以下，私企業の歴史的発展について出資の拡大（大規模資本調達）と支配権維持をキーワードにしながら見ていくことにする。なお，出資の拡大とは，資本調達方法を工夫しながら企業を大規模化させて行くプロセスのことであり，一方の支配権維持は，出資者が自らの意思を経営に反映させうる発言権を保持し続けることを意味している。

1.　個人企業

現在の私企業形態の原初的なものが個人企業である。個人企業における出資者（所有者）は単独の個人（家族含む）であり，彼は出資をすると同時に，経営に万一のことが生じた場合に無限責任を負担することを根拠に，支配権を独占的に保持して経営のすべての意思決定を行う[4]。また，個人企業では出資者（所有者）が意思決定のみならず，実際の経営にも深く関与する場面が多い[5]。

このように個人企業では出資者個人が支配権を独占しており，支配権については安定的に維持される。しかし，一方で出資の拡大については個人財産の範囲を限度とし，また借入れについても出資者個人の人的信用の範囲に留まる。加えて事業の継続についても出資者個人の意向次第という側面が大きく，継続性という点で安定していない。

したがって個人企業である限り大規模化することは困難で，出資の拡大のためには新たな資金調達方法が工夫されることになる。

2.　合名会社

最初に考案された出資の拡大の方法は，個人企業の出資者に加えて，彼と同等の権利を持ち，同等の義務を負う出資者を導入することであった。これが制度化された私企業形態が合名会社である。

合名会社の出資者は，全員が同額の出資を行い，同等の無限責任を負う無限

責任社員[(6)]であり，これを根拠に全員に平等な権利が付与される。平等な権利とは具体的には出資者各人が経営に対して同等の発言権（つまり同等の支配権）を有することで，合名会社ではそれを保障するために経営意思決定については社員全員参加の一人一票による合議制が採用されている[(7)]。また，自分の出資分（持分）の譲渡については他の社員の承諾が必要とされている。

　ところで，出資者が複数である企業は個人企業に対して集団企業と呼ばれる。日本ではこれまで法的に「出資者の集団を指して特殊に『会社』と定義してきた」（小松，2006，19～20ページ）経緯があり，それゆえ集団企業についてのみ「会社企業」略して「会社」という呼称が使われるようになっている。このような日本の会社についての法的定義からすると出資者が一個人である個人企業が会社と認められることはない。個人企業につき個人会社と呼ばれないのはこうした法的解釈に由来している。

　さて話を合名会社に戻そう。合名会社における出資の拡大は既存の出資者と同等の権利・義務を持つ新たな出資者を増やすことで解決を図るものであった。では既存の出資者は自らの支配権を維持するためにどのような配慮をしたのであろうか。それは新たな出資者の限定である。既存の出資者は，新たな出資者につき自らの意見に賛同してくれる者，さらには自分と同額を出資し，同等の無限責任負担を理解してくれる者に限定することで一人一票の合議制における自らの発言権を保持しようとしたのである。それゆえ合名会社での出資者の増大はおのずから人的信頼関係が保てる範囲に限定されることになる。

　そのような制約の中での合名会社の出資拡大方法は2段階に分けられる。最初は新たな出資者を増やすことである。しかしこの方法は，すでに述べたように，既存の出資者の支配権維持の観点から人的信頼関係の範囲に限定されざるを得ない。

　そこで次善の策として，出資者数はそのままに各出資者に追加出資を要請し，一人当たりの出資額を増大させる方法が採用される。この追加出資の際に注意すべき点は，権利の平等を保持するために全員に同額出資を要請しなければならないということである。このためこの追加出資による出資の拡大にして

も，追加出資要請が度重なれば，そのうちに要請に応じることができない出資者が出てくるのは当然の帰結であり，おのずから限界が来る。

　また借入れについても信用の基礎は個人企業と同じく出資者の人的信用の範囲に留まるのであり，出資者が複数になるとはいえ，これについても人的限界がある。

　このように合名会社制度における出資の拡大は，出資者同士の人的結合，借入れにおける人的信用という限界が存在し，また事業の継続性についても出資者全員の意向次第という側面は否めず，すべてにおいて出資者の人的側面が強調される。それゆえ合名会社は人的会社と呼ばれている。

3.　合資会社

　合資会社は，出資者として合名会社と同様の無限責任社員に加えて，出資額を限度とする有限責任の負担だけで許される有限責任社員を誕生させることにより更なる出資の拡大を図ったものである。

　合資会社で制度化された有限責任社員は，無限責任を免除される代わりに合議には参加しない。それゆえに出資額に関する制約はなく自由である。また彼らの出資は譲渡可能である。ただし，譲渡の際には経営に携わる無限責任社員全員の同意が必要となっている。このように合資会社においては，無限責任社員は，合名会社と変わらない一人一票の合議制を維持するとともに，それぞれ経営にも参画するのであり，無限責任社員の支配権については引き続き維持されている[8]。

　合資会社の萌芽は合名会社のさらなる大規模化過程の中に見ることができる。合名会社としての出資の拡大には人的限界があることはすでに述べた。しかし，市場の競争に打ち勝つための大規模化（資本拡大）要請は留まることを知らず，ついにはその一線を越える事象が発生する。具体的には①匿名出資の発生と②無限責任社員間における平等性の崩壊の2つである。

① 匿名出資の発生

匿名出資発生の経緯は次のようなものである。合名会社において追加出資要請が続くと，個人財産がついに限界を迎え，追加出資に応じることができない出資者（無限責任社員）が出てくる。しかし，それでも彼は，合名会社の出資条件である同額出資を維持するために，自分の知人（合名会社から見れば第三者）から融資を受けてまで何とか追加出資に応じようと試みる。

合名会社の無限責任社員に資金を融資した知人は，この時実質的には合名会社に資金を提供したことになる。しかしながら，合名会社から見れば，彼は正式な出資者（社員）として認識されることはない。もちろん出資者のリストに記録されるはずもない。これが匿名出資といわれる事象の発生である。

② 無限責任社員間における平等性の崩壊

しかし，匿名出資を駆使した追加出資への対応も当該無限責任社員の個人的な信頼関係の範囲に限定されるのであり，たび重なる要請の結果，ついには追加出資に応じられない出資者（無限責任社員）が現れる。ここに合名会社における出資者全員の同額出資という原則が崩壊する。

これに対して合名会社のその他の無限責任社員はどのように対応するのか。合名会社は同額出資，同等の無限責任負担を条件に，各出資者に一人一票制の合議への参加という平等の権利を付与する制度であった。今，その平等の権利の根拠となっていた同額出資が崩れたわけである。そこで他の無限責任社員は，支配権維持の観点から，追加出資に応じられない社員については合議に参加させない措置を取るとともに，一方で無限責任についてはこれを免除し，責任の上限を出資額までとする有限責任を認めることとなった。

そうなると，先に見た匿名出資者と追加出資に応じられなくなった元無限責任社員には共通点が生まれることになる。一つは両者とも合名会社の合議に参加することはなく，経営に対する発言権は一切ないこと。いまひとつは共に実質的に有限責任となっていることである。合名会社が倒産した場合，匿名出資の資金はまったく回収される見込はなく，また匿名であるがゆえに無限責任を

負うこともない。これは匿名出資者から見ればまさに合名会社に対して出資額を限度とした有限責任を負担することと同じである。一方，合議から外れた元無限責任社員は無限責任こそ免除されるが，出資額分についての責任負担は残る。つまりこちらも出資額を限度とする有限責任負担となっているのである。このように合名会社の大規模化の中で発生した匿名出資者と追加出資に応じられなくなった元無限責任社員は，出資はするが有限責任でかつ支配権は持たない出資者層として同義に扱われるようになっていった。

　このような経緯を経て発生した新たな出資者層を有限責任社員として正式に取り込んだものが合資会社である。合資会社制度であれば，無限責任社員は有限責任社員を増やすことにより，自らの支配権を維持しながらさらに出資の拡大を図れるようになる。

　しかしながら，合資会社では有限責任社員の持分の譲渡について無限責任社員の同意が必要とされたことから，有限責任社員といえどもやはり無限責任社員との人的信頼関係がなければ出資は困難であった。また，有限責任社員を利用した出資の拡大（大規模化）は，無限責任社員が実際に無限責任を負担できる範囲までという人的限界が依然として存在するのもまた事実である。それゆえ，合名会社と同じく合資会社も人的会社と呼ばれている。

4.　株式会社

　ところが，企業間競争の激化とともに出資の拡大は合資会社の限界をも超えていく。そして，無限責任社員の支配権維持の根拠となっていた無限責任負担は有名無実化していく。その中で誕生したのが株式会社である。株式会社の起源は，1602年設立のオランダ東インド会社とされているが，これは既存の大規模な合資会社同士の大合併により誕生したものであり，制度的にはまだ株式会社として完成されたものではなかった[9]。

　株式会社は，無限責任の有名無実化に対応して，全出資者を有限責任にするとともに，出資額の差がそのまま発言権の差に結びつくよう工夫することによ

り，出資の拡大と支配権維持の両立を試みた画期的な制度である。

　合資会社に至るまでは出資を証明する証券は存在しない。それに対して株式会社では，同額の小口額面が記載された譲渡自由な出資証券（株式）が考案され，出資者はそれぞれ出資額（持分）相当分の株式（株式数＝持分÷株式額面）を受け取って株主と呼ばれるようになる。また，株式会社においては無限責任社員だけの合議に代え，最高意思決定を行う会社機関として株主総会を制度化して株主であれば誰でも自由に参加できるように門戸を開いた。

　このように株式会社においては全出資者が有限責任，出資額も自由，株式の譲渡も自由，そして意思決定の場である株主総会への参加も自由とすることで，人的信頼関係に縛られない広範囲な資本の調達を可能にした。

　この結果，大規模な株式会社においては出資者たる株主の数も膨大となる。その中で株主同士はお互いに面識はなく，偶然，同じ会社に出資しているという事実に基づく繋がりがあるにすぎない。このような株主間の結びつきを物的結合という。また借入れについても株主個人の人的信用から会社の財産という物的信用に転化するなど，出資者個人よりも会社それ自体の財産が前面に出てくる。それゆえ，合名会社，合資会社が人的会社と呼ばれるのに対して，株式会社は物的会社と呼ばれている。

　一方，支配権維持については株主総会における決議を一人一票ではなく一株一票の多数決に変更することで出資額の差がそのまま経営に対する発言権の差に反映されるように工夫された。これにより元来出資額（持分）において他を圧倒していた旧合資会社の無限責任社員は，株式会社制度の下でも，出資額の差（＝それが持株比率の差となり，株主総会での投票可能数の差となる）を根拠に，合理的に大株主として支配権を維持し続けることが可能となった。

　しかし，株式会社制度であっても2つの意味で支配権維持は万全ではない。まず，株主が保有する株式は譲渡自由であり，とくに上場された株式会社の株式は証券市場においていつでも売買可能である。このため支配権獲得を目的に株式の大量取得を試みる者が出現する危険性が常に存在している。いまひとつは株式会社のさらなる出資の拡大の中で発行済み株式が増大していくと，それ

まで支配権を維持してきた大株主の持株比率が低下して，その維持が困難になる恐れ，すなわち「所有と支配の一致」が消失する恐れがある。出資の拡大と支配権維持という相矛盾する課題の両立は，株式会社においても未だ万全とはいえないのである。

第4節　今日の法制上の企業形態

　今日の法制上の企業形態は前節で見た私企業の歴史的発展の延長線上にある。ここでは現在の日本における法制上の企業形態について見ていくことにする。

　現在，わが国の会社法が会社と認める企業形態は図表1 − 2にあるように株式会社，合名会社，合資会社，合同会社の4種類で，株式会社以外は持分会社と総称される。個人企業は，すでに述べたように法制上は「会社ではないその他の企業として，消極的に位置づけられ」ているにすぎない。(小松，2006，59

図表1 − 2　日本における企業形態

		企業形態	備考
会社法上の会社		(1) 個人企業	(法的規定なし)
	持分会社	(2) 株式会社	1890 年法制化
		(3) 合名会社	2005 年に会社法に移行
		(4) 合資会社	
		(5) 合同会社	2005 年会社法により法制化
その他の企業形態		(6) 有限会社（特例有限会社）	1938 年有限会社法により法制化。2006 年会社法施行に合わせて，有限会社法は廃止。それ以降，有限会社の新規設立は不可となっている。
		(7) 有限責任事業組合	2005 年有限責任事業組合契約に関する法律により法制化
		(8) 相互会社	保険業法により法制化

出所：小松　章『企業形態論（第3版）』新世社，2006 年，58 〜 59 ページに依拠して，筆者作成。

図表1－3　組織別・資本金階級別法人数

区　分	1,000万円以下	1,000万円超 1億円以下	1億円超 10億円以下	10億円超	合　計	構成比
（組織別）	社	社	社	社	社	％
株式会社	2,179,140	337,328	15,547	5,652	2,537,667	93.8
合名会社	3,642	171	—	1	3,814	0.1
合資会社	15,582	526	—	4	16,112	0.6
合同会社	82,195	606	120	10	82,931	3.1
その他	48,272	16,663	699	469	66,103	2.4
合計 構成比	2,328,831 (86.1)	355,294 (13.1)	16,366 (0.6)	6,136 (0.2)	2,706,627 (100.0)	100.0

出所：『税務統計から見た法人企業の実態』（平成29年度分），2019年（令和元年）。

ページ）また，有限会社，有限責任事業組合，相互会社については各々独自の法律により制度化されたものでその他の企業形態とされている。

　日本における会社の実態については図表1－3を参照されたい。以下，それらについて見て行く[10]。

1.　株式会社

　2005年（平成17年）制定の会社法の株式会社規定における思想的骨格は，中小規模で定款で全株式を譲渡制限とした「株式譲渡制限会社」を株式会社の基本型として規定し，「大会社」「公開会社」にはその特則を定めるスタイルをとっている（江頭，2017，6～7ページ）。

　ここで「公開会社」とは，発行する株式の一部でも譲渡制限が設定されていなければ該当するもので，完全な「株式譲渡制限会社」以外はすべて公開会社となる。「大会社」とは資本金5億円以上もしくは負債200億円以上の会社のことで，会計監査人の設置が義務付けられている。株式会社にかかわる法規定については第5節で改めて取り上げることにする。

2.　合同会社

　合同会社はアメリカの LLC（Limited Liability Company）をモデルにして，2005 年（平成 17 年）会社法で初めて導入された新しい企業形態で，会社法では合名会社，合資会社と共に持分会社に分類されている。

　合同会社は，株式会社のメリットと合名会社，合資会社のメリットを取り出して組み合わせたものである。まず，全出資者につき有限責任が認められる。これは株式会社制度に由来する。一方，議決権の割合や利益処分の割合等については各自の出資額（出資の割合）とは別に自由に定款に定めることができる。これを定款自治というが，こちらは合名会社，合資会社制度に由来するものである。出資者に持分譲渡の自由はないが，やむをえない事情があれば定款の定めにかかわらず退社し，持分の払戻を受けることができる。

　合同会社はアメリカの LLC をモデルとしているが，LLC と異なり法人税の免除はなく，税制面のメリットに欠ける制度となっている。

3.　有限会社

　1938 年（昭和 13 年）に制定された有限会社法により制度化された中小企業向けの企業形態で，これも株式会社のメリットと合名会社，合資会社のメリットを生かしたものである。2006 年（平成 18 年）の会社法施行に伴い有限会社法が廃止された現在では，法的には定款上全部の株式につき譲渡制限を定めた株式会社，すなわち「株式譲渡制限会社」の一類型とみなされるようになった。今日では新規に有限会社を設立することはできない。既存の有限会社はそのまま有限会社の名称で存続することも可能であるが，法的にはそれらは特例有限会社という名の株式会社（株式譲渡制限会社）と考えられている。

14

4. 有限責任事業組合

イギリスの LLP (Limited Liability Partnership) をモデルに，2005 年制定の有限責任事業組合契約に関する法律で制度化されたものである。有限責任事業組合は，出資者（組合員）全員が経営に携わる権利を有し，組合員全体で経済事業を行うことを目的とする営利経済事業組織である。

有限責任事業組合では，組合ゆえに定款自治が尊重され，また法人税が課されることもない[11]。また組合員の無限責任負担が原則の組合でありながら出資者（組合員）全員の有限責任が認められる特殊な企業形態である。

5. 相互会社

相互会社は保険業法により保険業を営む企業に限定して認められた特殊な企業形態である。相互会社では保険加入者が払い込む保険料が出資に相当し，保険加入者全員が出資者（社員）である。保険加入者は全員，払込み保険料を限度とする有限責任社員である。

法制上の相互会社の最高意思決定機関として社員総会が設定されており，出資（払込み保険料）の大小に関係なく一人一票の合議制が採用されている。

しかし，保険加入者全員が集合して社員総会を開くことは理念として存在しても実際に開催することは不可能である。そこで相互会社では社員総会に代えて，社員の中から選ばれた代表者が参加する社員総代会が設置されている。

第5節　株式会社の機関設計

1.「機関」とは

株式会社は物的会社であり，会社の財産を代表する「会社それ自体」が前面

に出てくることはすでに第 3 節で述べた。それゆえ株式会社制度では，「会社それ自体」が，われわれ自然人と同様に権利・義務を果たす自立した主体となることが正式に認められている[12]。

　しかしながら，現実には「会社それ自体」は，自ら意思を示し，自ら動くことができない。そこで株式会社においては「会社それ自体」の意思決定を行い，それに基づき行動することを目的とした特定の自然人または会議体を設けることが要請されることになる。こうした必要性に基づいて会社に設置される，一定の自然人または会議体が，まさに会社の「機関」，すなわち会社機関と呼ばれるものである（神田，2019，178 ページ）。

　よく一般に会社の代表者として経営者という言葉が使われるが，彼は会社機関を代表する重要な自然人である。また，経営陣という呼び方もよく聞くが，これは会社機関として作られた各会議体を構成する自然人全体のことを指す。

　では，経営者，経営陣に抜擢されるのはどのような自然人になるのかといえば，株式会社においては，特段の定めがない限り，必ずしも株主（出資者・所有者）である必要はないとされている。極論すれば，株主総会で承認さえ得られれば，誰でも経営者あるいは経営陣の一員になることができるのである。このように株式会社は，その制度そのものに「所有と経営の分離」を生じさせる要因が内包されている。

　以上のことを念頭に置いた上で，日本の株式会社の会社機関について，株式会社の機関設計規準に基づき確認して行くことにする。

2.　機関設計規準

　会社法が定める株式会社の機関設計規準は，次のようになっている。
　①すべての株式会社は，「株主総会」と「取締役」が必要である。
　②「公開会社」の取締役については「取締役会」でなければならない。
　②-2「非公開会社」については取締役でも取締役会のいずれでもよい。
　③「取締役会」を設置した場合，監査役（監査役会含む），監査等委員会，三

委員会・執行役のいずれかが必要である[13]。

　③-2 例外として，「非公開・非大会社」で「会計参与」を置いた場合は必要ない。

　③-3「公開・大会社」で監査役を選択する場合は，「監査役会」でなければならない。

　④「取締役会」を設置しない会社については，「監査役」以外は選択できない。

　⑤「大会社」および，③で監査等委員会を選択した会社，同じく③で三委員会・執行役を選択した会社については，会計監査人の設置が必要である。

　⑥一方で，会計監査人を設置するためには，「監査役設置会社」（③で監査役を選択，もしくはそれ以外で任意で監査役を設置），「監査役会設置会社」（③で監査役会を選択），「監査等委員会設置会社」（③で監査等委員会を選択），「指名委員会等設置会社」（③で三委員会・執行役を選択）のいずれかでなくてはならないとの条件が付いている。なお，会計参与を置いた場合，⑥の条件を満たせないので会計監査人を置くことができない[14]（神田，2019，182〜183ページ）。

　この会社機関設計規準に基づく機関選択の流れを整理したものが図表1－4である。また，その結果，選択可能となる会社機関を①非公開かつ非大会社，②公開かつ非大会社，③非公開かつ大会社，④公開かつ大会社に分けて一覧にしたものが図表1－5である。公開かつ大会社の株式会社が選択可能な会社機関は，「監査役会設置会社」，「監査等委員会設置会社」，「指名委員会等設置会社」のいずれか一つである。以下，公開かつ大会社の株式会社に認められた会社機関について概観しておく[15]。

3.　公開かつ大会社の会社機関

①　監査役会設置会社

　監査役会設置会社は，取締役会に対する監査を強化することを企図して2001年（平成13年）に規定された会社機関である。会社機関の全体像については図表1－6のようになっている。

図表1-4　株式会社における会社機関選択のフローチャート

総会	取締役（以下のいずれか選択）	監査役	会計監査人	採択可
株主総会（すべての株式会社で義務）	取締役（非公開会社のみ可）	なし（非公開かつ非大会社のみ可）	設置不可	非公開かつ非大会社
		監査役のみ可（任意）【監査役設置会社】	なし	非公開かつ非大会社
		会計参与【会計参与設置会社】（非公開・非大会社のみ可）	会計監査人（大会社は義務、それ以外は任意）	すべての非公開会社
	取締役会（公開会社は任意）【取締役会設置会社】 非公開会社は義務	監査役【監査役設置会社】（公開かつ大会社不可、その他は任意）	設置不可	非公開かつ非大会社
		監査役会【監査役会設置会社】（公開かつ大会社設置は任意）	なし	すべての非大会社
		監査等委員会設置会社、指名委員会等設置会社を除く公開かつ大会社は義務、それ以外は任意	会計監査人（大会社は義務、それ以外は任意）	すべての非大会社 非公開かつ大会社
		監査委員会設置【監査役会設置会社】（すべての株式会社で可）	なし	すべての非大会社
		監査等委員会設置【監査等委員会設置会社】（すべての株式会社で可）	会計監査人（大会社は義務、それ以外は任意）	すべての会社
			会計監査人（監査等委員会設置会社は義務）	すべての会社
		三委員会・執行役設置【指名委員会等設置会社】（すべての株式会社で可）	会計監査人（指名委員会等設置会社は義務）	すべての会社

出所：筆者作成。

図表1-5　株式会社の機関設計パターン

設定機関	会社機関の分類	非公開・非大会社	公開・非大会社	非公開・大会社	公開・大会社
取締役のみ		○	×	×	×
取締役＋監査役	監査役設置会社	○	×	×	×
取締役＋監査役＋会計監査人	監査役設置会社	○	×	◎	×
取締役会＋会計参与	取締役会設置会社・会計参与設置会社	○	×	×	×
取締役会＋監査役	取締役会設置会社・監査役設置会社	○	○	×	×
取締役会＋監査役会	取締役会設置会社・監査役会設置会社	○	○	×	×
取締役会＋監査役＋会計監査人	取締役会設置会社・監査役設置会社	○	○	◎	×
取締役会＋監査役会＋会計監査人	取締役会設置会社・監査役会設置会社	○	○	◎	◎
取締役会＋監査等委員会＋会計監査人	取締役会設置会社・監査等委員会設置会社	◎	◎	◎	◎
取締役会＋指名委員会等3委員会・執行役＋会計監査人	取締役会設置会社・指名委員会等設置会社	◎	◎	◎	◎
		10パターン	6パターン	5パターン	3パターン

◎：会計監査人設置義務あり
出所：筆者作成。

　監査役会設置会社の取締役会は，会社の業務に関する意思決定を行うとともに業務執行担当責任者を選定し，彼らの業務執行を監督する機関である。業務執行については，取締役会のメンバーから選任された代表取締役（その他，業務執行担当取締役も含む）が責任者となる。このように監査役会設置会社の取締役会では，業務執行担当者を選任し監督する機能を果たすべき取締役会メンバー自らが，同時に業務執行機能担当者となることも想定され[16]，取締役会が本来果たすべき機能・職務（業務に関する意思決定，業務執行担当者の選任，担当者による業務執行の監督）が十分に果たせない可能性が危惧される[17]。
　そこで監査役会設置会社では，取締役が忠実に職務を果たしているかにつき監査する独立機関として監査役会の設置が義務付けられている。
　監査役会はその独立性と権限を確保するために，まず，①監査役は株主総会

図表1－6　監査役会設置会社の会社機関

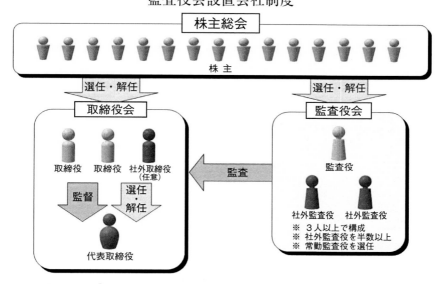

出所：泰田啓太「『監査等委員会』制度の5月施行で実務上の利点は何か」『法と経済の
　　　ジャーナル』（https://judiciary.asahi.com/outlook/2015011000001.html）。

において直接選任されること，②任期は4年，③構成員は3名以上でかつ，社
外監査役が半数以上であること，④社外監査役については過去に一度もその会
社や子会社の役員や使用人であった者は認められないこと，⑤監査役同士は協
議することは可能であるが，個々の監査役の権限行使を妨げることはできない
（独任制）とされている。

　このように監査役会設置会社においては，監査役会の設置が義務付けられて
いるが，個々の監査役の独立性と権限の強化に重点が置かれており，監査役会
それ自体は取締役会のように全体として1つの権限を行使するものではない。
したがって，監査役会設置会社における監査役会は実質的には独立した監査役
の集合体とみなされる。

② 指名委員会等設置会社

指名委員会等設置会社は，2001年（平成13年）に監査役会設置会社が規定された続いて，2002年（平成14年）の商法改正においてアメリカ型の会社機関を範として導入されたものである。導入当初は「委員会等設置会社」と呼ばれていたが，2005年（平成17年）の会社法制定の際に「委員会設置会社」と改められ，2014年（平成26年）の会社法の改正でさらに「指名委員会等設置会社」と改められた。

指名委員会等設置会社の会社機関についてまとめたものが図表1−7である。これはアメリカの会社機関を参考にしたもので，最大の特色は会社機関の中に業務執行機能を担う正式な機関として新たに執行役を設け，取締役会の機能のうち，業務執行機能を分離独立させたことにある。これにより，従来の監査役

図表1−7　指名委員会等設置会社の会社機関

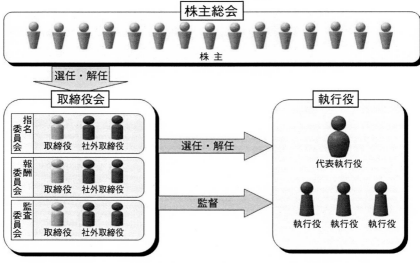

（筆者注）各委員会メンバーは，取締役会で選任される。社外取締役は，複数の委員会を兼務することができる。
出所：図表1−6に同じ。

会設置会社の取締役会では不明瞭であった業務執行機能と業務監督機能の分離の問題が解決されうることになる[18]。

　新たに設置された執行役は，取締役会において選任され，解任についても取締役会の決議によりいつでも解任できるとされている。また，執行役の中から会社の業務執行上の代表である代表執行役（アメリカ会社機関における CEO に相当する）が決定されることになるが，これについても取締役会において選任される。執行役の任期は最大 1 年である。

　取締役会と執行役との関係については，業務執行機能と業務監督機能の分離独立という指名委員会等設置会社本来の目的をふまえ，取締役会の権限は，原則として，基本事項の決定，委員会メンバーの選定・監督，執行役の選任・監督に限定され，かつ取締役会の業務執行の決定（業務に関する意思決定）のほとんどを執行役に委任できることになっている（神田，2019，254 ページ）。

　取締役は原則として会社の業務執行に従事することはできないとされている。このことは，取締役が会社の業務執行上の代表になることはありえないことを意味する。したがって指名委員会等設置会社においては監査役会設置会社の代表取締役（取締役にして業務執行上においても会社を代表する者）に相当する機関は設置されない。それに代わって業務執行上，会社を代表する機関となるのが執行役の中から選ばれた代表執行役ということになる[19]。

　指名委員会等設置会社では，取締役会の中に各々 3 名以上の取締役（うち半数以上は社外取締役）で構成される監査委員会，指名委員会，報酬委員会の設置が義務付けられ，それぞれ取締役，執行役の業務監督機能に徹する役割を担っている。

　このうち監査委員会は，取締役と執行役の業務執行を監査し，監査報告書を作成することを重要な職務としている。また，会計監査人を選解任する権限を有している。指名委員会等設置会社においては，監査役会の機能が監査委員会として取締役会の中に吸収される形になっているが，過半数以上の社外取締役の任命が義務付けられるなど，取締役会に対して一定の独立性を確保するものとなっている[20][21]。

　なお，アメリカにおいては取締役会に設置が義務づけられているのは監査委員会のみであり，それと比較すると日本の指名委員会等設置会社はより厳しい制度であるといえる。それに起因してか，日本の東証上場企業，約3,700社のうち，指名委員会等設置会社を採択している会社は78社，わずか2％にすぎない（2021年2月現在）[22]。

③　監査等委員会設置会社

　監査等委員会設置会社は，2014年（平成26年）成立の会社法改正により日本独自の会社機関として新たに創設されたものである。図表1－8をみれば分かるように，指名委員会等設置会社のように取締役会と執行役を機関として分離させていない。代表取締役の設置も義務づけられている。ここだけを見れば，業務監督機能と業務執行機能とが未分離であった監査役会設置会社の取締役会

図表1－8　監査等委員会設置会社の会社機関

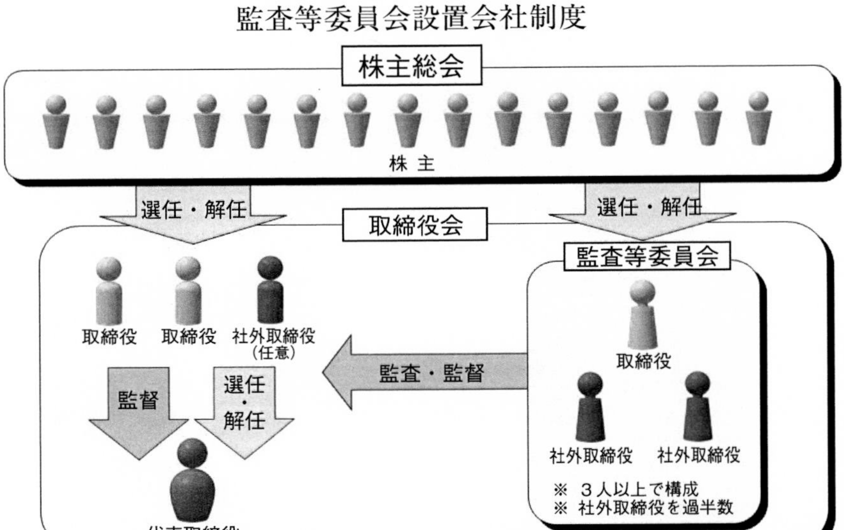

出所：図表1－6に同じ。

に逆戻りしたようにも見える。

　一方で，監査等委員会設置会社では，取締役の過半数が社外取締役であれば，取締役会は重要な業務執行の決定（業務に関する意思決定）の権限を取締役に委任することができるようになっている。委任できる権限の内容は，指名委員会等設置会社において取締役が執行役に委任できるものとほぼ同様の内容となっている（神田，2019，254 ページ）。また，監査機能を担う機関は，取締役会から独立した監査役会ではなく，監査等委員会として取締役会の中に設置されることになっている。指名委員会等設置会社で義務付けられていた指名委員会，報酬委員会の設置義務はない。その点では，指名委員会等設置会社の内容を一部簡素化しながら引き継いでいると見ることができる。

　監査等委員会は，取締役の職務遂行状況の監査と監査報告書の作成をその職務とする。株主総会で監査等委員として選任された 3 名以上の取締役で構成されるが，その過半数は社外取締役であることが必要とされている。監査役会設置会社の監査役は，少なくとも 1 名以上の常勤監査役が必要であるのに対して，監査等委員は常勤である必要はない。また任期も監査役会設置会社の監査役が 4 年であるのに対して，監査等委員は 2 年と短くなっている[23]。

　監査等委員会設置会社は，登場してまだ 5 年ほどしか経っていないが，採用企業が増えており，2021 年 2 月時点で 1,120 社，東証上場会社のうち約 30 ％を占めるまでになっている[24]。

　なお，監査等委員会設置会社を含む日本の株式会社の会社機関については，コーポレート・ガバナンスの観点から様々な評価が存在する。詳細については第 2 章を参照されたい。

【注】

（1）ここで営利，非営利の意味を確認しておく。まずは営利とは，獲得された収益を組織の構成員（ここでは出資者のことをいい，株式会社の場合には株主となる）に分配することを意味する。一方，非営利とは収益が上がってもその収益を組織の構成員に分配しない，「非分配」を意味する。つまり，非営利というのは，事業活動を

　　通じて収益を獲得してはいけないということではなく，事業で得た収益につき，構成員に分配せずに組織本来の事業活動の継続・発展のためにすべて再投下されればよいのである。非営利事業組織による収益の獲得は，当該事業活動の継続に必要な経費を合理的に確保するものと考えると理解しやすいだろう。

（2）手許にある資金は，営利を目的とした投資案への投下を意図した時点で資本と呼ばれるようになる。

（3）非営利経済事業組織とは，経済事業を行うが，営利を目的としない組織という意味である。

（4）無限責任とは経営上の債務につき出資額のみならず個人財産を処分してでもすべて返済する義務を負うものである。一方，責任の上限を出資額までとし，それ以上の責任が免除されるものを有限責任という。

（5）個人企業に典型的に見られるような出資者（所有者）が経営を左右する強大な発言権，すなわち支配権を掌握している状況を経営学では「所有と支配が一致している」という。また，出資者（所有者）が同時に経営にも携わるような状況については「所有と経営が一致している」という。

（6）会社への出資者は，会社法上，会社の構成員と位置づけられ，会社の構成員，略して「社員」と呼ばれる。社員（＝出資者）のうち無限責任を負担する者は無限責任社員，のちに合資会社にて登場する無限責任を免除される出資者には有限責任社員という名称が用いられている。一般的に社員といえば会社の従業員のことが想起されるが，会社法上は全く異なる概念であるので注意されたい。

（7）このことは合名会社の無限責任社員は，会社を所有して発言権を有するとともにそれぞれ経営にも参画する，すなわち「所有と支配が一致」するとともに「所有と経営が一致」していることを意味する。ただし，定款等で別段の定めをすることにより，所有と経営を分離することはできる。

（8）合資会社についても，定款等で別段の定めをすることにより，所有と経営を分離させることはできる。

（9）当初は無限責任制度が有名無実化した巨大な合資会社であった。

（10）合名会社，合資会社については前節での説明で十分であるのでここでは省略する。

（11）組合とは複数人の間の契約は認めるが団体としての独自性は認められない組織である。組合内部において組合員同士は相互に個人として結びつく（人的結合）。また対外的にも原則として各組合員が個人として無限責任を負う。

（12）これは「会社それ自体」に法人格を付与することで実現される。

（13）取締役会を設置した会社は「取締役会設置会社」と呼ばれる。監査役もしくは監査役会を設置した場合，それぞれ「監査役設置会社」，「監査役会設置会社」と呼ばれる。「監査役会設置会社」についてはこのあと取り上げる。また監査等委員会は，「監査等委員会設置会社」を選択するために必要である。また，三委員会・執行役は，

「指名委員会等設置会社」を選択するために必要である。これらについても後述する。

(14) 非公開の株式会社であれば取締役設置のみの選択も可能。しかし，任意で監査役を設置すれば，「監査役設置会社」とみなされて会計監査人の設置条件を満たすことになる。一方，会計参与を設置し，「会計参与設置会社」となった場合は，⑥の条件を満たさないので会計監査人を置くことはできない。

(15) 公開会社と上場会社の違いについて触れておく。上場会社は株式を公開しているのですべて公開会社の範疇に入る。一方，公開会社の中には，上場会社だけでなく非上場の会社もあるので，公開会社のすべてが上場会社とはならない。

(16) これは取締役会における「監督機能と執行機能の未分離」とも呼べる状況である。

(17) 監査役会設置会社においても業務執行機能とそれを監督する機能とを明確に分離するために，取締役会とは別に任意で執行役を導入することも可能である。しかし，監査役会設置会社においては，その導入はあくまで任意であり，法的には執行役は，株主代表訴訟の対象にもなりえない存在である。

(18) 指名委員会等設置会社の執行役は会社機関の1つとして正式に設置を義務付けられたものであるため，株主代表訴訟の対象になりうる。

(19) だが，指名委員会等設置会社においても業務執行機能と業務監督機能は完全には分離されていない。会社法では一方において，執行役は取締役を兼ねることができるとしている。（会社法402条6項）このような原則論に反する規定が導入されたのは「①取締役の全員が非業務執行者（社外取締役を含む）であることを一律に義務付けると，かえって会社の実態に即した適切な業務決定や執行役の業務執行につき有効な監督をなし得ない懸念があること，また，②委員会設置会社のモデルとなった米国の制度においても，そこまで両者の分離を徹底していないこと，さらに，③指名委員会により取締役選任等の議案の内容が適切に決定される限り，取締役会による執行役の選任が適切に行われると期待できる」（小林，2006，115〜116ページ）といった理由からとされている。

(20) 指名委員会は，株主総会に提出する取締役の選解任に関する議案を決定する権限を有している。報酬委員会は，取締役，執行役が受け取る個別の報酬の内容を決める権限を有している。

(21) なお，ここでいう社外取締役とは「当該委員会設置会社の業務を執行しない取締役で，過去にその会社または子会社の業務を執行する取締役，執行役または支配人その他の使用人になったことがなく，かつ現に子会社の業務を執行する取締役もしくは執行役，またはその会社もしくは子会社の支配人その他の使用人でない者」（会社法2条15号）をいう。

(22) 東証コーポレート・ガバナンス情報サービスにて集計。

(23) 任期が短いので内部統制ができない恐れがあるとの批判もある。

(24) 東証コーポレート・ガバナンス情報サービスにて集計。

◆参考文献◆

江頭憲治郎『株式会社法第 7 版』有斐閣，2017 年。

風間信隆編著『よくわかるコーポレート・ガバナンス』ミネルヴァ書房，2019 年。

神田秀樹『会社法（第 21 版)』弘文堂，2019 年。

小林秀之編著『新会社法とコーポレート・ガバナンス第 2 版』中央経済社，2006 年。

小松　章『企業形態論（第 3 版)』新世社，2006 年。

第2章

日本の会社機関とコーポレート・ガバナンス

第1節　はじめに

　日本の大規模株式会社には株主総会，取締役会，監査役，代表取締役などの機関が法律で設置を義務づけられている。多くの国において，株式会社のこれらの機関は十分その機能を果たしていないと言われてきた。そこで1990年代以降，欧米ではこれらの会社機関についてコーポレート・ガバナンス（企業統治）の改革が進められてきた。世界的なコーポレート・ガバナンス改革に歩調を合わせて，1990年代の後半から日本においても取締役会や株主総会の機能改善の動きが見られるようになった。コーポレート・ガバナンス（企業統治）に関しては，さまざまな定義があるが，ここでは「企業不祥事を防止し，企業が持続的な成長を得られるように経営者を監視すること」と定義する。

　2000年以降の日本のコーポレート・ガバナンス改革の流れには，法律の改正（ハードロー）による新しい会社機関構造をもつ株式会社の導入などや，コーポレートガバナンス・コードやスチュワードシップ・コードの適用など自主規制ルール（ソフトロー）によるコーポレート・ガバナンス改革の2つがある。新しい株式会社制度の導入については，まず，2002年の商法改正によって委員会等設置会社が新設された。委員会等設置会社は，後に指名委員会等設置会社に名称が変更された。さらに2014年の改正会社法では，監査等委員会設置会社が新設されたため，2020年現在，日本の上場会社には監査役設置会社，指名委員会等設置会社，監査等委員会設置会社の3つのタイプが存在する。

2002 年以前には，上場企業は全て監査役設置会社だったこともあり，上場企業の中でこのタイプが占める比率は 2019 年現在約 70.4％と最も大きな比率を占めている。他の 2 つのタイプは監査役設置会社から移行する形で設置されたものであり，指名委員会等設置会社が全上場会社に占める割合は約 2.1％，監査等委員会設置会社は約 27.5％となっている。

　このように，現在の日本の株式会社の多くは監査役設置会社であり，他の 2 つのタイプも監査役設置会社から移行したものであるため，本章ではまず監査役設置会社の機関構造とそのコーポレート・ガバナンスの状況についてみていくことにしたい。

　次に 2015 年から適用が開始された，ソフトローによるコーポレート・ガバナンス改革である，コーポレートガバナンス・コードとスチュワードシップ・コードを検討する。2 つのコードの適用によって日本のコーポレート・ガバナンス改革が大きく進展したといわれるが，これらのコードによるコーポレート・ガバナンスの改善状況を検討する。

　日本のトップ・マネジメント組織について解説すると同時に，日本のコーポレート・ガバナンス改革の歴史に沿って，ハードローとソフトローの両面から日本のコーポレート・ガバナンス改革の状況を検討するのが本章の目的である。

第 2 節　監査役設置会社の機関構造

　株主総会は，株式会社の最高機関であり，法令または定款に定められた事項に関しての決定権が認められている。それは主として，定款の変更や解散・合併といった会社の基本的事項，配当などの株主の利益にかかわる事項および取締役や監査役の選任・解任などである。

　監査役は株主総会で選任され，会社の業務監査および会計監査を任務とする。取締役会は株主総会で選任された取締役によって構成され，株主に代わって会社の業務が適正に運営されるように監督することを任務としている。取締役会は意思決定機関であり，業務執行は行わない。業務執行にあたるのは取締

役会によって選任される代表取締役をはじめとする役員（取締役や執行役員など）である。一般に取締役会は株主の利益を保護するための受託機関として位置づけられ，また意思決定および監視と業務執行の機関が区別され，取締役会に意思決定および監視の役割を，代表取締役以下の役員に業務執行を担当させているのである。

　しかし，日本企業においては，取締役会のメンバーはそのほとんどが業務執行担当者によって占められており，意思決定と業務執行の分離が行われていなかった。業務執行を兼務する取締役は社内取締役（内部取締役）とよばれるのに対して，その会社の従業員でない取締役は社外取締役（外部取締役）とよば

図表2−1　監査役設置会社のトップマネジメント組織

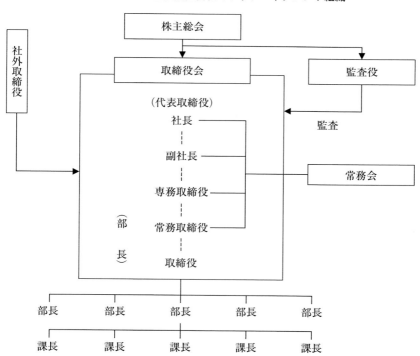

出所：筆者作成。

れるが，1990年代までの日本の大規模株式会社では，取締役のほとんど全員が社内取締役であったことから，取締役会と業務執行担当者が一体化しており，取締役会はその期待された機能を果してこなかった。本来，取締役会は受託機関として，株主に代わって業務執行担当者の業務執行を監視する責任を課せられていたのであるが，取締役会メンバーのほとんど全てが業務執行担当を兼務していたため，監視機能がはたらかなかったのである。

　代表取締役は，対外的に会社を代表し，取締役会の決めた基本方針に従って業務執行にあたる。しかし後に述べるように，わが国においては通常，代表取締役である社長の権限がきわめて強く，現実の企業運営は取締役会が株主のために代表取締役らの業務を厳しく監視するという，法律の想定した状況といちじるしく異なっていた。次に監査役設置会社におけるそれぞれの会社機関が，これまで実際にどのように運営されてきたのかをみていくことにしよう。また，これらの機関は最近の企業統治改革によって大きく変化した部分もあるので，改善の状況についても検討することにしよう。

第3節　1990年代までの会社機関（監査役設置会社）の問題点

1. 株主総会

　会社の最高機関である株主総会は一般株主が直接経営者と議論できる唯一の場であるから，本来多数の株主が出席し，活発かつ十分な議論が行われ，経営者の経営活動についての適切な評価が行われるべき場所である。しかし，1990年代までわが国の株主総会は一斉に開催され，また経営者主導で強引に運営され，短時間で終了するなど多くの問題をかかえてきた。このように株主総会が無機能化した最も重要な原因は，株式相互所有を中心とする株主安定化策である。

　日本の経営者はかつて，乗取り（敵対的企業買収）を防止するために，安定株主作りに熱心に取り組んできた。たとえばA社を乗取ろうとする者（あるいは

会社）は，まずＡ社の株式を買い集め，Ａ社の支配権を獲得しなければならない。Ａ社が親密な会社や団体（従業員持株会，下請持株会など）に自分の会社の株式を所有するよう持ちかけ，乗取り屋（敵対的企業買収者）が現れたときに乗取り屋に株式を売り渡すことのないよう頼んでおけば，Ａ社の経営者は乗取りを防止することができる。Ａ社が発行した株式をＢ社が所有し，Ｂ社が発行した株式をＡ社が所有し，互いに第三者に株式を売り渡さないことを約束しておけば，互いに安定株主となることができる。これがいわゆる株式相互持合いである。

　株式相互持合いは乗取り防止のほかに，経営者の支配力を強める効果を持つ。株式を持ち合っている企業同士は，株主総会に先立って白紙委任状を送り合うのが普通である。経営者は持合い相手の企業から送られた白紙委任状によって，相手企業の持つ自社株に与えられた議決権をあたかも経営者自身が所有しているかのように行使することができる。持合い関係にある企業や経営者同士は，このように事実上の議決権の交換によって大きな利益を獲得することができるが，株式を一方的に所有する保険会社（相互会社）や個人株主の利益は顧みられることがほとんどないといわれている。

　日本の株主総会に関して1990年代まで問題にされてきたのは，まず第1に総会開催日の集中である。わが国においては上場企業が特定の日時に一斉に株主総会を開催するのが慣行となってきた。

　日本の株主総会の第2の問題点は，総会の時間がきわめて短いことであった。日本では，90年代まで大部分の総会が30分程度で終了し，質問もまったくないのが普通であった。株主総会はほとんどの株主にとって発言することも議決権を行使することもなく，経営者の提案を無条件に承認するための機関となってしまっていた。

　第3の問題は，株主総会の強引な運営であり，これが1990年代までの日本の株主総会の最も大きな問題であった。問題を抱えた企業の株主総会においてしばしばみられたように，総会に社員株主やOB株主を多数出席させ[1]，一部の出席者の質問の要求を，「異議なし」，「議事進行」，の斉唱でかきけして強

引に議事運営を行ってきた。

　これらの問題はいずれも過去数十年間にわたって是正が叫ばれてきたものであるが，2000年代以降徐々に改善された。株式相互所有解消の流れが加速するなかで，経営者は個人株主を重視する姿勢を強め，以前のように個人株主の発言を封じ込めようとする態度は変わった。経営者は個人株主の質問に可能な限り丁寧に回答しようと努めるようになった。個人株主を増加させるためにIR活動や株主総会後に株主懇談会を実施する企業が増えたほか，株主総会で映像用機器を用いて総会のビジュアル化を図る企業も増えた。また，社員株主の出席数を減らし，「異議なし」などの発言を減らす企業の数も増えた。

2. 監査役会

　監査役の任務は取締役の業務執行を監査することであり，また監査役は取締役らに営業報告を求めたり，会社の業務，財産の状況を調査する権限などを与えられている。さらに，取締役が法律や会社の定款に違反する行為によって会社に損害を与える恐れのある場合には，監査役は取締役に対しその違法行為を差し止める権限をもつ。

　しかし，このように広範な権限を与えられているにもかかわらず，かつてわが国の監査役は経営者に対する監視機能をほとんど果たしてこなかった。

　わが国の監査役が機能しなかった第1の原因は，監査役の人事権を実質的に社長が掌握していたことである。監査役は株主総会で選任されることになっているが，安定株主からの委任状を握り，株主総会での圧倒的な議決権をもつ社長が監査役の人事権を事実上掌握している。社内においてこのような強い権限をもつ社長は，自らの経営活動に対する強い監視を，自ら望むことはありえないので，社長を中心とする経営者層は監査役の無機能化を促進してきたと考えられる。わが国の監査役に職務を遂行するうえでの適切な権限や独立性，調査能力が与えられてこなかったことなどは，こうした理由によるものである。

　第2に，わが国の監査役は1990年代まで，内部昇進がほとんどであり，社

内の役員中での序列も相対的に低かったため，強い独立性を持ち，社長等の最高経営者の業務執行を監査することはほとんど不可能であった。

　第3に，監査役の情報収集能力もきわめて限定されたものであった。1994年の日本監査役協会のアンケート調査によれば，社長との懇談の場がない（21％），社長との懇談の機会が年に1・2回（39％）などの不満を持つ監査役が60％にのぼった[2]。また，この調査によれば，「常務会などの実質的な意思決定会議に出席できない」などの意見が多く，監査のために必要な経営情報が監査役に与えられてこなかった。

　このように，わが国の監査役は法制度上は，社長を中心とする経営者層の監視をするのに最も適した機関であるにもかかわらず，上述の理由によっていちじるしく形骸化され，長年にわたってその企業統治機能を果たしてこなかったのである。

　このような状況を踏まえ，監査役の企業統治機能を高めるため，1993年に商法が改正され，大企業（資本金5億円以上または負債200億円以上の企業）は3人以上の監査役を置き，そのうち1人は社外から任命しなければならないことになった。社外監査役の導入を義務づけたことに対しては，企業統治の観点から一定の評価が与えられているものの，商法改正直後の日本監査役協会の実態調査によれば，純粋な意味での社外監査役は少ないことがわかった[3]。

　すなわち，この調査によれば，商法改正後も独立性の高い社外監査役はほとんど選任されていなかったし，選任に当って社長をはじめとする経営トップがほぼ完全に主導権を握っている実態にほとんど変化はなかった[4]。

3.　取締役会

　取締役会は意思決定の機関であり，また株主に代わって株主の利益を保護するために業務執行を監督する役割を担っている。取締役会の株主に対するこの機能は受託機能と呼ばれている。アメリカの企業統治改革は取締役会を中心に行なわれてきたが，日本においても同様の改革が求められている。これまで，

日本の取締役会には企業統治の観点から多くの問題点が指摘されてきた。これらの問題点の一部については近年大幅に改善が見られるものもある。どのような問題がどう改善されたのかをあきらかにするために，ここではまず1990年代までに指摘されてきた主要な問題点をあげることにしよう。

　第1は，業務執行とそれに対する監視という2つの機能が分離されていないということである。取締役会は全社的見地からの意思決定と業務執行の監督を行ない，代表取締役以下の役員が業務執行にあたることになっている。しかし，わが国の取締役会はほとんど業務執行担当者で占められており，意思決定および監督と業務執行の機能が人格的に分離されていなかった。したがって，業務執行担当者が同時に彼の監督者であるという矛盾した関係が成立していた。

　第2は，社外取締役が極めて少ないことである。本来，当該企業およびその経営者と利害関係を持たない独立社外取締役が株主の立場から経営者を監視することが求められる。

　第3は，取締役会の構成者数が多いことである。90年代には取締役会の構成メンバーが50名から60名に及ぶ企業も稀ではなかった。このように多数の構成員では，特定の問題について十分な議論を行うことは不可能であり，また取締役会が迅速に意思決定を行うことも不可能である。

第4節　指名委員会等設置会社の導入

　日本の企業統治改革は1990年代から始められたものの，大きな進展はなかった。しかし2002年に商法が改正され，委員会等設置会社（2015年施行の改正会社法で指名委員会等設置会社に名称変更）の制度が導入された。

　2002年改正商法においては，大企業（資本金5億円以上または負債200億円以上の企業で，対象となる企業は02年現在，約1万社）は，監査役会をもつ従来の企業統治モデルと監査役会を廃止した「委員会等設置会社」のいずれかを選択することができることになった。「委員会等設置会社」を選択した企業には複数（最低2名）の社外取締役の選任が義務づけられ，取締役会のなかに指名委員会，

図表2－2　指名委員会等設置会社（委員会設置会社）の機関

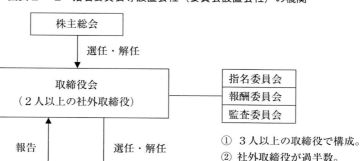

出所：筆者作成。

報酬委員会，監査委員会の3つの委員会の設置が義務づけられる。3つの委員会は3人以上で構成され，その過半数に社外取締役が選任されなければならない。取締役の任期は2年から1年に短縮され，取締役の権限が強化される一方で，株主総会でのチェックをより頻繁に受けることになった。

　また，「委員会等設置会社」では新たに執行役が置かれ，業務執行を担当する。全社的意思決定を担当する取締役会と業務執行を担当する執行役の役割分担を明確化した。執行役は取締役会において選任・解任される。さらに，従来の代表取締役に代って代表執行役が設けられることになった。執行役は取締役と同様，株主代表訴訟の対象となる。

　2002年の商法改正では，「委員会等設置会社」を採用せず，監査役会を存続させる大企業（監査役会設置会社）は，3年以内に社外監査役をそれまでの1人以上から監査役の半数以上（最低2人）に増員しなければならないことになっ

た。また，従来の監査役設置会社では配当などの利益処分案は株主総会で承認
されることになっていたが，「委員会等設置会社」を採用した企業ではこれを
取締役会で承認できるようになったほか，新株や社債発行などの権限を取締役
会が執行役に委譲できることになった。社外取締役を導入した企業に監査役会
の廃止や意思決定手続きの簡略化，迅速化などの利便性を与えることによって
社外取締役の導入を促進しようとするものである。

　さらに，2006年に施行された会社法では，名称が「委員会設置会社」に改
められ，大会社に限らず「委員会設置会社」の形態を採用することができるよ
うになった。また「委員会設置会社」にのみ認められていた取締役会での利益
処分案の承認は，定款を変更することによって「委員会設置会社」以外の会社
にも認められることになった。「委員会設置会社」は2015年施行の改正会社法
で，指名委員会等設置会社に名称が変更された。

　「委員会設置会社」は社外の人物（社外取締役）が会社の強い権限を握ること
になるため，経済界の拒否反応は強く，「委員会設置会社」に移行した企業は
最大でも100社程度にとどまった。

第5節　監査等委員会設置会社と2015年以降の
　　　　コーポレート・ガバナンス改革

　2014年改正会社法では，監査等委員会設置会社という新しいタイプの株式
会社が新設されることになった。監査等委員会設置会社は，監査等委員と呼ば
れる特別な権限をもつ取締役によって構成される，監査等委員会をもつ株式会
社である。監査等委員会は3名以上の取締役で構成され，その過半数が社外取
締役でなければならない。監査等委員である取締役は，他の取締役と区別され，
株主総会で選任され，その任期は2年である。

　監査等委員会設置会社では，監査役設置会社と同様，代表取締役が業務執行
を担当する。監査等委員会設置会社は，指名委員会等設置会社から指名委員会
と報酬委員会を取り除き，監査委員会に代えて監査等委員会を設置した形態で

図表2-3　監査等委員会設置会社の機関

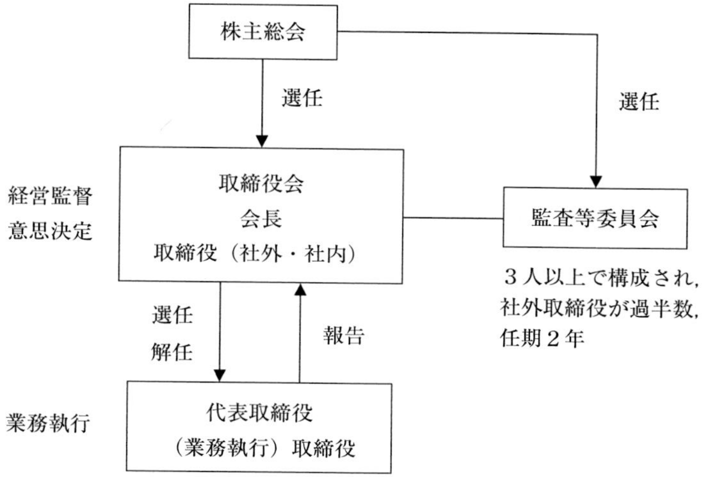

出所：筆者作成。

あり，業務執行は執行役でなく取締役が担当することから，監査役設置会社と
指名委員会等設置会社の中間に位置づけられる形態と考えることもできる。

　2019年7月末時点で，監査役設置会社は全上場企業（3,639社）のうち2,562
社（70.4％），監査等委員会設置会社は1,001社（27.5％），指名委員会等設置会
社は76社（2.1％）という構成になっている⁽⁵⁾。監査役設置会社の数が対前年
比で75社減であったのに対し，監査等委員会設置会社は111社増であったこ
とから，監査役設置会社から監査等委員会設置会社への移行が進んでいること
が分かる。

　ところで，2015年を境に日本のコーポレート・ガバナンスが大きく変わり
始めた。改正会社法の施行とコーポレートガバナンス・コードおよびスチュ
ワードシップ・コードの適用が開始されたためである。コーポレートガバナン
ス・コードは上場企業に対して73の原則の遵守を，スチュワードシップ・コー
ドは機関投資家に7つの原則と21の指針の遵守を求めるものであるが，仮に
遵守しなくとも罰則が科せられるわけではなく，遵守しない理由を説明すれば

よい。これは「遵守せよ，さもなくば説明せよ」（comply or explain）と呼ばれる自主規制の方法であり，法律で規制するハードローに対してソフトローと呼ばれる規制である。法律のように罰則を伴うものではないので，当初，コーポレート・ガバナンスの実効性が疑問視されていたが，むしろ実効性の点でハードローよりも優れているとの認識が広がっており，ヨーロッパ諸国をはじめとして世界各国でソフトローによる規制が浸透している。

　日本では 2017 年 6 月にスチュワードシップ・コード（指針は 30 に増加）が 2018 年 6 月にはコーポレートガバナンス・コード（原則は 78 に増加）が改訂され，コーポレート・ガバナンスの規律の強化がはかられた。2 つのコードの適用により，会社機関にどのような変化が生じているのか，以下で見ていくことにする。

1．株主総会

　2 つのコードの適用が始まり株主総会は大きく変化しつつある。まず株式相互所有（コーポレートガバナンス・コードでは「政策保有株」と呼んでいる）について，コーポレートガバナンス・コードは持合をする理由の説明を求めた。さらに，改訂コーポレートガバナンス・コード（2018 年）では，一歩踏み込んで，株式相互所有解消に向けた方針を開示することを求めている。上場企業はこのコードに従って持ち合い株式の売却を進めている。

　金融庁は 1990 年代後半から，銀行を中心に株式相互所有の解消を求めてきており，2000 年代には産業企業を含めて株式相互所有の解消が進展した。1990 年に約 5 割だった株式相互所有の市場全体に占める割合は，90 年代後半から解消が進み，2018 年には 14.5%（議決権ベースでは 22%）に減少した。

　持ち合い比率が減少すれば機関投資家の議決権行使がより大きな効力を発揮することになるため，経営の緊張感が高まることになる。

　長年批判されてきた，株主総会の所要時間が短すぎるという問題も，徐々に改善されてきている。上場企業の株主総会の所要時間は 1990 年代は 30 分前後

図表2－4　株式持ち合い比率の時系列推移

(注)　1．持ち合い比率は，上場会社（ただし，上場保険会社を除く）が保有する他の上場
　　　　　会社株式（時価ベース）の，市場全体の時価総額に対する比率（ただし，子会社，
　　　　　関連会社株式を除く）。
　　　2．広義持ち合い比率は，持ち合い比率に保険会社の保有比率を加えたもの。
（原出所）大株主データ（東洋経済新報社），各社有価証券報告書，及び株式分布状況調査（全
　　　　　国4証券取引所）より野村資本市場研究所作成。
出所：西山賢吾，「我が国上場企業の株式持ち合い状況（2018年度）」『野村資本市場ク
　　　　ォータリー 2019 Autumn，2ページ。

　であったが，2002年（41分）から2005年（48分）までが40分台，2006年（52
分）から2019年（57分）は50分台と徐々に長くなってきている。
　株主総会の同一日への集中も長い間問題視されてきたが，2017年には株主
総会の集中度は30％を切り，1995年の96％から大幅に改善が進んだ。株主総
会の同一日への集中（一斉開催）は，機関投資家の強い圧力を背景に2000年代
から改善が進んだ（図表2－5）。
　また，コーポレートガバナンス・コードによって総会の議決結果の個別開示
が求められることになり，社長を含む取締役候補者への賛成比率も公表される

図表２－５　同一日への集中度の変化

年	1990	1995	2000	2005	2010	2013	2014	2015	2016	2017	2018	2019
％	93.4	96.2	84.1	59.8	42.6	42.0	38.7	41.3	32.2	29.6	30.9	30.8

出所：日本取引所グループウェブサイト「定時株主総会集中率推移グラフ（３月期決算会社）」https://www.jpx.co.jp/listing/event-schedules/shareholders-mtg/index.html，2020年３月４日アクセス，を基に筆者作成。

図表２－６　議案別・国内海外別の反対率の状況
「2019年６月総会（797総会）9,517議案」

議案	議案数	国内機関投資家	海外機関投資家
買収防衛策	27	77.2%	84.4%
退職慰労金支給	25	59.8%	56.3%
株式報酬・ストックオプション	40	18.7%	7.9%
監査役選任	841	10.2%	16.8%
取締役選任	7,144	10.0%	9.4%
役員報酬額改訂	237	6.6%	4.3%
剰余金処分	555	4.4%	1.1%
定款一部変更	178	1.0%	3.0%
株主提案（賛成率）	125	8.1%	15.9%

出所：鈴木貴之，大野修平「2019年定時株主総会の分析」『月刊監査役』2020年２月25日号，４ページ，13ページ。

　ことになった。業績を落とした企業や不祥事を起こした企業では，社長の取締役選任議案への賛成率の低い企業が多く見られるようになった。社外取締役の選任議案に関しても，独立性が低い，経営の経験が乏しい，取締役会への出席率が低いなどの候補者は賛成率が低い状況が一目で分るようになった。議決権行使結果の個別開示は，株主の会社に対する要求を会社の内外に明確に示すことになり，経営者は翌年の株主総会までにこうした株主の要求に対応することを迫られることになった。

　株式相互持合いの解消が進み，スチュワードシップ・コードが改訂されたことも，上場企業の株主総会の議決において会社側提案に対する反対票が増加する要因となっている。これは，これまで会社側提案に常に賛成票を投じてくれた持合い相手の所有比率が減少したこと，スチュワードシップ・コードによっ

て機関投資家も個別議案への賛否の開示を求められるようになり，安易に会社側提案に賛成できなくなったこと，などによるものである。2018 年の時点で外国人投資家の株式所有比率は 29.1％，日本の信託銀行のそれは 21.5％と，合計で 50％を超えている。これら内外の機関投資家は，会社側提出の一部の議案に対して反対投票を行っており，2019 年の株主総会ではこれらの機関投資家の反対比率はかなり高いものになっている⁽⁶⁾。

　株主総会は 2015 年以前に比べて，はるかに緊張感を伴うものとなり，経営者への規律づけは大きく強化されることになった。社外役員（社外取締役と社外監査役）の独立性にも厳しい目が向けられるようになった。さらに，不祥事を起こした企業や業績が低い企業では会長・社長などの選任議案への賛成比率が低下した。

　2019 年の株主総会では，65 社で 70 件（2018 年は 56 社，62 件）の株主提案が行われ，そのうち 3 件が可決された⁽⁷⁾。これらの株主提案に対して，機関投資家が賛成するケースが増加している。これは機関投資家がスチュワードシップ・コードの改正で，議案ごとに賛否の開示を求められるようになったためである。

　さらに機関投資家は賛否の理由を説明することも求められることになったため，ISS やグラスルイスなどのような議決権行使助言会社の存在も大きなものとなった。機関投資家が賛否の理由を説明する際に助言会社の推奨に従ったと説明すれば，この責任を果たすことができるからである。

2.　取締役会

　2015 年以降，日本の会社機関の中で最も改革が進んだのは取締役会である。とくにコーポレートガバナンス・コードの適用開始以降，独立社外取締役の選任が急増しており，上場企業のほとんどが，2 名以上の選任というコードの要求を達成している。

　コーポレートガバナンス・コードは独立社外取締役を 2 名以上選任すること

図表2−7　独立社外取締役の選任比率の推移（市場第一部）

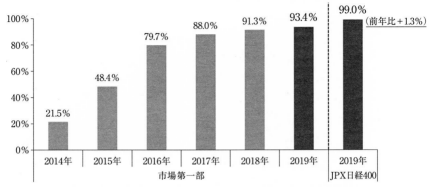

出所：株式会社 東京証券取引所「東証上場会社における独立社外取締役の選任状況及び
　　　指名委員会・報酬委員会の設置状況」, 2019 年 8 月 19 日, 3 ページ。

を求めているが, 2019 年には一部上場企業の 93.4％がこの原則を遵守してい
る（図表2−7）。2014 年（21.5％）と比較すると, 71.9 ポイントの増加であり, コー
ポレートガバナンス・コードの適用開始（2015 年）が大きな影響を与えている
ことが分かる。さらに, 独立社外取締役が取締役会の3分の1以上を構成して
いる企業の比率は, 一部上場企業で, 2014 年の 12.4％から 2019 年は 51.5％に
上昇している。

　コーポレートガバナンス・コードは, 補充原則 4-10 ①において, 監査役設
置会社または監査等委員会設置会社の形態をとる会社に対して, 取締役会の下
に任意の諮問委員会を設置することを促している。これに応える形で, 任意の
諮問委員会を設置する会社が増加しており, 2019 年には指名委員会を設置し
ている会社は一部上場企業の 34.3％（法定 2.9％任意 46.7％）, 同様に報酬委員会
を設置している会社は 52.4％（法定 2.9％, 任意 49.4％）に達している[8]。

　指名委員会等設置会社における指名委員会はその委員の過半数が社外取締役
でなければならず, その人事案には法的拘束力があるのに対し, 任意の指名委
員会の人事案は法的拘束力をもたず, 構成員の開示義務もない。したがって,
コーポレート・ガバナンスの面では不完全な制度ではある。しかし, 2016 年

にセブン＆アイで鈴木敏文会長が辞任に追い込まれた事例やセコムの会長と社長が解任された事例は，いずれも任意の指名委員会での議論がきっかけとなった。任意とはいえ取締役や最高経営者の人事に大きな影響をもつ指名委員会を設置する会社が 2014 年から，コードの適用が開始された 2015 年を挟んで，2019 年には 10 倍強の 1,210 社に増加した[9]ことの意味は大きいということができる。

　一方，報酬委員会の設置について日本企業はかつて消極的で，2014 年からの 2 年間で 3 倍に増えたとはいえ，任意の報酬委員会も含め，設置している企業は東証 1 部上場企業の 3 割に当たる約 600 社であった[10]。社長が役員の報酬を決定する従来の制度から社外取締役を過半数とする報酬委員会に報酬決定制度を変更しなければ，経営者に対する監視機能が働かないことは言うまでもない。社長ではなく報酬委員会が，定められた報酬基準に基づいて，透明性の高いプロセスを通して個々の役員の報酬額を決定する制度に変更することは，コーポレート・ガバナンス改革において重要な意味を持っている。しかし，日産自動車のゴーン元 CEO が，自身への報酬を恣意的に決定していた事件の発覚を契機に報酬委員会設置の必要性が叫ばれることになった。また，近年の業績連動型報酬制度の促進という側面からも報酬委員会の設置が急速に進み，2019 年には全上場企業のうち 1,297 社（35.6％）に，一部上場企業の 52.4％に設置されるようになった[11]。

　2020 年現在，日本企業の取締役会改革は，独立社外取締役を取締役会の 3 分の 1 に引き上げること，指名委員会と報酬委員会の設置比率を高めることが焦点となっている。

第 6 節　おわりに

　日本では 1990 年代からコーポレート・ガバナンス改革が進められ，法律や制度の改正が続けられてきた。法律や制度の改正にともない，会社機関構造とその機能についても変更が重ねられてきた。しかし，コーポレート・ガバナン

ス改革のスピードは非常に遅く，法律や制度そのものの整備状況は新興国や一部の途上国よりも遅れたものになっている。その結果，経営者への規律づけが緩く，企業は十分な利益をあげていないだけでなく，企業不祥事も絶え間なく続いている。経営者は経営資源を有効に活用することができず，日本企業の国際競争力は 20 年以上にわたり低下を続けている。日本企業の生産性は他の先進国と比べ低く，それが従業員の所得水準の低迷ももたらしている。

　1990 年代に始まった日本のコーポレート・ガバナンス改革は 2000 年代に多少進展した後，2015 年から急速に進み始めた。それは 2015 年に改正会社法が施行され，さらに 2 つのコードの適用が開始されたからである。2 つのコードは 2017 年，2018 年に改訂され，経営者への規律を一段と強化することになり，日本の上場企業のコーポレート・ガバナンス改革はさらに速度をあげたように見える。

　しかし，独立社外取締役の選任についてみるならば，海外の上場企業は過半数選任が普通であり，3 分の 1 選任を目指す日本は大きく遅れをとっていると言わざるを得ない。また，昨今日本で議論が始まった取締役会内委員会の設置も，アメリカでは半世紀以上前から導入されている機関である。

　そこで，今日の日本のコーポレート・ガバナンス改革は，新興国を含めた海外の法律や制度に追いつくことを目ざさなければならないことになる。それに加え，近年世界のコーポレート・ガバナンスの新しい潮流となっているのはESG（環境，社会，ガバナンス）を重視した投資である。ESGにおいて問題のある企業には投資しない，あるいは投資を引き上げる（ダイベストメント）という投資姿勢を持つ投資家は日増しに拡大し，ESG投資の規模は世界で 3,000 兆円を超えるといわれる。日本企業はステークホルダー重視経営といわれてきたが，従業員に対する長時間労働，過労死，パワハラなどの問題への対応力の欠如や女性への雇用差別の問題をみるならば，S（社会）の側面で劣っていることは否めない。また，かつて日本は環境先進国を自負してきたが，石炭火力発電所の新増設，その海外輸出，それに融資する金融機関までが，海外の政府や環境 NPO からの批判の的になっている。日本企業にとっては ESG の側面か

らのコーポレート・ガバナンス改革もまた喫緊の課題となっている。

　さらに欧米を中心に巻き起こっているステークホルダー資本主義の潮流にも注意を払う必要がある。アメリカやイギリスの企業は株主の利益を最優先する株主資本主義の経営を実践するといわれてきたが，これらアングロサクソン企業が利害関係者を重視する姿勢に続々転換している。すなわち，アメリカでは有力経営者の団体であるビジネスラウンドテーブルが，また 2020 年のダボス会議がステークホルダー資本主義の重視を表明した。さらにイギリスのコーポレートガバナンス・コードにもステークホルダー重視が盛り込まれたのである。

　日本企業の経営者は国の重要な経営資源（ヒト，モノ，カネ，情報など）を運用しているという責任を自覚し，生産性向上やステークホルダーへの利益の公平な分配などを目ざしたコーポレート・ガバナンス改革を進めることが求められる。

【注】

（1）商事法務研究会編『株主総会白書　1992 年版』商事法務研究会，1992 年，102 ページ。

（2）『朝日新聞』1992 年 11 月 12 日。

（3）伊藤智文「商法改正 2632 社の社外監査役の実態」週刊東洋経済『企業系列総覧 '95』東洋経済新報社，1994 年，16 〜 23 ページ。

（4）同上稿，19 ページ。

（5）東京証券取引所「東証上場会社における独立社外取締役の選任状況及び指名委員会・報酬委員会の設置状況」2019 年 7 月 31 日，15 ページ。

（6）鈴木貴之，大野修平「2019 年定時株主総会の分析」『月刊監査役』2020 年 2 月 25 日号，4 ページ，13 ページ。

（7）商事法務研究会論『株主総会白書（2019 年版）』2019 年 12 月 5 日，21 〜 23 ページ。

（8）東京証券取引所，2019 年，8 ページ，11 ページ。

（9）東京証券取引所，2019 年，14 ページ。

（10）『日本経済新聞』2016 年 12 月 21 日。

（11）東京証券取引所，2019 年，14 ページ。

◆参考文献◆

石山卓磨『会社法改正後のコーポレート・ガバナンス』中央経済社，2014 年。

株式会社 東京証券取引所「東証上場会社における独立社外取締役の選任状況及び指名委員会・報酬委員会の設置状況」，2019 年 8 月 19 日。

北川哲雄編『スチュワードシップとコーポレート・ガバナンス』東洋経済新報社。

鈴木貴之・大野修平「2019 年定時株主総会の分析」『月刊監査役』2020 年 2 月 25 日号。

中西敏和・関孝哉編著『別冊商事法務 No.368　上場会社におけるコーポレート・ガバナンスの現状分析〔平成 24 年版〕』商事法務，2012 年。

中村直人・倉橋雄作『コーポレートガバナンス・コードの読み方・考え方』商事法務，2015 年。

西山賢吾「我が国上場企業の株式持ち合い状況 (2018年度)」『野村資本市場クォータリー2019Autumn。

日本取引所グループウェブサイト「定時株主総会集中率推移グラフ（3 月期決算会社）」https://www.jpx.co.jp/listing/event-schedules/shareholders-mtg/index.html，2020年 3 月 4 日アクセス。

みずほ信託銀行株式戦略企画部編『臨時報告書における議決権行使結果開示の傾向〔平成 22 年・23 年の事例分析〕』商事法務，2011 年。

第３章

アメリカの会社機関と
コーポレート・ガバナンス

第１節　はじめに

　株式会社の取締役会にはドイツをはじめとするヨーロッパ諸国にみられる２層式の取締役会とアメリカやイギリスで用いられている１層式の取締役会がある。また，会社の監査を担う機関として日本や中国，韓国などにおいては監査役会が設置されているのに対して，アメリカの株式会社では取締役会の中に設置された監査委員会がその機能を担っている。このように，株式会社の機関構造は国によってそれぞれ異なるが，取締役会の内部構造はアメリカ型の評価が高く，独立社外取締役や取締役会内委員会など，各国でアメリカ型の導入が進められている。本章では多くの国で株式会社機関構造のモデルとなってきたアメリカの会社機関の構造についてみていくことする。

　とはいえ，アメリカのコーポレート・ガバナンスのシステムには大きな問題があることも事実である。アメリカでは 2000 年以降，世界経済に深刻な打撃を与えた事件が相次ぎ，アメリカのコーポレート・ガバナンスに対して各国は疑念を抱くようになった。ヨーロッパをはじめとする各国は，アメリカの会社機関構造を導入しつつも，独自のコーポレート・ガバナンス・システムを模索しているように思われる。

　また，世界的な貧富の格差の拡大や地球環境問題の深刻化を目の当たりにして，こうした側面からもアメリカ型資本主義に対しても厳しい批判が向けられ

48

るようになった。アメリカ型資本主義ないし株主資本主義に対しては，当のアメリカ国民やアメリカ経済界からもその是正に向けた動きが現れるようになってきた。

　本章では，アメリカの会社機関構造とコーポレート・ガバナンスの状況，そして近年のアメリカ社会の企業概念の変化などについてみていくことにする。

第2節　トップ・マネジメント組織と企業統治

　アメリカでは会社法は州ごとに異なっており，日本のような統一的な会社法は存在しない。しかし，米国の多くの大企業はデラウェア州で設立されているため，デラウェア会社法がアメリカにおける会社法のひとつの標準と考えることができる。

　アメリカの一般的な大企業においては，株主総会，取締役会，最高経営責任者（CEO）などの機関が設けられている。大企業においては株式が広範に分散しており，したがって所有と経営が分離しているのが一般である。取締役は株主総会で選任されるが，その過半数は社外取締役（outside director）によって占められるのが普通である。取締役会は年間に10回程度開催され，全社的な意思決定と経営の監視を主要な任務としている。取締役会は株主のために経営を監視する受託機関として位置づけられている。取締役会の中にはいくつかの常任委員会が設置され，それぞれ専門的領域の職務を担当するが，たとえば監査委員会などは経営者すなわちCEOを頂点とする業務執行担当者の業務の監視が主たる任務となるため，経営者と利害関係をもたない，独立性の強い社外取締役が選任されることになっている。

　業務執行は取締役会によって任命される，少数の執行役員（executive officer）によって担当される。CEOは日本の代表取締役社長に相当し，きわめて大きな権限をもつが，アメリカでは取締役会会長を兼任することが多く，会長兼CEOはさらに大きな権限をもつことになる。法律上は株主総会が取締役会に権限を委譲し，取締役会がCEOなどの執行役員に権限を委譲するという形で

図表3－1 アメリカのトップ・マネジメント組織

```
┌─────────────────────────┐
│        株主総会          │
│ (general meeting of      │
│  stockholders)           │
└─────────────────────────┘
            │
            ▼
┌─────────────────────────┐        ┌──────────────────────────────────┐
│ 取締役会 (board of       │        │           常任委員会              │
│  directors)              │        │ 監査委員会 (audit committee)      │
│ 会長 (chairman of the    │        │ 報酬委員会 (compensation          │
│  board)                  │        │   committee)                      │
├────────────┬────────────┤        │ 指名委員会 (nominating committee) │
│ 社外取締役  │ 社内取締役  │        │ 執行委員会 (executive committee)  │
│ (outside   │            │        │ 財務委員会 (finance committee)    │
│  director) │            │        │ 企業統治委員会                    │
└────────────┴────────────┘        │   (corporate governance           │
            │                      │    committee)                     │
            ▼                      └──────────────────────────────────┘
┌─────────────────────────────────┐
│             執行役員             │
│ 最高経営責任者 (Chief Executive  │
│   Officer)                       │
│ 最高執行責任者 (Chief Operative  │
│   Officer)                       │
│ 最高財務責任者 (Chief Financial  │
│   Officer)                       │
│ 最高情報責任者 (Chief            │
│   Information Officer)           │
└─────────────────────────────────┘
```

副社長	副社長	副社長	副社長
(vice president)	(vice president)	(vice president)	(vice president)

出所：筆者作成。

責任と権限の関係が形成されている。したがって，株主総会が取締役の任免権を，取締役会がCEOの任免権を握っていることになるのであるが，アメリカの大規模株式会社は長い間こうした法律の規定通りには機能してこなかった。

アメリカ企業では多くの副社長（vice president）が任命されることが多く，かれらは部門管理者であるのが一般である。多数の副社長がいる場合には，執行副社長（executive vice president），上級副社長（senior vice president）などのように副社長の中に序列がつくられている。

CEO（経営者）はひとたびその地位に就任すると強大な権力を握り，取締役の選任も次期CEOを含む執行役員の選任もCEO自身が行なうばかりでなく，企業の広範な意思決定の権限までCEOが掌握するというような状況がアメリ

カの大企業に広がっていた。これがいわゆる経営者支配といわれる企業支配形態である。法律上，株式会社は株主のものであり，株主の利益のために経営されなければならないのであるが，株主に代って経営者を監視することを任務とする取締役会や株主総会が形骸化し，その機能を果たさないばかりでなく，むしろ経営者が経営者自身の地位を強化するためにこれらの機関を利用するというような事態が長い間続いてきた。

　アメリカで1980年代後半から活発になった企業統治（corporate governance）活動は，もともと株主が株主の利益のために企業を経営するように経営者を監視していこうとする活動である。企業統治活動は，上述のような理由から，形骸化し，CEOによって掌握されてしまった取締役会を株主の手に取り戻し，独立的な社外取締役を積極的に選任することによってCEOの経営行動に対する株主の監視機能を回復させることを主眼とするものであった。

　ところで，現代の大企業はたんに株主の利益のためだけに運営されてはならない。現代の大企業の行動は，従業員，消費者，供給業者，地域社会，債権者などいわゆるステークホルダー（stakeholder：利害関係者）に対してきわめて大きな影響を与えていることは周知の通りである。現代の大企業はこれらのステークホルダーの利益も考慮して経営されなければならないのである。なぜならば，元来企業は社会の創造物であり，企業がこれらのステークホルダーの利益を損なうような事態になれば，社会は法律を改正するなどしてこれまでのような企業の存続を許さなくなるからである。既に以前からアメリカの大企業はこのような観点からさまざまなステークホルダーの利益を経営に反映させる仕組みを取り入れている。たとえば，アメリカの企業においては，取締役会のメンバーに少数民族や女性，環境問題の専門家などを迎え入れ，彼らの利益を経営に反映させることを試みてきたのである。

　従来，アメリカやイギリスにおいては，株式会社はもっぱら株主の利益のために経営されるべきであるとする株主資本主義（株主第一主義）の考え方が通念とされてきた。これは，ドイツやフランスなどにおける，株式会社はステークホルダーの利益も重視して経営されるべきであるとする利害関係者資本主義

図表 3 － 2　新任独立取締役のバックグラウンド（S&P 500）

（単位：2002 - 16，%／男・女，人）

	2002 年	2006 年	2011 年	2016 年[1]	男性 （2016 年）	女性 （2016 年）
他会社の CEO/chair/president/ COO/vice chair	52	40	43	38	11	20
現役	41	29	24	19	56	10
退職	11	11	19	19	55	10
他会社エグゼクティブ	7	15	21	23	38	42
事業部長・子会社の社長	2	5	13	13	24	20
ライン及びファンクショナル・ 　リーダー	5	10	8	10	14	22
金融的なバックグラウンド	21	24	18	25	66	21
財務担当エグゼクティブ， 　CFO，会計担当者	11	11	9	9	21	8
銀行及び投資銀行役員	3	4	3	2	7	2
投資マネージャー，投資家	2	6	4	12	33	8
会計事務所のエグゼクティブ	5	3	2	2	5	3
学者，非営利組織	6	8	7	4	7	7
コンサルタント	7	5	4	3	2	7
法律家[2]	5	2	1	1	4	0
その他	2	6	6	6	7	14

（注）　1 ）2016 年については N = 236（男性），109（女性），合計 345 人。
　　　2 ）その他には，元公務員，医療関係者，不動産ブローカー，スポーツ・芸能関係
　　　　のエージェントなどが含まれる。
出所：今西宏次「会社機関とコーポレート・ガバナンス」佐久間信夫編著『コーポレート・
　　　ガバナンス改革の国際比較』ミネルヴァ書房，2017 年，71 ページ。

と対置される考え方である。しかし，近年，イギリスやアメリカなどのアング
ロサクソン型資本主義といわれる国においても，株主第一主義からの転換を促
す動きが次々と現れるようになってきた。すなわち，イギリスでは 2019 年 1
月から適用されたコーポレート・ガバナンス・コードが，従業員の中から取締
役を選任することや高額の役員報酬を規制することをはじめとするステークホ
ルダー重視の規定を盛り込んだのである。また，アメリカでは 2019 年 8 月に，
主要企業の経営者の団体である，ビジネス・ラウンドテーブルが，株主第一主
義ではなく，顧客や従業員などのステークホルダーを重視する方針を打ち出し

た。ビジネス・ラウンドテーブルが22年ぶりにコーポレート・ガバナンスの基本方針を転換したことは驚きを持って受け止められた。

とはいえ，アメリカでは社会運動や環境問題に社会の関心が高まるたびにステークホルダーの要求に企業が柔軟に対応してきた歴史がある。例えば，1960年代に公民権運動が活発化した時には，コダック社が黒人の公民権活動家を取締役に選任したり，キャンペーンGMの活動においてGMが消費者運動家からの攻撃にさらされた時には，消費者運動家の要求に沿って経営改革を行った例などがある。また，1989年にエクソン社のタンカーがアラスカ沖で座礁し，原油を大量に流出させた事故（バルディーズ号事件）は大規模な海洋汚染を発生させたが，エクソン社は事故の後，環境問題の専門家を取締役に選任し，環境問題への取り組みを強化することになった。これらの企業のステークホルダーへの対応の事例は，いわば一時的・短期的な対応というべき性格のものであった。これに対し，近年のステークホルダー重視の傾向はステークホルダー重視を企業の経営戦略の中核に据えた持続的・長期的な取り組みへと変化しているように考えることができる。女性や少数民族の取締役がアメリカ企業の取締役会において増加を続けていることがこれを示している。

企業統治は株主と経営者の（会社機関構造を介した）関係，および企業とステークホルダーの関係という2つの概念で捉えることができる。前者は狭義の企業統治，後者は広義の企業統治であるが[1]，アメリカでは取締役会の中にステークホルダーの代表が参加するのが一般的な傾向となっている。

第3節　株主総会

アメリカの企業経営者は株主総会を広報活動の一環と位置付け，株主の好意を得ることや株主総会が好意的に報道されることに注意を払っている。デラウエア会社法は，会社の合併や解散，定款の変更などの重要な事項が株主総会の承認を得なければならないことを定めているが，ほとんどの株主総会は取締役の選任が中心的議題となっており，また「取締役会は，会社監査役の選任およ

び一定の役員報酬計画の承認を求めることが多い」[2]。一般に CEO または取締役会会長が議長となって総会が運営される。

　近年のアメリカのコーポレート・ガバナンスの特徴は機関投資家の活動の活発化であるが，機関投資家は株主総会の場以外にも経営者と非公式に接触し，経営者に意見を述べ，経営者に説明を求める。最近の機関投資家は常に経営者の監視を行なっており，機関投資家のこのような行動はリレーション・シップ・インベストメント（relationship investment）と呼ばれている。

　デラウエア会社法は，株主総会の定足数を議決権株総数の 1/3 以上と定めている。わが国と同様，大会社において 1/3 の議決権をもつ株主が実際に総会に出席することはほとんど不可能であるため，経営者は広く委任状の勧誘を行うことになる。ほとんどの株主は総会に出席せず，個々の議決事項について指示を与えた委任状によって議決権を行使することになる。「したがって，年次株主総会に至るまでの委任状の勧誘の過程が会社支配に対する株主の参加の中心となっているのであって，実際の株主総会の方はこの過程を締めくくる段階であるにすぎなくなっている」[3]。つまり，株主総会において株主や経営者の間に対立する問題があるような場合には，争いは委任状勧誘競争において行われることになるのである。従来，委任状勧誘機構は経営者の会社支配にとってきわめて有利なものとなっていた。1970 年代前半までのアメリカの大株式会社において経営者支配が優勢であると結論付けたブランバーグは，①個人株主への株式の分散，②「ウォール・ストリート・ルール」に基づいて行動する機関投資家，③委任状勧誘機構に対する経営者の支配の３つを経営者支配の根拠と位置付けた[4]。そしてこの中でも特に経営者支配にとっての積極的な根拠と考えられる委任状勧誘機構に対する経営者の支配は「主として州会社法，ならびに証券取引委員会の委任状規則が生み出した結果である」と述べている[5]。すなわち，ブランバーグは州会社法と委任状規則が，経営者にとって有利なものとなっていることが経営者支配の重要な要因となっていたと考えたのである。

　しかし，経営者支配の有力な根拠の一つを提供していた SEC の委任状規則がしだいに緩和されたことにより，経営者に反対する株主が従来よりも容易に

委任状勧誘に参加できる制度へと変わっていった[6]。

第4節　取締役会

　1980年代の後半に，アメリカではM&Aが活発に行われるようになった。経営者は敵対的買収から自身を守るために，ポイズンピルやゴールデン・パラシュートなどの買収防衛策をとるようになった。機関投資家は株主に不利益となるこれらの買収防衛策に激しく反対し，いわゆるコーポレート・ガバナンス活動を活発化させていった[7]。

　機関投資家のコーポレート・ガバナンス改善の要求は，機関投資家と経営者の非公式な接触，株主提案，委任状勧誘などの方法を通して取締役会の改善に向けても行われた。アメリカの取締役会は，日本と異なり，以前から比較的多数の社外取締役によって構成されていたが，1980年代以降の企業統治運動は，社外取締役を取締役会の過半数にまで増員すること，および経営者と利害関係をもたない独立社外取締役（独立取締役）を選任することを目指すものであり，今日その目標はほぼ達成されている。取締役会の中にはいくつかの常任委員会が設けられており，独立取締役が重要な役割を果している。取締役会は一カ月に一回程度開催され，業務執行はCEOを中心とする業務執行役員によって担当されているが，CEOと取締役会会長を同一の人物が兼務することによって意思決定と業務執行の権限を集中させている会社が多い。

　取締役会の中に設置された常任委員会には執行委員会（executive committee），監査委員会（audit committee），報酬委員会（compensation committee），指名委員会（nominating committee），倫理委員会（ethics committee）などがある（図表3－1参照）。取締役会の開催は年間10回程度と比較的少なく，会議時間も限られている。巨大な多国籍企業の場合は取締役が世界各地に分散していることも多い。常任委員会は取締役会のこうした限界を補うとともに，これによって取締役がそれぞれの専門の問題に取り組むことが可能になる。2016年のアメリカのS&P500社における各常任委員会の設置状況は監査委員会が100％，報

酬委員会が99.5％，指名委員会が99.6％，執行委員会が33％であった[8]。

　執行委員会は全ての常任委員会のなかで最も大きな権限をもつ委員会であり，取締役会が開催されていないときは，日常的な事項に関する限り，取締役会のもつ権限の全てを行使できる。つまり執行委員会は，会社の定款の変更，合併，買収，解散等の重要な事項を除き，事実上取締役会の意思決定を代行する機関として機能している。

　監査委員会は通常，独立取締役のみによって構成され，その構成メンバーの数は3名から5名程度である。監査委員会の任務は会計監査，内部管理についての監査，不正の調査，外部監査人（公認会計士）の選任等である。ニューヨーク証券取引所に上場する企業には独立取締役だけから成る監査委員会の設置が義務付けられている。

　報酬委員会も全て独立取締役によって構成されるのが普通である。役員報酬には給与，ボーナス，インセンティブ・プランなどがある。アメリカの経営者はストック・オプション（stock option）によって巨額の報酬を得ることが多い。報酬委員会は外部のコンサルタントに委託するなどしてこれらの役員報酬を決定する。

　指名委員会は，取締役，会長，CEOの候補者を推薦することおよび取締役の評価などを主要な任務としている。この委員会においても独立取締役が重要な役割を果しており，委員の75％以上が独立取締役によって占められるのが普通である。従来，取締役候補者の推薦は専らCEO（会長兼CEOであることが多い）によって行なわれ，その結果取締役の人事権をCEOが握る企業が多くを占めた。CEOが取締役の人事権を握ることになると取締役会の経営者に対する監視機能が働かなくなり，企業統治の観点からきわめて重要な問題となってきた。

　アメリカでは90年代の企業統治改革によって，取締役等の事実上の指名権が指名委員会に大きく移行した。しかし，1990年代末でも「会長兼最高経営責任者の影響力は依然大きく，社外取締役のみで候補者を選定する企業は7％の少数派で，46％においては会長兼最高経営責任者の意向を考慮して社外取締

役より構成される指名委員会が候補者選定にあたり，39％においては指名委員会の結論が取締役会で審議される」[9] との調査結果もある。現在の経営者が取締役等の選任になお大きな力をもっているとはいえ，経営者による経営者の選任，すなわちいわゆる「経営者支配」が崩れつつあることは極めて大きな意味がある。近年，指名委員会はコーポレート・ガバナンス委員会に名称を変更したり，あるいは両方の委員会をもつ企業も増えている。

　取締役会は業務執行を監督する立場にあり，みずから業務執行にあたることはない。業務執行は取締役会によって選任された CEO を中心とする執行役員（executive officer）によって担当される。取締役会に内部取締役が少ないことからも明らかなようにトップ・マネジメントの機関は意思決定と経営の監視を担当する取締役会および業務執行を担当する執行役員との区別が比較的明瞭である。取締役会は受託機関，すなわち，株主の利益を代表する機関として位置付けられている。

　アメリカの取締役会と執行役員には，コーポレート・ガバナンス改善の観点から次のような批判がなされてきた。すなわち，経営者が極めて高額の役員報酬を獲得し，これが長い間批判されているにもかかわらず一向に是正されないこと，CEO に権限が集中しすぎること，また CEO が自分と親しい人物を社外取締役（独立性の低い社外取締役）に選任する傾向があるため，CEO に対する監視が不十分であることなどである。

　CEO と取締役会の関係は日本の代表取締役社長と取締役会との関係に相当するものである。ここでアメリカの CEO と取締役会との関係について，その現状と最近の動向について簡単にみていくことにしよう。

　アメリカ企業においては会長が CEO を兼任し，一人の人物に意思決定と業務執行の権限を集中する傾向がみられる。この会長兼 CEO は取締役会の議長として最高意思決定の任にあたるのはもちろん，従来は指名委員会を支配し取締役の選任や役員人事に大きな力を及ぼしてきた。彼はまた，業務執行の最高責任者として全般管理者たちを統括することになる。

　このような会長兼 CEO への過度の権限集中に対して，コーポレート・ガバ

ナンスの観点から厳しい批判が行われ，大企業において改善が進んだものもみられる。主要な改善策は第1に，会長とCEOを分離することであるが，企業改革法成立の後，改善が進み，CEOが会長を兼任する企業は従来の約80％から2016年には52％にまで低下した[10]。第2は，独立取締役の比率を高めることであり，すでに大企業では独立社外取締役が3分の2を越えるのが普通になっている[11]。第3は，CEOからの独立性の高い指名委員会の設置である。CEOではなく，事実上指名委員会が取締役を選任する企業が増加している。これまでもアメリカ企業の取締役会は社外取締役の比率が高かったが，実際にはCEOが独立性の低い社外取締役を選任し，CEOの権力基盤の補強をはかる傾向が強かったため，CEOの指名委員会への介入の排除が求められていた。

第5節　機関投資家と企業統治活動

　アメリカにおける企業統治論の隆盛は機関投資家の企業統治活動の活発化と企業統治改善におけるめざましい成果によるものである。アメリカの機関投資家は1980年代後半から企業統治活動を著しく活発化させ，それまで潜在化していた経営者に対する支配力を回復させた。1990年代はじめには機関投資家の支配力行使によって，ゼネラルモーターズ（GM），アメリカン・エキスプレス，IBMなどアメリカの巨大企業の著名な経営者が次々に解任され，機関投資家の急成長とその強力な支配力を広く知らしめたのである。

　ところで，機関投資家には銀行，保険会社，ミューチュアル・ファンド，年金基金，財団，大学基金などが含まれているが，株主活動の観点から見るならば，年金基金，なかでも公的年金基金の企業統治活動が最も注目されている。年金基金には企業年金基金と州政府などが公務員の退職年金として設けている公的年金基金があるが，企業年金基金は特定の企業の経営活動との関係から積極的な統治活動を行いにくいと言われている。これに対し公的年金基金は特定の企業の経営活動からの制約がないため，これまで活発な企業統治活動を展開してきた。

　年金基金，生命保険会社，ミューチュアル・ファンド，クローズド・エン
ド・ファンドなどの主要な機関投資家への産業会社（非金融会社）株式の集中
（機関化現象）は 1950 年代から見られるようになり，1960 年代を通して株式所
有の「機関化」が急速に進展した。1950 年代以降，「機関化」が進んだのは，
①年金基金と厚生基金が第 2 次大戦後驚異的な成長を遂げたこと，②第 2 次大
戦まで信託投資や生命保険会社は，州法によって，株式への投資が禁止あるい
は厳しく制限されていたのであるが，大戦後のインフレ圧力に対抗するため，
この法的規制が徐々に緩和されたこと，③ミューチュアル・ファンドによって
所有される，普通株の形での個人貯蓄が増大したこと，④少数の巨大会社への
株式投資が少数の機関投資家によって行われていること，などである[12]。

　1960 年代から 70 年代にかけてアメリカの上位の巨大企業の株式を高い比率
で所有する機関投資家の行動に視線が集まることになり，金融機関が産業会社
を支配しているという批判が頻繁に繰り返されることになった。しかし，この
当時の機関投資家の行動原理は投資先企業の経営者の行動を支持し，経営に不
満のある場合には持株を市場で売却するという，いわゆる「ウォール・スト
リート・ルール」と呼ばれるものであった。

　SEC は機関投資家の行動に対する調査を実施し，1971 年にその調査結果を
『機関投資家調査報告書』（SEC, Institutional Investors Study Report, 1971.）として
公表した。この報告書によれば，機関投資家は株主総会においてほとんどいつ
も経営者を支持して投票しており，経営者に同意しなかった例はわずかであっ
た。しかも経営者を支持しなかったわずかな事例においてさえ，機関投資家は
あくまで反対の姿勢を貫いたわけではなかった。機関投資家は経営者に対して
自立的であることを示すために，敢えて意図的に経営者に対して反対の立場を
取ったと考えられる。

　投資対象会社の経営に対する不介入，投資対象会社経営者への支持，投資対
象会社への不満が生じた場合には株式を売却するという「ウォール・ストリー
ト・ルール」にもとづいた機関投資家の行動に変化があらわれたのは 1980 年
代半ばからであった。機関投資家の活動の活発化は，1980 年代の M&A ブー

ムにおいて，経営者が防衛策として用いたポイズン・ピルやゴールデン・パラシュートなどに対する株主提案権の行使としてあらわれた。

　その後，機関投資家の株主提案はM&Aにかかわる特殊な要求からしだいに経営者の監視を目的としたより一般的な要求へと拡大していった。すなわち，機関投資家は株主の立場から取締役に助言を行なう「株主諮問委員会」の設置や，CEOからの独立性の強い社外取締役の選任を要求する株主提案を行ない，経営者に対する監視の強化をはかったのである。アメリカ企業の取締役会は，従来社外取締役の比率が高かったものの，これらの社外取締役に対してはCEOが事実上の選任権を持ち，CEOと利害関係をもつ人物や個人的に親しい人物が選任される傾向が強かったため，こうした人々から構成される取締役会がCEOに対する監視機能を果していないとする批判がなされてきた。CEOからの独立性の強い社外取締役を選任することは企業統治の改善にとってきわめて重要な意味をもつことになるわけであるが，アメリカの取締役会が機関投資家の要求によって徐々に独立性の強い取締役を選任するようになり，このような独立性の強い取締役会が1990年代前半にIBMやGMなどの大企業において著名なCEOを次々に解任するに至ったことはすでに述べた通りである。

第6節　エンロンの破綻と企業改革法

　2001年12月2日，約12兆円の売上げ高をもつアメリカ最大のエネルギー卸売り会社エンロンが経営破綻した。アメリカ史上最大の倒産劇となったこの経営破綻は同社の企業統治における問題点を次々に明るみに出すことになった。この事例は企業統治改革の進んだアメリカにもなお多くの企業統治問題が存在することを示しただけでなく，アメリカ型の企業統治モデルそのものに大きな欠陥があるのではないかとの疑念も生じさせた。

　エンロンはアメリカのガス・電力の卸売りで最大の企業であったが，不透明な簿外債務が次々に明らかになったことにより，株価下落と債券格付けの低下が生じ破綻に追い込まれた。エンロンの企業統治上の問題として指摘されたの

は，①取締役会がほとんど機能していなかったこと，②監査法人が不正な会計処理に加担していたこと，③証券アナリストや格付け機関が監視機能を果さなかったこと[13]，などである。

　まず取締役会の問題についてみていくことにしよう。エンロンの取締役会は14人の社外取締役とケネス・レイ会長兼CEOの15人で構成されていた。社外取締役は企業経営者，金融コンサルタント，大学教授，イギリスの上院議員などで占められており，独立性の点からも社外取締役の比率の点からも，取締役会の監視機能は形式上は万全であるように思われた。現にエンロンはイギリスの経済紙によって企業統治の最も優れた会社と評価されていた。しかし，それにもかかわらず，取締役会は巨額の簿外債務の存在を把握し，適切な対処をすることができなかった。エンロン問題発覚の端緒となったのは2001年8月に，CFOの部下だった従業員が同社の会計処理の不正を指摘した内部告発である。レイ会長に宛てた内部告発の手紙は8月に書かれたのにもかかわらず，社外取締役がその事実を知ったのは10月になってからであり，取締役会に簿外取引問題を検討する特別委員会の設立が決定されたのは，それからさらに2週間後のことであった。それはエンロンの破綻の2ヶ月前であった。取締役会が無機能化した理由は，エンロンの社外取締役が会社からあまりに巨額の報酬（現金と株式の合計で年間1人約5,300万円）を得ていたことや，議員に対する政治献金があったこと，社外取締役の所属する組織に会社から多額の寄付があったことなどにより，同社の社外取締役の独立性が失われていたためである。

　この事件ではエンロンの多数の経営者がインサイダー取引きを行っていた疑惑も浮上した。それは「不正経理の行き詰まりを感じた幹部らが，一般投資家には強気の見通しを示す一方，株価急落前に大量の自社株を売り抜けて多額の収入を得ていた」というものであり，「レイ会長や29人の役員や経営幹部が，99年から01年半ばまでに」株式を売却して得た現金は総額1,400億円にのぼった[14]。

　この事件では監査法人の監査機能の空洞化にも厳しい批判の目が向けられた。アメリカの監査法人は同一企業に対し監査業務のほかにコンサルタント業

務も提供しており，厳正な監査を確保するためには両業務を分離すべきであるとの主張が以前から行なわれていた。同一企業に対して2つの業務を同時に提供する監査法人が，利益率の高いコンサルタント業務を失いたくないため，厳正に監査することをためらうという理由によるものである。

　エンロンの監査を担当していた，世界5大会計事務所のひとつアーサー・アンダーセンは，既に2001年2月にエンロンの簿外取引を深刻な問題としてとらえ，同社との関係解消さえ検討していたにもかかわらず，「破綻までの10ヶ月間に何の措置も取らなかった」(15)。そればかりでなく，「アンダーセンの主任会計士は昨年10月，SECがエンロンに資料の提出を要請したことを知った直後，担当者を集めて緊急会議を開き，文書を破棄するよう指示した」(16)。

　エンロン事件は，監査業務とコンサルタント業務の分離にとどまらず，アメリカの監査制度を根底から見直す契機となった。イギリスではエンロン事件における監査法人の問題を重く受けとめ，監査法人を定期的に交代させることや，複数の監査法人による監査を導入することになった。

　アメリカの証券会社のアナリスト達はエンロンの不正な会計処理が発覚し，株価が下落し始めてもなおエンロン株を推奨し続け，ムーディーズなどの社債格付け機関はエンロンの破綻のわずか2ヶ月前まで投資適格の格付けをしていた。この事実は，経営者を市場から規律づける企業統治システムもまた有効に機能していなかったことを示している。

　一方，アメリカのエネルギーの約25％を取扱っていた巨大会社エンロンの破綻は多くのステークホルダーに深刻な影響を与えることになった。米国のシティグループとJPモルガン・チェースは当時エンロンに対して，両行あわせて10億ドル以上の巨額融資を行なっており，エンロンの破綻によって大きな損失を被った。同様に，エンロンに融資していたドイツ銀行などの欧州の金融機関や米国の保険会社も大きな損失を被った。またエンロンとエネルギー受給契約を結んでいた企業や団体は28,500にのぼり，これらの契約者にも大きな影響を与えた。

　ステークホルダーのなかでも特に深刻な打撃を受けたのが従業員であった。

会社の倒産によって退職金ももらえず失業することになった上，年金として積み立てていた資金もそのほとんどを失うことになってしまった。アメリカでは401K（確定拠出型年金）が広く普及しているが，「エンロンの401Kは投資先の6割が自社株であった。一時90ドルを越えたエンロン株は1ドルを割るまでに急落したため，50～60代で50万ドル前後の年金を失った人が」(17) 多数にのぼった。エンロンの経営陣がインサイダー取引きによって高値で自社株を売り抜けながら，従業員には自社株を推奨してかれらの年金のほとんどを奪ったことに対して厳しい批判が向けられた。

　2001年12月のエンロン破綻以降，2002年7月のワールド・コム破綻まで，アメリカでは大企業の倒産や会計上の不祥事の発覚が相つぎ，そのたびに企業統治の不全が指摘されることになった。アメリカ企業に対する不信から株式が売却され，アメリカ以外の国に資本が逃避した。アメリカ企業の株価下落とドルの為替レートの下落が同時に進行したのである。アメリカの企業統治と経済体制に対する信頼の失墜をくい止めるため，ブッシュ大統領は2002年7月に企業改革法（Sarbanes-Oxley Act；Sox法あるいはサーベンス・オクスレー法とも呼ばれる）を成立させた。この法律はエンロンにおける企業統治の不全に対する反省を踏まえて制定されたものであることから，以下のような内容を特徴としている。

① 会計監査法人を監視する機関である上場企業会計監視委員会（PCAOB：Public Company Accounting Oversight Board）を設置した。
② 同一会計監査法人が監査業務とコンサルタント業務を同一企業に提供することを禁止し，監査法人の独立性を確保した。
③ CEOやCFOに対し財務報告書に虚偽記載がないことを保証させ，そのために報告書への署名を求めた。
④ 経営者に内部統制報告書の作成を義務づけた。
⑤ インサイダー取引きを行った経営者の罰則を最長で禁固25年に引き上げるなど，経営者の不正に対する罰則を強化した。

⑥　証券アナリストは利益相反がある場合にはそれを開示しなければならない
　　ことになった。

　このように，企業改革法は法律によって厳しく企業と経営者を規律づけよう
とするものであった。それにもかかわらず，アメリカでは企業不祥事が絶える
ことなく続き，2008年には世界を震撼させる大企業不祥事が発生した。

第7節　リーマンショックとドッド・フランク法

　アメリカの投資銀行リーマン・ブラザーズは資金調達が困難になり，2008
年9月15日にアメリカ連邦破産法の適用を申請し，破綻した。信用危機はベ
アースターンズやメリルリンチなどの投資銀行にも及び，アメリカ政府は主要
な大銀行9行に資本注入して救済した。アメリカに端を発したこの銀行危機は
イギリスをはじめとするヨーロッパ諸国にも伝播したため，イギリスなど各国
政府は大手銀行を国有化するなどの方法でこの危機を凌ごうとした。リーマ
ン・ブラザーズの破綻を契機に始まったこの銀行危機は，やがて実体経済にも
波及し，世界経済を長期にわたって不況に陥れた。
　リーマン・ブラザーズが破綻した直接的な原因は，住宅ローンなどのサブプ
ライムローン（信用力の低いローン）を担保に組成されたデリバティブ（金融派
生商品）の評価が急落したことである。もともと信用力が低い住宅ローンに別
の自動車ローンなどを組み込んで組成された金融商品（証券化商品）に，ムー
ディーズなどの格付け会社が高い格付けを与えたことにより，この証券化商品
はアメリカの金融機関を中心に世界中に流通するようになっていた。しかし，
2007年前半にはサブプライム住宅ローンの延滞率が上昇し始めたため，ヘッ
ジファンド等はいち早くこの証券化商品の売却を始めたといわれる。これより
遅れてこの証券化商品の価格急落に対応しようとした投資銀行は資金調達がで
きなくなり，相次いで破綻に追い込まれた。
　アメリカ政府は，金融機関の救済と不況対策のために，超金融緩和政策を長

年にわたって実施しなければならなかった。この金融危機はヨーロッパ諸国により一層の深刻な不況をもたらしたため，各国政府は金融緩和のほかに大規模な財政出動を余儀なくされたが，そのことがギリシャなどの南欧諸国の重大な財政危機をもたらすことになった。

　この世界金融危機を引き起こした原因は，単なるコーポレート・ガバナンスよりはるかに広範囲に及ぶアメリカの金融システムそのものにあった。アメリカは金融危機の再発を防止するために，2010 年にドッド・フランク法（金融規制改革法）を制定したが，その法律の内容を見ると，当時のアメリカの金融システムとコーポレート・ガバナンスのどこに問題があったのかを知ることができる。ドッド・フランク法の内容は次の 9 項目に要約できる[18]。

① 　システミック・リスク・レギュレーター（金融安定監督カウンシル）の設置
② 　トゥー・ビッグ・トゥー・フェイルの終焉
③ 　デリバティブの透明性およびアカウンタビリティの向上
④ 　ヘッジファンド規制
⑤ 　銀行・保険の規制システムの改善
⑥ 　格付け機関規制
⑦ 　証券化に関する規制
⑧ 　役員報酬，コーポレート・ガバナンスの改善
　　・セイ・オン・ペイ（役員報酬に係わる拘束力のない株主投票）の導入
　　・金融機関のインセンティブ報酬規制
　　・報酬委員会の独立性の向上
　　　報酬委員会は独立取締役のみによって構成されること，報酬委員会に報酬コンサルタントや弁護士などを雇う権限を与えること
　　・マジョリティ・ボートの導入
　　　株主の過半数の賛成を取締役の指名の条件とすること
⑨ 　消費者と投資家の保護の強化

　ドッド・フランク法のほとんどの部分は金融システムについての規定であるが，⑧「役員報酬，コーポレート・ガバナンス」の項目は直接コーポレート・ガバナンスに関する規定である。アメリカの経営者の高額報酬には以前から強い批判がなされていた。特にストックオプションのように，株価に連動する形で経営者に支払われる報酬制度では，株価を上昇させることが経営者の報酬を増大させることになるため，粉飾を助長することにもつながり，エンロン事件の際にも指摘された問題であった。また，経営者が高いリスクをとって短期的な利益を追求し，自らの業績連動型報酬を増大させることも問題とされた。経営者が短期的に自らの報酬を増大させ，そのリスクのために企業自体が破綻したとしても経営者が責任を問われないためである。

　このような問題に対応するために，クローバック条項も規定された。クローバックとは，「誤ったデータに基づきインセンティブ報酬が役員に支払われた場合に，過剰報酬分を回収する方針を整備し，実施しなければならない[19]」というものである。クローバックについては，すでに企業改革法で規定されていたが，それはCEOとCFOのみに適用されるものであった。ドッド・フランク法では一般の取締役にもこれが適用されることになった[20]。

　また，ドッド・フランク法は全員が独立取締役である報酬委員会の設置を求め，報酬委員会の独立性が確保できない場合には上場禁止を指示している[21]。

第8節　おわりに

　アメリカでは1932年に出版されたバーリ＝ミーンズの『近代株式会社と私有財産』を契機に，株式会社の所有と支配をめぐる論争が展開されてきた。この，いわゆる「株式会社支配論争」はアメリカの研究者によって主導されながら，日本やドイツ，イギリスなどの研究者も巻き込んだ大きな流れとなった。また，「株式会社支配論争」の流れを引き継ぎながら，1980年代後半から始まったコーポレート・ガバナンス論も当時のアメリカの機関投資家の活動を背景に，急速に世界に広がっていった。

　この分野では理論研究においても企業の実態においても，アメリカは終始世界をリードしてきたということができる。1990 年代には，世界各国でコーポレート・ガバナンス改革が進められることになったが，その際に改革のモデルになったのはアメリカのコーポレート・ガバナンス・システムであったということができる。いわばアメリカ型のコーポレート・ガバナンスがグローバル・スタンダードとして各国に導入されていくことになった。

　しかし，2001 年のエンロン事件と 2008 年のリーマン・ブラザーズ破綻を経て，アメリカのコーポレート・ガバナンス・モデルに対する評価は大きく変わった。各国はコーポレート・ガバナンス・コードやスチュワードシップ・コード導入に基づくコーポレート・ガバナンス改革に方向転換するとともに，アメリカ型資本主義ないし株主資本主義に対しても距離を置くようになった。そして，アメリカ自身も，とどまることなく進む格差の拡大や地球環境問題の深刻化を目の当たりにして，株主資本主義から利害関係者資本主義へと大きく舵を切ろうとしているように思われる。

【注】

（1）出見世信之『企業統治問題の経営者的研究』文眞堂，1997 年，8 ページ。
（2）ディビット・G・リット，池田・川村訳「米国における株主総会」商事法務 No.1300，1992 年 10 月 5 日，39 ページ。
（3）同上稿，40 ページ。
（4）P. I. Blumberg, *The Megacorporation in American Societies*, 1975. p.145. 中村瑞穂監訳『巨大株式会社』文眞堂，1980 年，191 ページ。
（5）*Ibid.*, p.145. 同訳書 192 ページ。
（6）詳細については次を参照のこと。佐久間信夫「アメリカの会社機関とコーポレート・ガバナンス」佐久間信夫編著『経営学原理』創成社，2014 年，39 〜 40 ページ。
（7）同上稿，46 〜 47 ページ。
（8）今西宏次「会社機関とコーポレート・ガバナンス」佐久間信夫編著『コーポレート・ガバナンス改革の国際比較』ミネルヴァ書房，2017 年，76 ページ。
（9）吉森　賢『日米欧の企業経営—企業統治と経営者』放送大学教育振興会，2001 年，167 ページ。

(10)　今西宏次，前掲稿，75 ページ。

(11)　「2016 年時点で S&P500 の平均的な取締役会は，独立取締役 9.1 人に対し，非独立取締役 1.7 人となっており，取締役会で CEO が唯一の非独立取締役である会社が 60％となっている」（今西宏次，同上稿，74 ページ）。

(12)　「機関化」については次を参照のこと。P. I. Blumberg, *op.cit.*, p.95, p98, 同訳 124 ページ，128 ページ。

(13)　朝日新聞 02 年 1 月 23 日。

(14)　朝日新聞 02 年 1 月 16 日。

(15)　朝日新聞 02 年 1 月 19 日。

(16)　朝日新聞 02 年 1 月 19 日。

(17)　朝日新聞 02 年 2 月 15 日。

(18)　小立　敬「米国における金融制度改革法の成立―ドッド＝フランク法の概要」『野村資本市場クォータリー』2010 Summer，129 ～ 151 ページ。

(19)　浦野倫平「外部監視とコーポレート・ガバナンス」佐久間信夫編著『コーポレート・ガバナンス改革の国際比較』ミネルヴァ書房，2017 年，55 ページ。

(20)　福本　葵「アメリカのコーポレート・ガバナンス改革」『証券レポート』日本証券経済研究所，2010 年，53 ページ。

(21)　浦野倫平，前掲稿，54 ページ。

◆参考文献◆

出見世信之『企業統治問題の経営学的研究』文眞堂，1997 年。

ディビット・G・リット，池田・川村訳「米国における株主総会」商事法務 No.1300，1992 年 10 月 5 日。

P. I. Blumberg, *The Megacorporation in American Societies*, 1975, p.145（中村瑞穂監訳『巨大株式会社』文眞堂，1980）.

今西宏次「会社機関とコーポレート・ガバナンス」佐久間信夫編著『コーポレート・ガバナンス改革の国際比較』ミネルヴァ書房，2017 年。

吉森　賢『日米欧の企業経営―企業統治と経営者』放送大学教育振興会，2001 年。

小立　敬「米国における金融制度改革法の成立―ドッド＝フランク法の概要」『野村資本市場クォータリー』2010 Summer。

浦野倫平「外部監視とコーポレート・ガバナンス」佐久間信夫編著『コーポレート・ガバナンス改革の国際比較』ミネルヴァ書房，2017 年。

福本　葵「アメリカのコーポレート・ガバナンス改革」『証券レポート』日本証券経済研究所，2010 年。

第4章
現代企業の社会的責任

第1節　企業の社会性に関する視点

　株式会社に代表される企業は，営利主体として事業を行い，経済の拡大再生産に寄与して富を創出する存在である。そのような状況下で企業はどのような責任を負うべきであろうか。企業は，株主の出資で運営される組織であるため彼らの負託に応える必要がある。この観点から企業責任を考えると，「利益を最大化するように経営資源を用いて経営を行うことである。もちろん，公正な市場のルールを順守しながら」というフリードマン（M. Friedman）の定義は最も整合性が高い（Friedman, 1970, p.33）。法律や規制を遵守したうえで，利益を最大化して配当増額や株価上昇で株主に報いること，これこそが企業責任だという明確な論理である。

　企業責任については，近年では「企業の社会的責任」（Corporate Social Responsibility，以下，CSR）という概念で論じられている。「社会的」という側面から，企業は株主も含めたステークホルダー（stakeholders，利害関係者，以下，SH）との関係を考慮して，その責任を果たすことが求められる。つまり，営利性だけでなく社会性という視点も考慮する必要性があるのである。フリードマンの定義は企業責任の本質の1つを問うているが，利益最大化と法令遵守に限定した時点でCSRの議論の必要性は失われる。競争優位を高める経営戦略やマーケティングなどの営利性の論理と，法令遵守の監視，あるいは逸脱した場合の罰則適用という制裁の論理に焦点が当てられるからである。もちろん，

資本主義の黎明期や大企業体制の到来期においては，このような考え方だけで十分であったのかもしれない。

　しかし，今日の社会は複雑かつ多様な社会課題を抱えていると言わざるを得ない。気候変動，生物多様性，ジェンダー，LGBT，少子高齢化，社会福祉，多文化共生など，グローバルな課題からドメスティックで地域的な課題まで様々である。また，財政的な側面から各国政府による課題解決能力の低下と相俟って，多様な主体がそれぞれの役割を果たして課題解決に取り組む必要がある。政府以外で大きな役割を担える存在が，資本主義社会においては企業であり，グローバル・コンパクト（UN Global Compact，以下，UNGC），ISO26000，ESG，SDGs などの動向から CSR に対する期待の表れを見て取れる[1]。企業には経済的な役割に加えて，社会的な役割と責任，すなわち社会性の発揮が強く求められているのである。

　このような状況を踏まえて，本章では，現代社会における企業の CSR 活動の全体像を示した後に，ESG を基点とした CSR 枠組みを構築する。以下では，まず伝統的な CSR モデルを検討した後に，日本における CSR の展開について企業不祥事や社会貢献に注目しながら概観していく。ついで，ESG，ISO26000，CSV，SDGs といった現代企業の CSR の潮流を考察して，部分的ながら日本企業の対応についても紹介していく。最後に，現代企業の CSR の枠組み構築を通して，伝統的な CSR モデルの ESG 的展開ならびに今日的な示唆を提示する。

第 2 節　伝統的な CSR モデル

　CSR の定義は多様であり，普遍的な同意は見られていない。それゆえ CSR を定義の側面からではなく，企業が負う社会的責任の実質的内容に注目して，それらを分類するキャロル（A. B. Carroll）らの「CSR ピラミッド」（Pyramid of Corporate Social Responsibility）から理解することが有用である（図表 4 - 1，Carroll and Buchholtz, 1999, pp.37-38）。CSR ピラミッドは伝統的 CSR モデルとし

図表 4 - 1　伝統的な CSR モデル

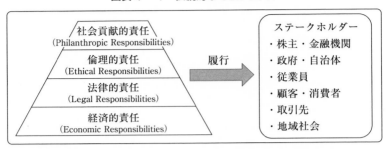

出所：Carroll, A. B. and A. K. Buchholtz, *Business and Society: Ethics and Stakeholder Management Forth Edition*, South-Western College Publishing, 1999, pp.7-36 に基づいて作成。

て，CSR 項目を基礎的責任から上位責任へと階層的に位置づけて体系化を図るものである。

　CSR ピラミッドは 4 つの責任で構成されており，最も基礎的な責任として「経済的責任」が位置づけられ，これは端的には「利益を上げること」を意味する。経済的責任よりも一段階上にあるのが，「法律的責任」であり法令遵守を求められる。さらに上位には「倫理的責任」があり，法律を超えて社会的価値観との関係から正しい行動をすることも要求される。最上位が「社会貢献的責任」であり，人々の QOL（Quality of Life，生活の質）や文化向上などに貢献する行為となっている。経済，法律，倫理，社会貢献に移行するに連れて，基礎から上位の責任へと移行していく。そして，このような 4 つの社会的責任を果たされる客体が SH であり，SH とは企業行動に影響を及ぼしたり，または影響を受ける主体と定義される（Freeman, 1983, p.52）。SH には，資金を供給する株主・金融機関，規制や助成を行う政府・自治体，事業活動を担う従業員，収益源となる顧客・消費者，部品・材料を納入する取引先，企業が位置する地域社会などが該当する。

　まず，利益や収益を上げるという経済的責任が SH に及ぼす影響を考えてみる。利益が上がることで，株主・金融機関には配当や元利支払いを，政府・自治体には法人税や法人住民税の支払いを，従業員には給料の支払いを，顧客・

消費者にはサービス充実や新製品開発による利便性の向上を，取引先には遅滞ない支払いを，地域社会には雇用創出や経済の活性化をもたらすことができる。経済的責任だけを見ても，SH に対して大きな影響を及ぼすことが分かる。ついで，法律的責任についても各 SH に対応している。その一部を見ると，株主には金融商品取引法，従業員には労働基準法，消費者には消費者契約法や製造物責任法，取引先には下請法，地域社会には産廃法などが該当してくる。このように SH に対して負う責任が，法律上においても明記されているのである。

　倫理的責任についても同様である。例えば，従業員を対象に考えると，LGBT や女性といった社会的弱者への昇進の機会を公正にしたり，教育機会の提供や育児・介護といったワーク・ライフ・バランスへの配慮をする必要がある。消費者に対しては，適正な利益追求の下に，消費者の利便性向上や QOL に配慮した製品・サービスの開発・販売に努めることが求められる。最後に，社会貢献的責任については，地域社会や社会全般を対象として行われるので特定の SH に限定して捉えることは難しい。それでも後述の通り，地域の文化活動への協力，芸術活動への寄付・貢献，工場見学や企業敷地解放，学校・社会教育，災害時の支援活動など多様な活動を見ることができる。

　このように経済・法律・倫理・社会貢献という 4 つの社会的責任を，SH に対して果たすことは伝統的な CSR モデルではあるが，現代社会においても変わらない普遍性を有していると言える。そして，このモデルを理解することが現代企業の CSR を理解するうえで基礎になるのである。次節では，CSR それ自体の理解をさらに深めるために，日本における CSR の歴史と背景について，企業不祥事と社会貢献活動を中心に見ていこう。

第 3 節　日本企業の CSR の展開

1.　日本における CSR の歴史と背景

　CSR の概念は，欧米では 1950 年代から学術著書や論文において見られてお

り，研究蓄積が進んでいったという（Carroll, 1999, p.268）。これに対して日本
では，2003年からCSRに注目が集まり同年は日本における「CSR元年」と
言われている。CSRという概念自体の認識こそ近年になってからではあるが，
1950年代以降，数度にわたって企業には社会的責任が問われてきた。

　その発端が1950から60年代にかけて発生した公害問題である。チッソ水俣
工場の有機水銀排水による水俣病，三井金属神岡鉱山のカドミウム排出による
イタイイタイ病，四日市コンビナートの大気汚染物質排出による四日市ぜんそ
くなどが有名である。公害は環境汚染と健康被害を生じさせたことから，加害
企業の責任が問われることになった。1967年には公害対策基本法が制定され，
1970年の第64回臨時国会（公害国会）では，典型七公害が明示されて公害に
おける企業責任も明確化されることになる。企業ではエンド・オブ・パイプ型
の公害対策が進んでいくが，公害を通して「企業不信・企業性悪説」が高ま
り，事業所が立地する地域住民の運動が活発化したという（ニッセイ基礎研究所
HP）。さらに，同時期には欠陥・有害商品，誇大広告や製品不当表示など，消
費者に負の影響を及ぼす企業不祥事も露呈していた（平田，2008，77ページ）。

　1970年代には，企業の「利益至上主義」に対する批判が発生した。同時期
には日本列島改造論を背景として地価が高騰し，企業による土地投機が社会問
題化した。また2度の石油危機において，企業による買い占めや便乗値上げが
相次ぎ，「狂乱物価」という物価高騰を助長することにもなったからである（ニッ
セイ基礎研究所HP）[2]。そして1980年代後半のバブル景気の到来にともない，
企業にも資金的な余裕が生じていたと考えられ，寄付や社会貢献への拠出が積
極的に行われるようになった。一般的に「カネ余り」の時代と言われており，
企業業績も堅調な中で社会貢献に対する注目が高まっていた[3]。当該期には，
日本経済団体連合会（以下，日本経団連）が社会貢献調査を行ったり，1990年
には1％クラブが設立されている。

　1990年代になりバブルが崩壊すると，金融機関を中心に不祥事が相次いで
発覚していく。1991年には野村・旧日興・山一・大和の証券各社による利益
供与・損失補填，旧三菱信託銀行と旧三井信託銀行における粉飾決算，1992

年には大和証券と山種証券における粉飾決算が見られた。1995年になると，旧大和銀行ニューヨーク支店での巨額損失問題を契機に，再び金融機関による不祥事が露呈していく。1996年には旧千代田証券による損失補填，1997年と98年には山一証券，日本長期信用銀行，日本債券信用銀行の粉飾決算が発覚して各社とも経営破綻に追い込まれている。さらに，各企業の経営者が「総会屋」と癒着（不正利益供与）して株主の権利を侵害する行為も見られた。イトーヨーカ堂（1992年），キリンビール（1993年），高島屋（1996年），その後には，味の素，三菱電機，東芝，日立製作所など日本の代表的企業において総会屋への利益供与が発覚した[4]。

　2000年代以降も企業不祥事が続発するが，その特徴は事業関係性の高いことに見出される[5]。2000年には雪印乳業の集団食中毒，百貨店そごうの乱脈経営による経営破綻，三菱自動車のリコール隠し，2001年にはマルハの水産物輸入産地偽装，2002年には雪印食品の牛肉偽装，2003年には武富士の電話盗聴など相次いで発覚していく。その後も，2004年には三菱ふそうのリコール隠し，2005年には明治安田生命の保険金不払い，また2006年のライブドアの粉飾決算と堀江貴文氏逮捕は社会に大きなインパクトを残した。2010年代にはオリンパスの約1,000億円に及ぶ粉飾決算（2011年），日本精工のベアリング・カルテル（2012）が続き，2015年以降も，自動車各社の排ガス・燃費不正や建設各社の不適切施工などが発生している（図表4-2）。

　日本では企業の社会的責任について，①1950～60年代の公害問題，②1970年代の石油危機時の利益追求，③1990年代の社会貢献活動と金融・財務不祥事，④2000年代の事業関連不祥事がその歴史を特徴づけている。1990年代初頭の社会貢献を除いて，日本ではCSRが俎上に載る背景には企業不祥事という課題が存在しており，このような法令違反行為はSHに多大な影響を及ぼしてきたのである。法令を遵守する法律的責任は，CSRにおける最低限の要請であるにも関わらず，現在でも法令に違反する企業不祥事の発生は枚挙にいとまがない。日本のCSRにおいては，企業不祥事の存在が極めて大きいことから，法令遵守は資本主義社会における永遠の課題とさえ言える。

図表4-2 2000年以降の日本における企業不祥事

不祥事発生企業	発覚時期	不祥事内容	関連法令
雪印乳業	2000年6月	大量食中毒	食品衛生法違反
マルハ(現マルハニチロ)	2001年5月	タコ原産国偽装および脱税	関税法違反
雪印食品	2002年1月	食肉偽装による不正販売	食品衛生法違反
武富士	2003年6月	電話盗聴	電気通信事業法違反
三菱ふそう	2004年3月	リコール隠し	道路運送車両法違反
明治安田生命	2005年2月	保険金不払い	保険業法違反
ライブドア	2006年1月	粉飾決算	金融商品取引法違反
⋮	⋮	⋮	⋮
オリンパス	2011年11月	粉飾決算	金融商品取引法違反
日本精工	2012年4月	ベアリング・カルテル	独占禁止法違反
⋮	⋮		⋮
東洋ゴム	2015年3月	免震・防振ゴムのデータ改ざん	建築基準法違反
東芝	2015年4月	粉飾決算	金融商品取引法違反
旭化成建材	2015年10月	マンション杭打ちデータ改ざん	建築基準法違反
化学及血清療法研究所	2015年6月	ワクチン不正製造	医薬品医療機器法違反
てるみくらぶ	2017年3月	突然の破たん・旅行者被害	破産法違反
日産自動車	2017年9月	品質検査不正	道路運送車両法違反
神戸製鋼所	2017年10月	アルミ製品の性能データ改ざん	不正競争防止法違反
スバル	2017年10月	品質検査不正	道路運送車両法違反
東レハイブリッドコード	2017年11月	製品検査データ改ざん	―
宇部興産	2018年6月	品質検査不正	―
ヤマトホームコンビニエンス	2018年7月	引越料金過大請求	貨物自動車運送事業法違反
マツダ	2018年8月	燃費・排ガス不正検査	―
スズキ	2018年8月	燃費・排ガス不正検査	―
ヤマハ	2018年8月	燃費・排ガス不正検査	―
フジクラ	2018年8月	製品検査データ改ざん	―
KYB	2018年10月	免震・制振装置のデータ改ざん	―
日産自動車	2018年11月	役員報酬の過少申告	金融商品取引法違反
京王観光	2019年1月	不正乗車	鉄道営業法違反
ツタヤ	2019年2月	誇大広告	景品表示法違反
大和ハウス工業	2019年4月	不適合工法	建築基準法違反
T&Cメディカルサイエンス	2019年4月	インサイダー取引	金融商品取引法違反
森永製菓	2019年4月	支払代金不当減額	下請法違反
ニチイ学館ほか2社	2019年5月	医療事務談合	独占禁止法違反
すてきナイスグループ	2019年5月	粉飾決算	金融商品取引法違反

出所:エフシージー総合研究所HPを参考に作成。

2.　日本企業の社会貢献活動：フィランソロピー⁽⁶⁾

　法令遵守だけでは CSR は不十分であり，企業は，倫理的責任や社会貢献的責任という上位の責任を果たす必要もある。倫理的責任では，しばしば発展途上国での児童労働が取り上げられる。それらの国々では児童労働は規制の対象外だとしても，彼らの健全な成長を阻害する行為として倫理的責任に反している。さらに発展途上国において，コーヒー農家からコーヒー豆を低価格購入し続けて地域住民の貧困脱却を阻害したり，水を無制限に利用して水資源を枯渇させてしまうことも多国籍企業によって行われてきた。これらはグローバルな課題だが，日本国内に目を向けると，能力的に優れていても女性従業員の昇進が阻害されていたり，障害者雇用に消極的で多様性を受容しない企業姿勢が見られるなど倫理的な課題が散見されている⁽⁷⁾。このような倫理的責任に加えて，近年では，企業には社会貢献が求められており社会貢献的責任への要請が高まっている。

　日本における社会貢献活動の制度化は，上記の日本経団連・1％クラブ（以下，1％クラブ）の発足から始まる。日本経団連は，1980 年代から「社会貢献調査ミッション」を海外に派遣し，企業が経常利益の一定割合を社会貢献に拠出するアメリカの「パーセントクラブ」を学ぶ。これに倣い 1990 年には，経済団体として社会貢献を普及させるために，経常利益の1％を社会貢献に拠出する1％クラブを設立した。アメリカでは企業の寄付活動は長い歴史を有しているのに対して，日本企業による寄付活動の制度化はバブル末期に始まったばかりでその歴史は浅い。また1％クラブは，日本企業の社会貢献を促進するだけでなく，その動向把握，災害被災地支援，NPO・NGO との連携などに関する調査もしている（1％クラブ HP）。日本企業の社会貢献状況は図表 4 − 3 の通りであるが，この調査は日本の大手企業の社会貢献拠出額に限定しており，その拠出額は金銭寄付に加えて，物資寄贈，施設開放，従業員派遣なども金額換算して算出されている。

図表 4 - 3　社会貢献・1 社平均支出額（n ＝ 337 社）

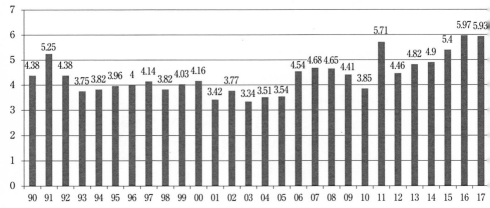

※ 1：単位は億円。
※ 2：調査対象企業は，日本経団連会員企業と 1％クラブ会員企業。
出所：日本経済団体連合会・1％クラブ「2016 年度　社会貢献活動実績調査結果」2017 年，2 ページ；
　　　日本経済団体連合会・1％クラブ「2017 年度　社会貢献活動実績調査結果」2018 年，4 ページ
　　　に基づき作成。

　1％クラブ設立当初の拠出額は，4.38 億円（90 年），5.25 億円（91 年）という
ように高水準であったが，バブル崩壊後には 3 億円台中盤と低水準で推移して
いた。しかし，2011 年 3 月の東日本大震災（以下，大震災）を契機に社会貢献
拠出額は 5.71 億円に達し，その後も熊本地震（2016 年）や九州北部豪雨（2017 年）
など大規模災害に直面するたびに拠出額が増加しており，災害時における企業
の役割が急速に高まっている。このように，社会貢献活動が CSR の一環とし
て積極的に実施されており，企業は社会課題を解決したり，人々の QOL を改
善するポジティブな役割を果たしているのである。
　社会貢献と一口に言っても多様な種類があることから，企業が注力している
領域を確認する必要がある。1％クラブによると社会貢献は 15 領域に整理され
（図表 4 - 4），それらは，1.　社会福祉とソーシャル・インクルージョン：社会
的弱者の自立支援や社会参画の促進など，2.　健康・医学，スポーツ：研究活
動への寄付，患者と家族のケア，スポーツ活動支援や選手育成協力など，3.
学術・研究：奨学金や研究助成など，4.　教育・社会教育：講師の学校派遣や

図表 4 － 4　社会貢献支出分野割合（2016 年度）

	95年度	00年度	05年度	10年度	15年度	16年度	増減
1．社会福祉，ソーシャル・インクルージョン	6.0%	5.8%	5.4%	4.9%	5.2%	4.6%	-1.4%
2．健康・医学・スポーツ	14.4%	12.5%	13.6%	11.4%	14.4%	14.4%	± 0%
3．学術・研究	13.1%	21.3%	14.2%	16.8%	13.0%	8.9%	-4.2%
4．教育・社会教育	11.1%	9.7%	16.1%	18.7%	17.4%	17.2%	6.1%
5．文化・芸術	20.8%	13.4%	16.1%	12.6%	10.4%	17.2%	-3.6%
6．環境	8.8%	10.6%	10.8%	13.9%	6.9%	6.3%	-2.5%
7．地域社会の活動，史跡・伝統文化保全	9.0%	10.1%	10.9%	8.4%	12.3%	7.8%	-1.2%
8．国際交流	4.6%	4.9%	2.6%	2.1%	1.8%	1.7%	-2.9%
9．災害被災地支援	2.4%	1.2%	1.9%	1.4%	4.4%	5.1%	2.7%
10．防災まちづくり，防犯	—	—	0.3%	0.3%	0.3%	0.3%	—
11．人権問題	—	—	0.1%	0.2%	0.1%	0.2%	—
12．NPO・NGO の基盤形成	—	—	0.3%	1.0%	0.9%	0.9%	—
13．雇用創出・就労支援	—	—	—	0.5%	0.7%	0.7%	—
14．政治寄付	—	—	1.4%	0.8%	1.0%	0.8%	—
15．その他	10.0%	10.6%	6.3%	7.1%	8.2%	11.5%	1.5%

※「増減」は 1995 年度と 2016 年度の数値（割合）の比較に基づいて算出している。
出所：日本経済団体連合会・1％クラブ「2016 年度　社会貢献活動実績調査結果」2017
　　　年，6 ページに基づいて作成。

企業施設見学の受け入れなど，5．文化・芸術：文化・芸術活動への協賛，アーティストと市民の交流促進など，6．環境：地域環境保全，生物多様性の保護，環境改善への貢献など，7．地域社会の活動：地域活動への参加・協賛や史跡・伝統文化の保存など，8．国際交流：青少年の交流事業や途上国の社会開発など，9．災害被災地支援：義援金拠出や災害ボランティア活動など，10．防災まちづくり，防犯：地域との協定締結，災害訓練・防犯活動への参加・協力など，11．人権問題：人権啓発やバリアフリー社会の教材提供など，12．NPO・NGO の基盤形成：組織管理や広報ノウハウの提供など，13．雇用創出・就労支援：技術習得や実習プログラムの実施などである（1％クラブ，2017，p.7）。さらに，14．政治寄付や上記に該当しない「その他」に分類される。

　この分類に従って，日本企業が重視している社会貢献領域を支出分野割合
(2016年度) から確認してみる。最も大きな割合を占めるのが「教育・社会教
育」と「文化・芸術」であり，両者とも17.2％で同率トップとなっている。そ
の伸び率 (1995年比) を見ると，前者は＋6.1％，後者は－3.6％であることから，
事業ノウハウを活用した教育活動が増加しているのに対して，文化・芸術支援
の割合は低下している。ついで「健康・医学・スポーツ」(14.4％)，「学術・研
究」(8.9％)，「地域社会の活動」(7.8％)，「環境」(6.3％)，「災害被災地支援」(5.1
％) が続いている。近年では，相次ぐ災害を受けて災害被災地支援が＋2.7％と
伸長しているのに対して，学術・研究が－4.2％，環境が－2.5％，社会福祉が
－1.4％と減少傾向にある。また国際交流の占める割合 (1.7％) も小さく，減少
率も－2.9％となっている。

　このことから企業の社会貢献では，教育・社会教育，文化・芸術，健康・医
学・スポーツの３項目が大きな割合を占めており，その中でも急速に割合を
伸ばしているのが「教育」である。これは大学や高校などへの講師の派遣に
加えて，地域住民のQOL向上に資する啓発や教育を行う活動である。これに
ついて，崎陽軒 (焼売製造，横浜市) による中高生や大学生との商品共同開発と
いう実践的教育事例が知られている (小山，2015)。筆者が所属する東北学院大
学経営学部においても，地域企業が学生教育に関与する場が設けられている。
七十七銀行やSMBC日興証券による提供講座が制度化されているほか，毎年，
企業を変えながら多様な講義が実施されている[8]。もちろん，純粋な教育目
的に加えて当該企業の採用広報としての意味合いも強いのが実情である。また
社会教育では，例えば仙台市社会福祉協議会を仲介役として，ダスキンが仙台
市の地域住民に効率的な掃除の方法を伝える教室を開催している[9]。学校・
社会教育は，資金拠出をともなわず，当該企業の事業を活用できることから社
会貢献の大きな潮流の１つになりつつある。

第4節　近年のCSRの潮流—ESG，ISO26000，CSV—

1．CSRにおけるESG概念とISO26000

　上記の通り，SHに対して経済・法律・倫理・社会貢献の4つの責任を果たすことが伝統的なCSRであり，また日本では法令違反がCSRの歴史的な背景であるとともに，社会貢献への組みも活発化している。近年では，企業の果たす責任として「環境・社会・ガバナンス」（Environmental, Social and Governance, 以下，ESG）概念が現出している。Eは環境への取り組みであり，①環境破壊・汚染の回避や②温室効果ガス排出削減など負の影響の緩和に加えて，③環境課題の解決に貢献する事業というポジティブな側面も含まれる。Sは社会への取り組みであり，①従業員に関すること（多様性の受容や労働環境改善など）や②社会全般に対する貢献が含まれてくる。そして，Gはガバナンス（企業統治）であり，一般的に①法令遵守，②透明な統治体制（取締役会や監査制制度など），③情報開示が該当する（日本経済新聞社HP）[10]。

　ESGは，機関・個人投資家の投資行動に際して，環境・社会・ガバナンスを重視する「ESG投資」の影響を強く受けている。ESG投資動向は，2006年の「国連責任投資原則」（Principle for Responsible Investment, 以下，PRI）から始まる。PRIとは，国連環境計画・金融イニシアティブとUNGCとの協働によって投資家の役割を主導する取り組みである。PRIでは6原則を定めて，全ての投資家に対して投資意思決定においてESG課題への関与を求めることでESG投資を促進している（Cini and Ricci, 2018, p.72）[11]。日本でも約130兆円の資金を運用する年金積立金管理運用独立行政法人（以下，GPIF）が，2015年にPRIの署名機関となった。これを契機にESG投資が「離陸」したと言われており，企業もESGを意識してCSRに取り組むようになっているという（冨田，2017，70ページ）。さらに証券市場もこの動向を促進している。2015年6月に金融庁と東京証券取引所が共同で発表した「コーポレートガバナンス・コー

図表 4 － 5　ESG 投資残高の推移

| | 2014 年 | 2016 年 | 2018 年 | 増加率 | |
				2014-2016	2016-2018
ヨーロッパ	11,170　(58.8)	12,480　(52.6)	13,906　(48.8)	11.7%	11.4%
アメリカ	6,572　(17.9)	8,723　(21.6)	1,1995　(25.7)	32.7%	37.5%
日本	7.8　(0)	528　(3.4)	2,148　(18.3)	6769.2%	406.8%

※ 1 ：単位は 10 億ドル。
※ 2 ：ヨーロッパと日本の投資残高は，2019 年 6 月 26 日の為替相場（1 ドル＝ 108 円，
　　　 1 ユーロ＝ 1.13 ドル）に基づいて計算。
※ 3 ：カッコ内は全株式投資残高に占める ESG 投資の割合。単位は%。
出所：Global Sustainable Investment Alliance, 2019, pp.8-9 に基づき作成。

ド」（以下，CGC）において，「ESG 投資の概念を推進する内容」が示されたか
らである（Sustainable Japan HP）。

　ESG 投資残高は世界的に大きく拡大している（図表 4 － 5）。ヨーロッパの
ESG 残高は，2014 年の 11 兆 1,700 億ドルから 2018 年の 13 兆 9,060 億ドルへ
と拡大している。また同地域の特徴は，全株式投資残高の約半数（2016 年：
52.6%，2018 年 48.8%）が ESG 投資に振り向けられていることである。ついで
アメリカの ESG 投資残高は，2014 年の 6 兆 5,720 億ドルから 2016 年の 8 兆
7,230 億ドル，そして 2018 年には 11 兆 9,995 億ドルへと 4 年間で倍増している。
同国の全株式投資残高に占める割合についても，2014 年の 17.9%から 2018 年の
25.7%へと，その比重を大きく高めている。欧米では，ESG 投資が投資残高の
側面だけでなく，全株式投資に占める割合も大きくなっていることが分かる。
　これに対して日本の ESG 投資残高は，2014 年には 78 億ドルに過ぎず，欧
米の状況と比較すると皆無に等しかった。それでも GPIF の PRI への署名や
CGC を受けて，日本の投資家も環境や社会に対する意識を向上させ ESG 投資
残高が増加していく。その結果，2016 年には 5,280 億ドル，2018 年には 2 兆
1,480 億ドルに達し全株式投資残高に占める割合も 18.3%へと拡大している。
欧米の後塵を拝しているものの，日本でも ESG 投資に対する関心が高まって
いることが分かる。
　ESG 投資残高が増加する状況下で，企業は ESG に配慮して企業それ自体と

社会全体の持続可能な発展を模索していく必要がある。ESG の概念は，1994年にエルキントン（J. Elkington）が提示した「トリプル・ボトム・ライン」（Triple Bottom Line，以下，TBL）の発想に類似している。TBL は，財務面だけではなく，環境と社会に対する成果も測定して企業の評価を把握しようとするものである（Cini and Ricci, 2018, p.69）。ESG と TBL 間には大きな違いはないが，ただし，TBL が財務に焦点を当てるのに対して，ESG ではガバナンスを重視することが特徴的である。そもそもガバナンスとは「企業が指揮され統制されるシステム」であり（Cadbury Committee, 1992, p.14），そこには成果としての収益性に加えて，取締役会構成，経営戦略，内部統制，法令遵守なども含まれることから，これらは企業の財務的成果と ES 行動を導く役割を担う。ESG の「ガバナンス」は，TBL の「財務」を包摂したより広い概念と考えられよう。

　また ESG を促進する動向として，2010 年に発行された ISO26000 も重要である。ISO26000 は，ISO（International Organization for Standardization，国際標準化機構）によって策定された「組織の社会的責任」（Social Responsibility，以下，SR）に対する国際的ガイダンス（手引書）である。その特徴は，SR という概念で営利・非営利を問わず組織が負うべき責任を示していることにある。それでも組織という場合には，資本主義社会では企業が中心となることに疑いの余地はない。ISO9000（品質）や ISO14000（環境）などのように認証規格ではないことから，企業経営に与える影響は大きくないと考えられてきたが，ステークホルダー・エンゲージメント[12]を重要視する ISO26000 は，「CSR の知に依拠した社会的責任経営」として企業に大きな影響を与えているという（高岡，2015，p.116）。多種多様な社会課題について，企業は SH との対話を通して解決に取り組むことが望ましいとされており，ISO26000 は企業にとって CSR を実践する重要な羅針盤になりつつある。

　ISO26000 は，企業の果たすべき SR として 7 つの中核主題を設定している（図表4 - 6）。そこでは持続可能な発展を達成するために，企業として課題解決に対する関与を求めており取り組むべき領域が明確にされている。それが，1. 組織統治，2. 人権，3. 労働慣行，4. 環境，5. 公正な事業慣行，6. 消費者

図表4－6　ISO26000の中核主題

中核主題	課題
1．組織統治	
2．人権	・デューディリジェンス　・人権に関する危機的状況　・加担の回避 ・苦情解決　・差別及び社会的弱者　・市民的及び政治的権利 ・経済的，社会的及び文化的権利　・労働における基本的原則及び権利
3．労働慣行	・雇用及び雇用関係　・労働条件及び社会的保護　・社会対話 ・労働における安全衛生　・職場における人材育成及び訓練
4．環境	・汚染の予防　・持続可能な資源の利用　・気候変動の緩和及び気候変動への適応 ・環境保護，生物多様性，および自然生息地の回復
5．公正な事業慣行	・汚職防止　・責任ある政治的関与　・公正な競争 ・バリューチェーンにおける社会的責任の推進　・財産権の尊重
6．消費者課題	・公正なマーケティング，事実に即した偏りのない情報，及び公正な契約慣行 ・消費者の安全衛生の保護　・持続可能な消費　・教育及び意識向上 ・消費者に対するサービス，支援，並びに苦情及び紛争の解決 ・消費者データ保護及びプライバシー　・必要不可欠なサービスへのアクセス
7．コミュニティ	・コミュニティへの参画　・教育及び文化　・雇用創出及び技能開発　・健康 ・技術の開発及び技術へのアクセス　・富及び所得の創出　・社会的投資

出所：ISO/SR 国内員会監修『ISO26000：2010―社会的責任に関する手引―』日本規格協会，
　　　2011年，79～182ページに基づいて作成。

課題，7．コミュニティ（地域社会）であり，それぞれに該当する課題と，その
解決に向けた行動・期待も述べられている。例えば，コミュニティについては，
参画，教育・開発，雇用創出・技能開発，健康などが課題であり，それら課題
解決のために期待される行動として，NPO との連携，現地調達拡大，必需品
の提供プログラムへの協力などが示されている（ISO/SR 国内委員会監修，2011，
164～182ページ）。なお，これら7つの中核主題はESGの観点からも整理される。
Eが4，Sが2・3・5・6・7，Gが1に該当しており，ISO26000 と ESG には
高い整合性を見られることから，SR の国際的ガイダンスにおいても，ESG は，
企業が果たすべき主要な社会的責任と捉えられているのである。

2．経済価値と社会価値を両立する CSV

　上記のように，企業は ESG に基づいた CSR を果たすことが求められている。

その際には，資金寄付や物資寄贈など事業非関連のフィランソロピーではなく，事業との関係から社会課題の解決に寄与することが重要になっている。このことを端的に示す概念が，ポーター（Porter, M.）らによって提示された「共通価値創造」（Creating Shared Value，以下，CSV）である。CSV とは，事業を通して環境や社会課題の解決に取り組むことで，環境・社会的価値に加えて，経済的価値（企業利益）を創出しようとする行為である。つまり，企業と環境・社会が "win-win" 関係になるような事業展開を意味している。ポーターらは，従来の CSR を，①価値観に基づく善行であり，②企業市民やフィランソロピーといった社会貢献活動であり，③利益最大化に結びつくものではない。さらには，経営者の④任意の取り組み，あるいは外圧による受動的取り組みにすぎないと認識している（Porter and Kramer, 2011, p.76）。それゆえ CSV を通して，環境・社会的な課題の解決に貢献しつつ，企業の競争力を強化する経営戦略的な発想を持つことが長期的な CSR 活動のために必要なのだという。

　CSV 事例として，ポーターらは，GE 社（General Electric Company）の「エコマジネーション」という環境と経済を両立させて持続可能な社会を実現するプログラムや，ボーダフォン社（Vodafone Group Plc）の BOP（Bottom of the Pyramid）事業を取り上げている。BOP とは発展途上国の貧困層であり，ボーダフォン社はケニアでモバイル・バンキング・サービスを提供してきた。貧困層に格安携帯電話を普及させたことで，彼らが安心して預金・資本蓄積することを可能にし，小規模農家の生産や販売力の向上に貢献したのである。このサービス展開の結果として，同社はケニアにおいて 3 年間で 1,000 万人の顧客を獲得できたという（Porter and Kramer, 2011, p.68）。

　日本における CSV 事例として一般的に知られるのは，トヨタ自動車によるハイブリッド車（以下，HV）の開発と販売であろう。HV は，ガソリン・エンジンとモーターを組み合わせて走行することで，低燃費と CO_2 排出量の削減に貢献している。しかし，HV は同排気量のガソリン自動車に比較すると価格的に割高であり，燃費が良くとも最終的な採算性では元を取ることが困難だと指摘されている（『河北新報朝刊』2009 年 1 月 19 日；ベストカー Web HP）。それに

も関わらず，トヨタ自動車では1997年にプリウスを発売して以降，2018年4月時点でHVの世界販売台数は1,200万台に達しており，これによるCO_2の抑制効果は9,400万トンに及ぶという（トヨタ自動車，2018，8ページ）。HVは割高であるにも関わらず，その環境価値が消費者に受け入れられてトヨタ自動車に収益をもたらしている。HVを通して同社では，収益を上げつつ石油消費量とCO_2排出量の削減を同時に達成していることが分かる。

　CSVに関する事例は，中小企業においても見られる。まず，宮城県仙台市に本社を擁するイシイの事例がある。同社は，「快適で安全な職場環境づくり」を事業ドメインとして業務用ユニフォーム（以下，UF）や作業服を企画・納入するB to B企業であり，東北地方でのマーケットシェアは1位を誇っている。イシイでは，収益と環境・社会の価値を両立させるCSVへの取り組みが行われており，それがレンタルUF事業という形で表れている。レンタルUFとは，従来のような単純な納入ではなく，提供したUFをメンテナンスして使用期間（製品寿命）を長期化する。また使用が終了したUFを回収して，リユースやリサイクルすることで，廃棄物の削減と焼却にともなうCO_2排出の削減も目的としている（矢口，2019，294〜297ページ）。収益性と環境価値の両立に貢献するCSVが見て取れる。

　ついで，北海道江別市の江別製粉による"F-ship"（従来の1/20の少量ロット製粉を可能にする小型製粉機）の開発事例がある。江別市では小麦の「ハルユタカ」を収穫していたが，収穫量が少ないため，従来の製粉機では単独製粉が困難であった。しかし，F-ship開発によってハルユタカの単独製粉が可能になり，地域小麦のブランド化を可能にし，農業の活性化に寄与することができた。またF-shipの製粉価格は高めの設定にも関わらず，小麦生産者や農協から高い支持を受けていて同社の売上高拡大にも寄与している。実際に同社全体の売上高は，F-ship導入後に1.5倍へと拡大したという。地域農業の活性化に貢献しつつ，当該企業の売上高を拡大するCSV事例となっている。また，コープさっぽろ（北海道札幌市）の事例もある。北海道の過疎地域では，商圏内人口の減少のため小売店が相次いで閉店しているにも関わらず，公共交通機関を始

めとする移動手段も減少しており「買い物弱者」が多数出現しているという。コープさっぽろでは「おまかせ便カケル」という販売車を導入し、北海道92市町村において移動販売を展開している。さらに、コープの宅配事業にも高齢者の見守り機能を持たせて高齢化社会への対応に取り組んでいる。買い物弱者と高齢化という2つの社会課題の解決に取り組んだ結果、その取り組みが評価されて組合員数が増加し、さらに既存組合員のコープ消費量の拡大にもつながり、店舗売上高の上昇にも寄与したという（河西、2014、5〜7ページ）。

第5節　CSRを促進するSDGsと現代企業のCSRの枠組み

1．持続可能な発展を目指す SDGs

　近年の CSR は戦略的な性質を帯びており、事業との関係性を通して行われる CSV 実践によって特徴づけられている。さらに CSR へ影響を及ぼし、その取り組みを加速させる外部要因として SDGs（Sustainable Development Goals, 持続可能な開発・発展目標）がある。SDGs は 2015 年 9 月の国連サミットで採択された国際目標であり、「『誰一人取り残さない』持続可能で多様性と包摂性のある社会」を実現するため、2030 年を期限とする 17 目標（169 ターゲット、232 指標）が設定されている（図表4 − 7）[13]。2016 年には、日本政府内に内閣総理大

図表4 − 7　SDGs の 17 目標

出所：国際連合広報センター HP。

臣を本部長とする SDGs 推進本部の設置と「SDGs 実施指針」が策定されている。また，2017 年には「ジャパン SDGs アワード」が創設され，SDGs 達成に向けて優れた取り組みをする企業や団体の表彰も開始している。日本政府は SDGs が新たな市場や雇用を創出すると考えており，国内外における持続可能な発展・開発を達成しつつ，日本経済の持続的成長に向けてその必要性を認識しているようである。

　SDGs の 17 目標とは，1. 貧困（貧困をなくそう），2. 飢餓（飢餓をゼロに），3. 保健（すべての人に健康と福祉を），4. 教育（質の高い教育をみんなに），5. ジェンダー（ジェンダー平等を実現しよう），6. 水・衛生（安全な水とトイレを世界中に），7. エネルギー（エネルギーをみんなに，そしてクリーンに），8. 成長・雇用（働きがいも経済成長も），9. イノベーション（産業と技術革新の基礎をつくろう），10. 不平等（人や国の不平等をなくそう），11. 都市（住み続けられるまちづくりを），12. 生産・消費（つくる責任・つかう責任），13. 気候変動（気候変動に具体的な対策を），14. 海洋資源（海の豊かさを守ろう），15. 陸上資源（陸の豊かさを守ろう），16. 平和（平和と公正をすべての人に），17. 実施手段（パートナーシップで目標を達成しよう）である。

　これら 17 目標は，「経済の持続可能性」，「社会の持続可能性」，「環境の持続可能性」に再分類される（高岡，2015，117 ページ）。経済には 8・9・12・17 の 4 目標が，社会には 1・2・3・4・5・8・10・11・16・17 の 10 目標が，環境には 2・6・7・11・13・14・15 の 7 目標がそれぞれ該当してくる（図表 4 - 8）[14]。SDGs では，経済・社会・環境に対する責任を果たすことが必要であり，このことは ESG に基づく CSR 実践そのものである。つまり ESG に基づく CSR 実践が SDGs に貢献することになり，SDGs と ESG 間の親和性は高い。なお，ガバナンスが経済の持続可能性にとっても重要になる。企業がガバナンスされているからこそ，経営戦略や組織の健全性が担保され，その結果，技術やサービスをもたらすイノベーションや雇用を創出して経済を成長させると考えるからである。もちろん，ガバナンスのみですべてを包含できるわけではないが，その的確な構築が経済を望ましい方向に導くことに疑いの余地はない。

図表 4 - 8　SDGs17 目標の再分類

領域	該当目標
経済の持続可能性	目標 8：成長・雇用，目標 9：イノベーション，目標 12：生産・消費，目標 17：実施手段
社会の持続可能性	目標 1：貧困，目標 2：飢餓，目標 3：保健，目標 4：教育，目標 5：ジェンダー，目標 8：成長・雇用，目標 10：不平等，目標 11：都市，目標 16：平和，目標 17：実施手段
環境の持続可能性	目標 2：飢餓，目標 6：水・衛生，目標 7：エネルギー，目標 11：都市，目標 13：気候変動，目標 14：海洋資源，目標 15：陸上資源

出所：高岡伸行「ポスト MDGs としての SDGs への CSR アプローチ— ISO26000 の CSR
　　　経営観の含意―」『経済理論』第 381 号，2015 年，117 ページを参考にして作成。

　経済の持続可能性という観点から，SDGs では「要としてビジネスの手法」が重視されている。しかも，本業との関連性の低いフィランソロピーではなく，「通常業務の中で，そして価値創造活動を通しての，ビジネスによる寄与」が求められている（高岡，2015，103〜104 ページ）。ESG に基づいた CSV の取り組みが SDGs の達成に重要になるのである。より根本的な性質に近接していくと，企業として ISO26000 の中核主題にコミットメントすることが，ESG の具体的課題の認識を明確にして CSV を促進する。最終的に，そのことが SDGs の達成を目指した活動になると考えられるのである（高岡，2015，117 ページ）。

　SDGs は企業に大きな影響を与えており，CSR だけでなく事業活動においても，これを意識する必要性が高まっている（藤野，2019，35 ページ）。例えば，住友化学は 2016 年に SDGs へ貢献する製品の社内認定制度を発足させている。CO_2 分離に要するエネルギーを削減する「CO_2 分離膜」は目標 7・13 に，大幅な省エネ製品を製造する「UV 接着プロセス」は目標 7・12・13 に貢献すると認定されており，事業や製品を SDGs の観点から評価する取り組みが見られる。世界・地域課題の解決に貢献する製品・サービスを創出するために，SDGs を機会として捉えて企業の成長戦略の一環に組み込まれているという（蟹江・福田，2017，47〜48 ページ）。また東京海上や日産自動車などのように，SDGs の目標に対する貢献度合いを公開する企業も増えている。その達成状況については，抽象的なものから定量的・具体的な内容まで様々であり，情報の質におい

ては玉石混合の状況であるが，大企業では SDGs への貢献が CSR として重要になることを自覚しているようである[15]。

　中小企業でも SDGs は取り組むべき必須の CSR として認識されつつあり，その事例としてサラヤの取り組みが知られている。同社は 2017 年の第 1 回ジャパン SDGs アワードにおいて，「SDGs 推進副本部長（外務大臣）表彰」を受賞するほど高い評価を受けている。サラヤの主要事業は，①洗剤・消毒剤などの衛生用品，②薬液の供給機器，③甘味料の開発・製造・販売であり，「いのちをつなぐ」の理念の下に，「衛生によって感染症から『いのち』を守ること」を最重視した事業展開が特徴的である。「サラヤ持続可能性レポート」を見ると，同社の事業が SDGs にどのように関係（1・2・4・11 を除く 13 目標）しているかを知ることができる。とくに目標 3（保健）について注力しており，アルコール手指消毒剤の開発・販売，ウガンダでの「100 万人の手洗いプロジェクト」と医療機関「100％手指消毒」，カンボジアでの感染予防などを実施している（サラヤ，2018）。サラヤでは，事業を通して SDGs に貢献することが同社の CSR と認識されており，SDGs を基点に CSR に取り組む中小企業の先駆的な事例を見ることができる[16]。

　このように捉えると，上記の中小企業の CSV も SDGs に分類することができる。イシイのレンタル UF 事業は目標 3・12・13 に，江別製粉の F-ship は目標 8・9 に，コープさっぽろの移動販売は目標 3・10・11 にそれぞれ位置づけられる[17]。これらは少々強引な分類になるが，各社の取り組みは何らかの観点から SDGs に貢献しており，中小企業にとって SDGs に即した CSR の実施は決して困難なわけではない。SDGs は，企業が取り組むべき課題について，経済・社会・環境の持続可能な開発・発展の観点から，網羅的かつ体系的に再分類して企業に「目標」を示していると言うことができる。

2.　現代企業の CSR の枠組み

　本章では，キャロルらの理論に基づく伝統的な CSR モデルを考察した後に，

日本企業のCSRの歴史について企業不祥事と社会貢献に主として注目した。その後，近年のCSRの特徴を示すESG，ISO26000，CSVを考察し，CSRを促進する外部要因としてのSDGsも概観した。以下では現代企業のCSRの枠組みについて，伝統的なCSRモデルのESG的展開という視点で試論的な枠組みを示す（図表4－9）。キャロルらが提示した伝統的なCSRモデルは，経済，法律，倫理，社会貢献という4つの社会的責任を各SHに対して果たすものである。このCSRの原則をESGから整理して再構成していく。

　経済，法律，倫理，貢献という責任を環境と社会の側面から整理する。まず，経済的責任は事業を介して利益を上げることであり，従来の認識と根本的に同様である。法律，倫理，社会貢献の各責任については，環境や社会に関する法令遵守や法令を超えた責任，さらに課題解決に寄与する社会貢献が求められてくる。ガバナンスについては企業の「指揮と統制」に関わることから，取締役会構成，経営戦略，内部統制に加えて財務・金融面の法令遵守を担う。ガバナンスは環境や社会に対する4つの責任履行を統制したり，その取り組みの促進をする。つまり，適切なガバナンスの下でCSRが果たされていくのであり，

図表4－9　現代企業のCSRの枠組み

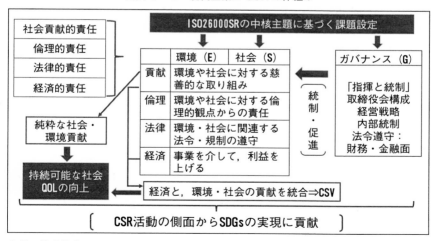

出所：筆者作成。

現代企業の CSR では企業統治が統合される必要がある。近年のガバナンスで
は，環境や社会への配慮に取り組むべきことが，CGC の「ステークホルダー
との適切な協働」において述べられており，ESG への取り組みが長期的な企
業価値向上にも必要だと認識されている（東京証券取引所，2018，8〜9 ページ）。
CSR の対象となる環境と社会，そして適切なガバナンスの構築という視点は，
ISO26000 の中核主題とも整合性が高いことから，そこで示された課題に取り
組むことが，ESG の側面から CSR を果たすことになる。

　とくに経済と貢献について検討してみる。後者におけるフィランソロピー
は，事業との関連性の低い環境・社会課題の解決や，それらを改善する博愛的
な取り組みであり純粋な貢献活動となる。想定される取り組みとして，環境貢
献では植樹活動や海岸清掃などを実施したり，社会貢献では地域行事への協力
などの活動がある。このような行動は，持続可能な環境・社会に貢献し地域
住民の QOL 向上につながるものである。これに対して経済活動に基づく CSR
とは，事業を展開しながら環境・社会の課題解決や発展に貢献することであ
り，ES を重視した経済的責任の履行となる。環境・社会への貢献を統合した
経済的責任は CSV へと止揚され，その実践が持続可能な発展や QOL 向上に
資することになる。

　このように環境と社会を対象にして，4 つの責任を果たしていく。そして，
ガバナンスがその行為を統制・促進することが，現代企業の CSR の枠組みと
考えられよう。この取り組みを通して，企業は CSR の側面から持続可能な開
発・発展，すなわち SDGs に貢献できる。SDGs という最終目標を設定しなが
らも ISO26000 と ESG に基づいて，CSR に着実に取り組むことが，私たちが
住む環境と社会の持続的な発展に貢献することにつながるのである。

第 6 節　むすび

　本章では，現代企業の社会的責任について考察してきた。現代では環境や
社会的にも多くの課題を有しており，企業が社会性を発揮して課題解決に貢

献すること，つまり ESG に基づく CSR を果たすことが求められている。キャロルらの伝統的 CSR モデルは，経済・法律・倫理・社会貢献という 4 つの責任を SH に対して果たすものであり，この枠組みは今日においても不変である。このことを前提として，まず日本の CSR を歴史的側面と近年の社会貢献活動から考察した。公害問題，石油危機時の利益追求，バブル期のフィランソロピー，バブル崩壊後の金融・財務不祥事，2000 年代の事業関連不祥事といった企業不祥事で特徴づけられており，法律的責任の側面から CSR が問われてきた。また，持続可能な発展や QOL 向上のために社会貢献が重要となっており，1990 年に 1% クラブが設立され本格的な取り組みが始まっていく。社会貢献拠出は景気動向に左右されてきたが，大震災を契機に企業意識の高まりを受けて拠出額が増加している。社会貢献の領域としては，教育・社会教育，文化・芸術，健康・医学・スポーツが大きな割合を占めており，また相次ぐ災害発生を受けて災害支援の割合も伸びている。

　ついで近年では，PRI の策定を契機に ESG 投資が活発化しており，企業も ESG に基づいた CSR の再構築を求められている。また ISO26000 では，組織統治，労働慣行，環境など ESG 視点から 7 つの中核主題が示されており，これに基づく CSR 実践が ESG 課題の解決に寄与することになる。この ESG 課題に対しては，事業非関連と事業関連の 2 つの側面から貢献でき，とくに後者は CSV という概念で知られている。CSV は，経済と環境・社会価値を両立させる事業展開であり，トヨタ自動車の HV 開発に加えて中小企業でもその取り組みが見られる。

　最後に SDGs を概観した後に，ESG 視点に基づく CSR の現代的な枠組みを提示した。SDGs では 17 目標が定められているが，ここにはビジネスの手法による貢献が強く求められている。17 目標は ESG とも整合性が高いことから，ISO26000 の中核主題に対応する事業関連性の高い CSR の実施が，企業をして CSV を実践せしめ SDGs 達成へ貢献することにもなる。ESG 視点の CSR では，経済，法律，倫理，貢献の 4 責任を，環境と社会の側面から果たすとともに，ガバナンスがそのような責任の履行を統制・促進する役割を担う。CSR

自体は ISO26000 の中核主題に基づいて進むことで，E と S に対する法律，倫理，貢献の責任が果たされていく。また，持続可能な発展や QOL 向上には，社会貢献と経済的責任から対応が可能であり，前者ではフィランソロピー活動，そして後者では環境・社会への貢献と経済的責任を統合する CSV からのアプローチが可能になる。このような取り組みが，最終的に SDGs の達成にも貢献すると考えられる。

　現代社会は，経済・社会・環境において多様な課題に直面しており，グローバルと地域とを問わず持続可能性の危機にさえ直面している。資本主義社会では，企業は競争原理に基づく利益の最大化を追求するが，多様な社会課題の下で社会性を発揮することも必要になっている。なぜなら，企業活動は健全な社会を基盤にしており，そのような社会は健全な自然環境を基盤とするからである。健全な社会形成には，政府・自治体，NPO，教育機関や地域住民などの存在も必要であるが，その中でも企業が重要な役割を果たせると考えられる。もちろん企業単独で取り組むのではなく，各主体間の連携が必要であり，課題に対して SH による協働が望ましい課題解決を導くとともに，新たな価値を創出すると考えられている（長谷川，2017）。企業間関係に加えて，企業と他組織，つまり営利と非営利間など様々な組織間連携の方法を模索する必要があり，様々な SH の「衆知」を結集して困難な局面に臨む必要があるのであり，企業にはより大きな責任と役割が求められている。

【注】

（1）UNGC 以外については，本章の主要検討課題であるため後述する。なお，UNGC については UNGC HP を参照のこと。

（2）その他にも，欠陥自動車や有毒物質の甘味料チクロなどの商品問題も発生していた。

（3）企業の資金過不足については，バブル時には不足気味であり，バブル崩壊後の 2000 年代前半において資金余剰が生じていたと指摘されることもある（福田，2017）。

（4）1990 年代の企業不祥事については水尾（2014）を参照している。

（5）2000 年代初頭にも金融・財務面の不祥事が断続的に発生していた。例えば，西武鉄道による有価証券報告書虚偽記載（2004 年），カネボウによる粉飾決算（2004 年）などがある。

（6）フィランソロピー（philanthropy）とは社会貢献活動の総称であるが，本章では，とくに事業関連性の低い企業の慈善行為のことを指している。

（7）これについては HR 総研 HP や道脇（2006）を参照のこと。

（8）2018 年度には，阿部長商店やイシイなど仙台市近郊に本社を擁する地域企業の講義が実施されている。

（9）仙台市社会福祉協議会宮城野区事務所の小川琢也氏の談話に基づいている（2018 年 11 月 27 日）。

（10）本章では，環境と社会に関する法令遵守については ES に含め，G には，粉飾決算，不正利益供与，所得隠し（脱税）など財務・金融的なものに限定することにする。

（11）詳細は PRI の HP を参照のこと。

（12）企業が SH との対話を通して社会課題を認識し，社会ニーズに即した CSR を実践していく取り組みのことである。

（13）SDGs については外務省 HP を参照している。

（14）同一目標が 2 つの持続可能性項目に該当することがあるため，合計数が 17 とはならない。

（15）詳細については各社 HP を参照のこと。

（16）サラヤの事例については，藤野（2019）を参照している。

（17）目標 3（健康・福祉）について，本章では，従業員や社会的弱者の健康・福祉を含めてやや拡大的に解釈している。

◆参考文献◆

Cadbury Committee, "Report of the Committee on the Financial Aspect of Corporate Governance," 1992, pp.1-90.

Carroll, A. B., "Corporate Social Responsibility: Evolution of a Definitional Construct," *Business and Society*, Vol.38 No.3, 1999, pp.268-295.

Carroll, A. B. and A. K. Buchholtz, *Business and Society: Ethics and Stakeholder Management Forth Edition*, South-Western College Publishing, 1999.

Cini, A. C. and C. Ricci, "CSR as a Driver where ESG Performance will Ultimately Matter," *Symphonya. Emerging Issues in Management*, No.1, 2018, pp.68-75.

Freeman, R. E., *Strategic Management: A Stakeholder Approach*, Cambridge University Press, 1983.

Friedman, M., "The Social Responsibility of Business is to Increase its Profits," *The New York Times*, September 13, 1970.

94

Global Sustainable Investment Alliance, "2018 Global Sustainable Investment Review,"
　2019, pp.1-26（http://www.gsi-alliance.org/wp-content/uploads/2019/03/GSIR_
　Review2018.3.28.pdf）.

Porter, M. E. and M. R. Kramer, "Creating Shared Value: How to Reinvent Capitalism
　– and Unleash a Wave of Innovation and Growth," *Harvard Business Review*, January-
　February 2011, pp.62-77.

ISO/SR 国内員会監修『ISO26000：2010―社会的責任に関する手引―』日本規格協会，
　2011年。

蟹江憲史・福田加奈子「SDGsを経営に生かす―成長戦略の羅針盤，組織の壁超え事業
　創出―」『Nikkei Ecology』2017年5月号，46〜49ページ。

河西邦人「企業の経営戦略としての社会貢献」『NETT』No.84，2014年，4〜7ページ。

小山嚴也「地域密着企業におけるフィランソロピー―株式会社崎陽軒の事例から―」『経
　済経営研究所年報』第37集，2015年，57〜67ページ。

サラヤ「サラヤ持続可能性レポート」2018年，1〜52ページ（https://www.saraya.
　com/csr/report/images/report2018.pdf）。

高岡伸行「ポストMDGsとしてのSDGsへのCSRアプローチ― ISO26000のCSR経営
　観の含意―」『経済理論』第381号，2015年，103〜125ページ。

東京証券取引所「コーポレートガバナンス・コード―会社の持続的な成長と中長期
　的な企業価値の向上のために―」2018年，1〜23ページ（https://www.jpx.co.jp/
　news/1020/nlsgeu000000xbfx-att/20180601.pdf）。

冨田秀実「ESG投資家の目を意識―複数の媒体で一貫性を持たせる―」『Nikkei
　Ecology』2017年3月号，68〜70ページ。

トヨタ自動車「環境報告書2018―トヨタ環境チャレンジ2050に向けて―」2018年，
　1〜65ページ（https://global.toyota/jp/sustainability/report/er/）。

日本経済団体連合会・1％クラブ「2016年度　社会貢献活動実績調査結果」2017年，
　1〜2ページ（https://www.keidanren.or.jp/policy/2017/091.html）。

日本経済団体連合会・1％クラブ「2017年度　社会貢献活動実績調査結果」2018年，
　1〜23ページ（https://www.keidanren.or.jp/policy/2018/097.html）。

長谷川直哉「価値共創経営とクロスカルチュラル・パートナーシップ」長谷川直哉編著
　『価値共創時代の戦略的パートナーシップ』文眞堂，2017年，121〜158ページ。

平田光弘『経営者自己統治論―社会に信頼される企業の形成―』中央経済社，2008年。

福田慎一「企業の資金余剰と現預金の保有行動」『フィナンシャル・レビュー』2017年
　第4号，3〜26ページ。

藤野　洋「CSR（企業の社会的責任）・SDGs（持続可能な開発目標）と中小企業」『中小
　企業支援研究』Vol.6，2019年，35〜40ページ。

水尾順一「失われた20年，日本における経営倫理の軌跡と将来展望―経営倫理（企業

倫理），コンプライアンス，コーポレート・ガバナンスそしてグローバル CSR の視点から―」『日本経営倫理学会誌』第 21 号，2014 年，311〜326 ページ。

道脇正夫「障害種別雇用者数による事業所類型化の試み―ある事業所団体加盟事業所調査から―」『第 14 回職業リハビリテーション研究発表会論集』2006 年，252〜255 ページ。

矢口義教「環境経営戦略」佐久間信夫・田中信弘編著『［改訂版］CSR 経営要論』創成社，2019 年，279〜302 ページ。

『河北新報朝刊』2009 年 1 月 19 日・1 面「環境車購入に助成金」

◆ホームページ◆

Sustainable Japan　2019 年 7 月 24 日アクセス
　https://sustainablejapan.jp/2016/05/14/esg/18157
United Nations Global Compact（UNGC）　2019 年 8 月 28 日アクセス
　https://www.unglobalcompact.org/
HR 総研　2019 年 7 月 6 日アクセス
　https://www.hrpro.co.jp/research_detail.php?r_no=200
エフシージー総合研究所　2019 年 7 月 6 日アクセス
　https://www.fcg-r.co.jp/research/incident/201905.html
外務省　2019 年 7 月 17 日アクセス
　https://www.mofa.go.jp/mofaj/gaiko/oda/sdgs/pdf/about_sdgs_summary.pdf
国連責任投資原則　2019 年 6 月 27 日アクセス
　https://www.unpri.org/error.html
国際連合広報センター　2019 年 7 月 17 日アクセス
　https://www.unic.or.jp/activities/economic_social_development/sustainable_development/2030agenda/
ニッセイ基礎研究所　2019 年 6 月 26 日アクセス
　https://www.nli-research.co.jp/files/topics/38077_ext_18_0.pdf
日本経済新聞社　2019 年 7 月 18 日アクセス
　https://www.nikkei.com/article/DGXKZO35435530V10C18A9EA2000/
日本経済団体連合会・1%クラブ　2019 年 6 月 26 日アクセス
　https://www.keidanren.or.jp/1p-club/outline.html
ベストカー Web　2019 年 7 月 25 日アクセス
　https://bestcarweb.jp/news/entame/1377

第5章
現代企業と環境問題

第1節　環境問題と「持続可能性」

1.　環境問題をめぐる近年の動向

　世界的な人口増加や経済規模の拡大を受け，人間活動によって引き起こされる環境問題はますます深刻化している。とくに近年，温室効果ガスの排出が原因であるとされる気候変動は，世界的な平均気温の上昇，集中豪雨や大型台風の多発，永久凍土の融解，動植物の分布域の変化といった形でにわかに顕在化してきている。

　「気候変動に関する政府間パネル」（IPCC：Intergovernmental Panel on Climate Change）は，2013年から2014年にかけて発表した『第5次評価報告書』において，20世紀半ば以降の気候変動の大部分が人間活動の結果である可能性が高いことを指摘したうえで，「気候システムの温暖化には疑う余地がなく，また1950年代以降，観測された変化の多くは数十年から数千年間にわたり前例のないものである。大気と海洋は温暖化し，雪氷の量は減少し，海面水位は上昇し，温室効果ガス濃度は増加している」[1] ことをデータに基づき示し，警鐘を鳴らしている。

　このように「地球の危機」が顕在化しつつある事態を受け，これまでの経済システムを地球環境と共生可能なものへと変革する必要性が国際的に認識されるようになった。2015年9月，国連サミットで採択された「持続可能な開

発のための 2030 アジェンダ」では，環境・社会・経済の持続可能性の観点から，国際社会全体として目指すべき 17 の目標（SDGs：Sustainable Development Goals）が定められている。その中で，持続可能な生産と消費，気候変動への対策，海洋資源の保全，生態系の保護といった地球環境に関わる課題が少なくとも 4 つの領域で掲げられている。

　同年 12 月には，フランス・パリで気候変動枠組条約第 21 回締約国会議（COP21）が開かれ，温室効果ガス削減に関する国際的取り決めである「パリ協定」が合意された。1997 年に採択された「京都議定書」の後継となる国際合意である。そこでは，①世界の平均気温上昇を産業革命前と比較して「2℃よりも十分に低く」抑え，さらに「1.5℃に抑えるための努力を追求する」こと，②21 世紀後半には，世界の温室効果ガス排出量を吸収量の範囲に収めることが，世界共通の長期目標とされている。先進国だけを義務づけの対象とした「京都議定書」と異なり，「パリ協定」は，先進国のみならず発展途上国を含むすべての国に対して排出削減を要請するものとなっている。

　ただし，中国に次ぐ世界第 2 位の温室効果ガス排出国であるアメリカは離脱を表明している。「京都議定書」はアメリカが離脱したことで下火になった感があるが，今回の「パリ協定」では，発展途上国を含むすべての参加国が温室効果ガスの削減目標に拘束されるのであり，国際協力の枠組みとしては大きな前進であるといえる。

　日本国内に目を向ければ，海洋プラスチックごみ問題の深刻化を受け，2019 年 5 月，環境省は「プラスチック資源循環戦略」を策定し，2030 年までにプラスチックを累積で 25％排出抑制するという目標を掲げている。この取組みの一環として，2020 年 7 月より環境省が主導となって，小売店に対しプラスチック製レジ袋の有料化を義務づける制度の運用が始まった。

2.　「持続可能性」の概念

　こうして地球環境課題への取り組みが世界各国の喫緊の課題として認識され

る中，今後の経済活動のあり方をめぐって「持続可能性」（sustainability）が鍵概念となっている。人間個人が地球環境に与える影響はごくわずかなものであったとしても，大規模化した現代企業をめぐって無制限に生産活動・消費活動が展開されることになれば，有限である天然資源が加速的に減少したり，廃棄物の累積によって環境劣化が進行したりと，地球環境や人々の暮らしに甚大な影響が及ぶことになる。大量生産・大量消費社会からの脱却を目指すとき，経済成長率に代わる経済活動の新たな指標として「持続可能性」が注目されている。

　「持続可能性」という言葉は，1987 年に国連の「環境と開発に関する世界委員会」（WCED：World Commission on Environment and Development, 通称「ブルントラント委員会」）が公表した報告書 "Our Common Future"（邦題『地球の未来を守るために』，通称「ブルントラント報告書」）によって打ち出されたものである。この報告書の中で，「将来世代の人々が自分たちの欲求を満たす能力を損なうことなく，現代世代の人々の欲求を満たすよう開発」のことが「持続可能な開発」（sustainable development）と表現されている。

　同報告書によれば，「持続可能な開発」にあっては，大気，水，土，生物といった地球を支える自然のシステムを害することがあってはならないのであり，それらにとって好ましくない影響は最小限に抑制されなければならない。「持続可能な開発」は，天然資源の開発，投資・技術開発の方向づけ，制度改革のすべてが一つとなって，現代世代と将来世代，双方の欲求を満たす能力を高めていく変革プロセスを意味する。

　この考えに基づけば，「持続可能性」の主張として，2 つの内容が浮かび上がる。

　第 1 に，世代間倫理の視点の必要性である。天然資源の有限性や環境汚染の不可逆性に鑑みれば，地球環境問題には，現代世代の人々が将来世代の人々の機会を損なっているという側面がある。

　たとえば，化石燃料や鉱物といった枯渇性資源を無制限に消費していけば，将来世代の人々が経済活動や社会生活を維持できなくなる可能性がある。大気汚染物質の排出や産業排水・生活排水の放流に何の制約も設けなければ，将来

世代の人々が甚大な健康被害を受ける可能性がある。また，現代世代の人々が原子力発電を利用して得られる繁栄は，数百年にわたる放射性廃棄物の管理という将来世代の人々の負担の上に成り立っている。

加藤（1998）によれば，「環境問題というのは，現代の世代が加害者になって，未来の世代が被害者になる犯罪」（10ページ）である。それゆえに，現代世代の人々は，自らの人間活動が世代を超えて悪影響を及ぼし得ることを意識し，何らかの形で，将来世代の人々に倫理的配慮を行わなければならない。

第2に，自然生態系の保護の必要性である。「持続可能性」の主張によれば，大気，水，土，生物といった地球を維持している自然のシステムを害してはならないのであり，その全体的な保存あるいは保全を図らなければならない[2]。

この自然保護の考えには，異なる次元のさまざまな主張が混在しているものと考えられる[3]。「人々の健康を守るためには，自然を守らなければならない」という考えや，「将来の人々にとって有用になるかもしれないから，自然を守らなければならない」という考えは，自然の価値を手段的価値（instrumental value）と捉える立場である。それに対し，自然そのものに「それ自体としての善さ」という内在的価値（intrinsic value）を認めることから，自然保護を主張する立場もある。とりわけ生物保護の主張には，「生命の尊厳という観点から，あらゆる生物に人格としての生存権を認めるべきだ」，「知能の高い動物に限って，人間と同等に扱うべきだ」，「人間には，生物種の保護義務がある」，「動物の虐待は禁止すべきだ」等，本質的に異なる次元のさまざまな思考が含まれる。

それゆえ，「持続可能な開発」において，最小限に抑制すべきとされる「自然のシステムにとって好ましくない影響」をどのようなものと定めるべきか，また「最小限」をどの程度のものとみなすかといった点に，統一的な見解はない。いずれにしても，自然生態系を無視した無制限の経済活動に警鐘を鳴らすものとして，「持続可能な開発」の必要性が提示されている。

それでは，以上のような「持続可能性」の主張は，現代の政治・法・経済の中でいかに評価されうるのだろうか。

3. 政治・法・経済の限界と企業の取り組み

　「持続可能性」の第1の主張である世代間倫理は，近代採用されている民主制という功利主義に基づく政治体制によっては容認され得ない。民主制にあっては，現代世代に存在する人々にのみ投票権が与えられるのであって，将来世代の人々の利益を取り入れることはできない。将来世代の人々の利益保護の政策は，現代世代の多数派の要求に対応する形で進展する可能性があるにすぎない。したがって，世代間倫理の実現を，直接的に現代の政治体制に委ねることには限界がある。

　第2の主張である自然生態系の保護もまた，近代の法体系によって容認されるものではない。近代法は人間（自然人）とその拡張概念である法人の権利を認めるものであり，ヒト以外の動植物には，人間の所有物という資格しか与えられていない。それゆえ，手段的価値を超えた自然そのものの価値については，法的に保護することはできない。ところが，ここで問題となっている自然生態系とは，個別の人間や法人の所有権を超えた領域のものである。

　また，地球環境保護の取組みは，外部不経済を内部化することによって，ある程度は行われてきている。それは，環境負荷に伴って発生する費用を，発生原因者に負担させたり，製品価格に反映させることによって，国や被害者ではなく，受益者の経済計算に組み込むものである。たとえば，プラスチック製レジ袋の有料化や，二酸化炭素の排出量に応じて課税される炭素税といった環境費用がそれである。

　こうした取り組みに一定の効果は期待できるものの，この考えは費用－便益計算に基づくものであるから，結局のところ，便益が環境費用を上回るならば，環境破壊は継続されることになる。さらに，このような環境費用の負担を避けるため，環境規制の厳しい先進国の企業が，比較的規制の緩い発展途上国で操業するような事例もある。2000年代以降，多国籍企業が発展途上国で起こす環境破壊が問題となっている。

　以上のように，環境問題への対応を現行の政治と法，また経済に委ねること
には限界が見られるのであり，企業の自発的な取組みに期待が集まる。

　企業が環境に配慮した活動を行ううえで，ISO（International Organization for
Standardization：国際標準化機構）が 1996 年に発行した環境マネジメント・シ
ステムに関する国際規格 ISO14001 が果たしてきた役割は大きい。ISO14001
の認証を得るためには，組織は自らが設定した環境目標を達成するための活
動を，①方針・計画（Plan），②実施（Do），③点検（Check），④是正・見直し
（Action）という PDCA サイクルによって継続的に推進していく必要がある。
継続的な改善作業を実施していない場合，3 年に 1 度の審査において認証が取
り消される可能性がある。

　ISO14001 は発行以来，世界中の多くの企業で認証取得されている。だが，
その一方で，認証取得のための費用負担が大きいことや，審査基準が確立して
いないこと，省エネ対策中心で本業と結び付いていないこと等の問題も指摘さ
れている。

第 2 節　環境問題と株式会社制度

1．公害問題から地球環境問題へ

　環境問題への注目の高まりは，日本では，高度経済成長期に深刻化した産業
公害事件と，それを受け被害者・地域住民によって展開された公害反対運動に
はじまる。企業間の拡大競争が激化する中，重化学工業による産業公害が拡大
し，1956 年から 73 年にかけ，熊本水俣病，新潟水俣病，イタイイタイ病，四
日市喘息の「四大公害病」に代表される公害事件が多発した。いずれの事件も
チッソ，昭和電工，三井金属工業，四日市市の石油コンビナート企業等，大企
業の経済活動によって引き起こされたものであり，地域住民や一般市民による
加害企業に対する批判が高まった。

　これらの公害問題は，工業地帯周辺等限られた地域の環境汚染とそれによる

住民被害を指すものであったが，1980年代末以降になると，地球温暖化，オゾン層破壊，酸性雨，砂漠化，海洋汚染等，国境を越えた環境問題がにわかに取り上げられはじめ，国際的に議論されるようになった。これらの環境問題では，国内の局地規模にとどまらず，地球全体に深刻な影響が及んでいることから，いかなる主体も無関係にはなり得ない。しかも，その影響の広がりには数十年と長期の時間が掛かることから，前述のとおり，現代世代のみならず将来世代の利益をも視野に入れ，長期の時間軸で対応を考えなければならない問題である。そのうえ，観測される諸現象は複雑に関係し合い，因果関係が必ずしも明らかではないことから，かつての公害問題と異なり加害者－被害者の関係も成立しづらくなっている。

　個々の人間は非常に限られた空間の中で生活行動をとるに過ぎないことから，個人が環境問題の決定的な原因者とはなり得ない。問題は，企業の経済活動を通じて，影響が著しく拡大してしまったことにある。環境問題をとくに深刻化させている要因には，現代企業において生産活動が著しく大規模化しており，それゆえに消費・廃棄が大量化しているという事実がある。

　生産規模が拡大すれば，生産費用が引き下げられるため，製品の市場価格を引き下げることが可能となる。価格競争が激化すれば，製品単位あたりの利益が低減するため，より多くの製品を生産する必要が生ずる。その中で，消費を促進するために，頻繁なモデル・チェンジや利便性の高い使い捨て製品の開発等が進行する。大量生産の過程で生ずる多大な環境負荷に加え，安価な製品の頻繁な買い替えによって廃棄量が増大することによって，より深刻な環境破壊が引き起こされることになる。

2. 環境問題の原因としての株式会社制度

　生産活動の大規模化は，資本主義のもとでは資本の集中によってのみ可能となる。そこで，私企業のうちに巨大な資本を集中させ，生産規模を著しく拡大させ，それによって環境破壊に拍車をかけ得る資本主義的制度である株式会社

に注目したい。株式会社では，以下のような特徴によって資本の集中が可能となる。

第1に，出資単位が著しく細分化されている点である。出資者が手にする社員の資格が，株式会社にあっては，所有権を均等に細分化した単位である株式の形態をとる。それゆえ，他の会社形態では出資の形式をとることができないような零細な金額であっても，株式会社では出資することが可能となる。

第2に，すべての出資者に有限責任が適用される点である。合名会社を典型とするように，出資者が無限責任を負うならば，自ら経営権を掌握しなければならないのであり，出資を集中させられる範囲は制限される。それに対して株式会社の場合には，すべての出資者は会社の債務について，株式の購入価額を限度とする責任を負担するにすぎない。出資に基づく所有と経営は機能的に分離していることから，経営機能を担う条件を持たない者からも広く出資を募ることができる。

第3に，株式が譲渡自由な有価証券となっている点である。証券市場に流通することで，株式には擬制資本としてのそれ自身の価格が形成されるのであり，株主に支払われる企業者利益の分配部分である配当とは別に，株式証券の売買に伴う譲渡利益（キャピタルゲイン）が発生する。それゆえ，株式会社における出資には，投資のみならず投機の意味が見出される。

以上のような特徴を活用することによって，株式会社は他の企業形態を圧倒する規模で出資資本を集中させることができる。さらに，その大量の自己資本を基礎にして，借入金をはじめとする大量の他人資本をも吸引し，資本集中を押し進めることで，株式会社では生産規模の著しい拡大が可能となる。

このように，現代の大規模化した株式会社が，自らの生産活動および販売活動を通じて多大な環境負荷を生み出す存在であるならば，環境問題への対応が要求されるのは当然のことのように思える。ところが，株式会社にあっては，環境問題への自主的な対応を阻害する制度的な要因が存在する。現代の大企業が環境問題について，法的対応や営利活動を超えた自発的取り組みを行うには動機づけが困難であることを，株式会社の経営者の性格から見ていく[4]。

3. 株式会社の経営者の性格

　株式会社の経営者の性格は,「所有と経営の分離」と「所有と支配の分離」という, 二つの現象から特徴づけられる。

　所有と経営が未分離の状態であれば, 企業は私的な富の増殖手段として, 所有経営者によって支配されることになる。個人企業家を典型とする所有経営者は, 自らの意思で私的な財産を事業に投下し, その事業を自らの利害の観点から経営し, そこから得られるあらゆる成果を自ら享受することができる。すなわち, 所有経営者が行う経営活動の結果は, 全面的に彼自身に帰属することになる。

　このような企業にあっては, 経営管理の遂行は完全に私的・個人的な性格のものとなり, そこで行われる意思決定は, 経営者個人が抱く価値観・倫理から引き出されるものとなる。経営者自身の社会的責任意識から, 個人の出資能力という制約のもと, 環境問題への自主的取り組みを行うことは十分に考えられる。

　それに対し, 株式会社では, すべての出資者が有限責任を負うことによって, 自らが経営機能を担うことの必要性から免れている。それは零細株主だけではない。支配株主であっても, 直接的に経営機能を担当するか否かは自身の選択に委ねられるのであり, 自らが所有経営者とならずにいることが可能である。

　一般に, 企業規模の拡大に伴い企業経営が複雑化していけば, 専門的な知識・経験・能力を有する経営担当者が必要となる。支配株主が自らの代わりに経営担当者として何びとかを雇用するとき, 支配株主に代わって経営機能を担当する者を専門経営者という。それゆえ専門経営者は, 自らが大株主であることを根拠にその地位に就くのではなく, 雇用されることによってその地位に就くことになるという意味において, 非所有経営者であり被傭経営者であるといえる[5]。専門経営者にあっては, 所有経営者と異なり, 経営者個人の人格は経営から排除されることになる。この専門経営者の登場による所有者と経営者

との人格的分離を「所有と経営の分離」という。

　ただし，その場合であっても，支配が依然として大株主の手中にあるならば，所有と支配は一致している。専門経営者が大株主の意に沿わない経営を行った場合，大株主はその経営者を解任し，新たな専門経営者を選任することになる。この段階では，「所有者＝支配者」から経営機能のみが分離し，非所有の専門経営者の手に渡っていることになる。

　さらに企業規模が拡大し，株式の分散化が進めば，企業を支配するのに十分な持株比率を維持する株主はやがて存在しなくなる。株主は支配の座から退くことになり，企業の実質的な支配者は専門経営者となる。専門経営者は株主から委任状を収集し，取締役と経営者の人事を自ら掌握するようになる。

　こうして所有と支配が分離し，経営者支配が成立すれば，その経営管理はもはや所有者の人格的制約から解放され，非人格的な会社機関の機能として，企業の存続・発展への絶えざる貢献が求められるものとなる。その際，専門経営者は，会社の利益に忠実に職務を遂行する「忠実義務」と，通常の注意を払って職務を遂行する「善管注意義務」という法的義務を負うにすぎず，それ以上の責任負担は要求されない。

　以上で示した過程のとおり，株式会社制度にあっては，「所有と経営の分離」を意味する専門経営者の登場，「所有と支配の分離」と「経営者支配」の成立に伴い，経営は，経営者自身の価値観からも所有者の価値観からも解放され，非人格化する。このように個人の責任意識・倫理が働きにくい株式会社の制度的特徴からすれば，環境問題に取り組む自発的動機を企業内部に見出すことは困難である。その生産活動は，私企業の営利事業として展開されるものであることから，環境志向製品を打ち出すことは可能であるが，企業戦略上の取り組みの範囲を超える負担については回避される傾向にある。

　近年の地球環境問題にあっては，加害者－被害者の因果関係が特定されるものではなく，かつての公害問題発生時に見られた住民反対運動のような形で，特定企業への社会的批判が深刻化するような事態も期待し得ない。それならば，大企業による近年の環境問題への対応を促進する要因として，いかなるも

のが考えられるのだろうか。

第3節　環境問題への対応を促進する外的要因

1．株主の多様化

　株式会社制度における所有と経営の分離は，経営者の性格の変質だけではなく，一方で出資者の性格の変質をも引き起こすものであった。株式会社にあっては，全社員有限責任制のもと，合名会社であれば出資しようとは思わないような多くの人々が出資する。それゆえ，株主の大部分は経営に関心を持つことがなく，取締役会で決定された配当とキャピタルゲインを享受するだけの存在となる。

　そのような性格の株主が，現代の株式市場では機関化していることによって，大企業に大きな影響を与える存在となっている。とりわけアメリカの機関投資家は，大企業の株式を集中的に所有することで，世界規模で株式市場に台頭するようになった。近年では，一定の株式保有に基づき，投資先企業に対して積極的に経営改善を要求する「アクティビスト（物言う株主）」としての動きも目立つようになった。彼らは，大量の資金の委託者である個人投資家等の利益となるように株式を運用しなければならないという強い受託者責任（fiduciary duty）に拘束されているため，その関心は高株価・高配当といった目先の投資リターンに向けられてきた。

　ところが近年では，部分的に，そうした機関投資家の関心に変化がみられる。財務上の利害のみならず，ESG の観点から投資を行う機関投資家が世界的に広がりを見せている。ESG 投資とは，環境（Environment），社会（Social），企業統治（Governance）の3つの観点を考慮して企業を評価する投資手法である。ESG 投資では，投資先企業を選別する際，従来のように利益率，負債額，キャッシュフロー等の財務情報だけで判断するのではなく，ESG という非財務情報をも含めて統合的に判断する。

　こうした考え自体は新しいものではなく，1920年代には宗教上の倫理観から武器，たばこ，アルコール，ギャンブル等に関わる企業を対象から外す投資手法があり，1990年代には欧州を中心に，「企業の社会的責任」(CSR：Corporate Social Responsibility) を投資判断に組み込んだ社会的責任投資 (SRI：Socially Responsible Investment) も存在していた。

　ESG投資が注目されるようになったきっかけは，2006年に国連のコフィー・アナン事務総長（当時）が責任投資原則 (PRI：Principles for Responsible Investment) を提唱し，その中でESG投資の重要性を強調したことにある。その後，2008年のリーマン・ショック以降，企業による短期的利益の過剰な追求と，それを企業に要求する目先の利益を目的とした投資のあり方への批判と反省が高まり，世界の多くの機関投資家が責任投資原則に署名するようになった。

　2015年に国連でSDGsが採択されたこともESG投資を加速させた。持続可能な投資に関する国際団体GSIA (Global Sustainable Investment Alliance) が発行する "Global Sustainable Investment Review" によれば，2018年のESG投資の運用残高は世界全体で30兆7千億ドルとなり，14年の18兆3千億ドルと比べ68％も増加している[6]。責任投資原則の2019年の報告書によれば，2019年には50ヶ国超の1,400機関以上が署名しており，その合計資産は59兆米ドルに相当する[7]。また，2019年のESG重視または環境重視に分類される投資信託の設定本数は500超，上場投資信託 (ETF：Exchange Traded Funds) の新規設定は81本と，ともに過去最多となった[8]。2020年の株式市場は，新型コロナウィルスの流行の影響で揺れているが，ESG関連の上場投資信託への資金流入は一貫して増えており，1月から4月には580億ドルと前年の1.5倍に膨らんだ[9]。

　日本を見れば，2015年9月に世界最大の年金資産規模を持つ機関投資家である年金積立金管理運用独立行政法人 (GPIF：Government Pension Investment Fund) が責任投資原則に署名したことを受け，ESG投資が注目されるようになった。日本国内のESG投資総額は2018年時点で2兆3千億ドルと規模は小さいものの，2014年と比較すると300倍以上に急増している[10]。

2. 投資家の意識の変化

　こうして環境問題や社会問題への関心の高まりが，投資基準にも影響を与えるようになる中，2019 年 8 月，アメリカの主要企業の経営者団体であるビジネス・ラウンド・テーブルは，「株主第一主義」を見直し，従業員や地域社会など多様なステークホルダーの利益を尊重した事業運営に取り組むことを宣言した。JP モルガン・チェースのジェイミー・ダイモン氏，アップルのティム・クック氏，アマゾン・ドットコムのジェフ・ベゾス氏，ゼネラル・モーターズのメアリー・バーラ氏等，181 名の有力経営者が署名した。同年中に，JP モルガン・チェースの傘下である金融世界大手の JP モルガン・アセット・マネジメントは，指数連動型運用を除く全資産を対象として，ESG の観点を投資先評価に導入している。

　日本でも，2014 年に金融庁が公表した「日本版スチュワードシップ・コード」の 2019 年の改定では，ESG を意識する項目が盛り込まれた。機関投資家の投資先企業との対話について，「ESG 要素等を含むサステナビリティーを巡る課題に関する対話を行う場合には，投資戦略と整合的で，企業の持続的な成長と中長期的な企業価値向上に結び付くものとなるよう意識すること」が示された。

　翌 2020 年 1 月の世界経済フォーラム（WEF：World Economic Forum）の年次総会，いわゆるダボス会議では，資本主義の再定義が主題となった。そこでは，株主利益を最優先してきた資本主義のあり方が，環境破壊や経済格差の拡大を引き起こしてきたとする問題意識から，新たな指針として「ステークホルダー資本主義」が打ち出され，環境問題や社会問題と向き合うべきことが強調された。

　このダボス会議の直前に，アメリカの資産運用最大手のブラックロックが，ESG を基軸とした運用を強化する方針を発表したことが注目されている。投資先企業が，自社の直面する気候変動リスクに関する情報開示を怠った場合に

は，企業の議決事項について株主総会で反対票を投じる構えであることが強調
されたほか，2020 年半ばまでに石炭関連会社への投資を大幅に削減すること，
ESG 関連の上場投資信託を 150 本に倍増させること等，具体的な行動が示さ
れた[11]。

　機関投資家が ESG への対応を進める背景には，個人投資家の意識の変化が
ある。とりわけ，10 年後に社会・経済の中核となることが予想される 1980 年
代から 2000 年代初頭までに生まれた「ミレニアル世代」は，ESG 投資への関
心が高い。モルガン・スタンレーは 2019 年，投資資金 10 万ドル以上のアメリ
カの個人投資家 800 人を対象に，ESG 投資に関する意識調査を行った。調査
対象の 800 人のうち，200 人が 18 歳から 37 歳の「ミレニアル世代」である。
調査によれば，持続可能な投資（sustainable investment）に関心を持つ個人投資
家は，全体で 85％，ミレニアル世代で 95％となった。実際に持続可能な投資
を行っている個人投資家は，全体では 52％であったが，ミレニアル世代では
67％となった。これらの個人投資家は，とりわけプラスチックごみと気候変動
の問題に高い関心を持っていた[12]。

3.　NPO ／ NGO と機関投資家の連携

　環境問題への関心が，機関投資家の投資基準となるばかりではなく，株主と
してのガバナンス行動に表れる事例も生じている。株主総会において，環境対
策への不備を理由に取締役の選任に反対票を投じたり，環境問題に関わる株主
提案をしたりと，ESG に関心の高い機関投資家の「アクティビスト」として
の行動が見られるようになってきている。

　たとえば，JP モルガン・チェースでは，「パリ協定」を達成するための行動
計画を求める株主提案に対し，5 割近い賛成票が集まった。エクソンモービル
では，気候変動対策を促進する目的で，会長と最高経営責任者の兼任禁止の株
主提案が出された。否決されたが，賛成票は 3 割を超えた。シェブロンでは，
自社に有利な気候関連の政策を政治家に働き掛けるロビー活動費について，公

開を求める株主提案が可決されている[13]。スターバックスやマクドナルドで
は，環境負荷の高いポリエスチレン素材の使用廃止の株主提案が出された。否
決されたが，一定数の株主の支持を集めたことを受け，両社ともにプラスチッ
ク製ストローの段階的廃止を決定している[14]。

　このような「アクティビズム」の背後には，環境問題に詳しいNGO（Non-
Government Organization：非政府組織）やNPO（Non-for-Profit Organization：非
営利組織）の関与が見られる。たとえば，JPモルガン・チェースに株主提案
を出したのは，環境とCSRを専門とするアメリカのNPO「アズ・ユー・ソ
ウ」である。アメリカ最大の公的年金，カルフォルニア州職員退職年金基金
（CalPERS）に加え，カルフォルニア州教職員退職年金基金（CalSTERS）もまた，
この提案に賛成票を投じたことを明らかにした。これを受け，同社は2020年
2月，石炭関連企業への新規融資の停止と，既存融資の段階的低減の方針を発
表した[15]。機関投資家と連携し，スターバックスやマクドナルドに株主提案
を出したのも同NPOである。

　日本でも，石炭火力発電所の建設等に多額の融資をするみずほフィナンシャ
ルグループに対し，環境NPO「気候ネットワーク」が，「パリ協定」の目標に
整合した投資計画の策定と年次報告書での開示を求める株主提案を行ったこと
が注目されている[16]。非営利シンクタンク「2Degrees Investment Initiative」
によれば，気候変動に関する株主提案は，2018年には過去最高の71件となり，
2013年から4倍に増加している。2019年にはやや減少したものの高水準のま
まであるという[17]。

　また，ESGに関心の高い投資家が参考にするための企業データベースを公
表しているNGOやNPOもある。ドイツのNGO「ウルゲバルト」は，ESG投
資家が注目する独自のデータベースの中で，石炭事業に関わる世界中の企業を
列挙している。2019年のリストには，日本の電力会社や大手商社を含める746
社が掲載されている[18]。

　FAIRR（Farm Animal Investment Risk and Return）やBBFAW（Business Bench-
mark on Farm Animal WWelfare）は，これまで多くの報告書を公表し，工業的

畜産のリスクや問題を分析し指摘している。独自の調査に基づき企業評価を行い，機関投資家に対しその結果を投資の意思決定に組み込むことを促したり，特定企業を名指しして，その環境課題を指摘したりといった積極的な働きかけも行っている。FAIRR の世界規模のネットワークに参加している投資家 199 名の運用資産残高の総額は，2019 年末時点で 20 兆ドル超にもなる。

　こうして企業が自社の IR（Invester Relations）において，アナリストやファンドマネージャーのみならず，NGO や NPO の存在をも無視できない状況が生じている。企業が環境問題に適切に対応しないことは，もはや経営リスクとして顕在化しているのであり，ESG をはじめとする非財務情報をも含めた積極的な情報発信が必要不可欠になっている。

4.　非財務情報開示の必要性の高まり

　機関投資家の関心事は，財務情報という過去情報から，ESG という将来志向の非財務情報へと移り変わってきた。それまで任意であった環境や社会に関する事項の情報開示を，法や上場規則によって義務づける動きが表れている。フランス，イギリス，欧州連合（EU）では，すでに商法，会社法，欧州会社法によって，非財務情報の開示が義務づけられている[19]。

　企業はさまざまなステークホルダーとの相互関係に支えられて活動していることから，企業の社会的責任の一環として，その活動について情報開示すべきであるとする考え自体は，それほど新しいものではない。GRI（Global Reporting Initiative）は，2000 年 6 月に「サステナビリティ報告書」のガイドライン初版（G1）を公表している。これを契機に，それまで存在していなかった「サステナビリティ報告書」や「CSR 報告書」を発行し，環境・社会・経済の総合的な CSR 情報を発信する企業が増加した。その後，基本的に 3 年ごとに見直しが進められ，2002 年 8 月にガイドライン第 2 版（G2）が，2006 年 10 月にガイドライン第 3 版（G3）が，2013 年 5 月にガイドライン第 4 版（G4）が公表されている。

　そして，2016年10月に現行の GRI スタンダードが公表され，CSR 情報の開示に関する基準が示された。KPMG によれば，GRI は世界で最も広く採用されている非財務報告の枠組みである。49 カ国の合計 4,900 社中，売上高上位100 社のうち 63％が，2016 年のフォーチュン 500 の上位 250 社のうち 75％が，GRI の枠組みを用いて CSR 報告を行っていた[20]。「Sustainability Disclosure Database」によれば，2020 年 6 月時点で GRI スタンダードを参考にしている報告書は 37,000 本を超えている[21]。

　2013 年には国際統合報告評議会（IIRC：International Integrated Reporting Council）によって，投資家に対して企業の長期的な価値創造プロセスを説明するための「国際統合フレームワーク」（The International "IR" Framework）が公表された。長期的な価値創造のためには，財務諸表にのみ焦点を当てた短期的思考を脱却しなければならないのであり，各種ステークホルダーに対する適切な配慮が必要不可欠のものとなる。財務情報と非財務情報とを関連づけて説明する IIRC の枠組みは，近年の統合報告の基本的な考え方となっている。

　こうして，非財務情報が企業価値に与える影響が注目される中，G20 財務大臣と中央銀行総裁の要請を受け，金融安定理事会（FSB：Financial Stability Board）は気候関連財務情報開示タスクフォース（TCFD：Task Force on Climate-related Financial Disclosures）を組成し，2017 年にその提言「気候関連財務情報開示タスクフォースの勧告」をまとめた。そこでは，気候変動に関する事項を企業統治，戦略，危機管理，指標と目標に織り込んで，年次報告書で開示することが推奨される。

　環境問題に取り組む国際 NGO「CDP」は，企業に対し質問票を送付する形で，気候変動に関する情報開示を求める活動を 2002 年より行っている。14 項目 111 問の質問に対する企業の回答を，「A」から「D マイナス」までの 8 段階で評価しその結果を公表する。この CDP の調査結果は，気候変動に関して機関投資家が参照する重要な情報源となっている。2020 年時点で，運用資産総額 106 兆ドルになる 515 の機関投資家が CDP に賛同している[22]。日本では，CDP の質問調査への回答を気候変動関連の情報開示に代える企業も多く，

2019 年の質問調査では，日本企業 500 社のうち回答企業 316 社（回答率 63％）となった[23]。

【注】

（1）IPCC, *Climate Change 2014: Synthesis Report. Contribution of Working Groups I, II and III to the Fifth Assessment Report of the Intergovernmental Panel on Climate Change*, Summary for Policymakers, 2014, p.2.

（2）一般に，手つかずの自然をそのままに保持することを「保存」（preservation），人が手を加えて自然を管理することを「保全」（conservation）という。

（3）詳しくは，加藤（1998）第 2 章，第 6 章を参照。

（4）中村瑞穂氏は，1973 年の論文「公害問題と株式会社制度」において，株式会社における専門経営者の性格から，現代大企業の内部に公害防止の動機を見出すことの困難を指摘した。本章は，かかる中村氏の株式会社論アプローチを踏襲し，現代の環境問題に対して大企業が行う自発的取り組みの限界を指摘する。

（5）専門経営者の非所有経営者および被傭経営者としての性格について，詳しくは中村（1975）162〜171 ページを参照。

（6）GSIA, "Global Sustainable Investment Review", 2018, p.8.

（7）PRI（2019）「責任投資原則」https://www.unpri.org/download?ac=6300（最終アクセス 2020 年 6 月 14 日）

（8）日本経済新聞電子版，2020 年 3 月 31 日付。

（9）日本経済新聞朝刊，2020 年 6 月 11 日付。

（10）GSIA, "Global Sustainable Investment Review", 2018, p.8.

（11）日本経済新聞朝刊，2020 年 1 月 6 日付。

（12）Morgan Stanley, Institute For Sustainable Investing, "Sastainable Signals: Individual Investor Interest Driven by Impact, Conviction and Choice", 2019.

（13）日本経済新聞朝刊，2020 年 6 月 11 日付。

（14）日本経済新聞社『日経ビジネス』2018 年 7 月 23 日，10〜11 ページ。

（15）日本経済新聞電子版，2020 年 5 月 20 日付。

（16）日本経済新聞社『日経ヴェリタス』，2020 年 5 月 31 日，21 ページ。

（17）日本経済新聞朝刊，2020 年 5 月 27 日付。

（18）日本経済新聞電子版，2019 年 12 月 16 日付。

（19）みずほ情報総研株式会社「ESG の要素を中心とする非財務情報に係る諸外国の開示制度等に関する調査報告書」，2019 年。

（20）KPMG「KPMG による CSR 報告調査 2017」，2017 年。

（21）Sustainability Disclosure Database　https://database.globalreporting.org/（最終アクセス 2020 年 6 月 14 日）

（22）CDP　https://www.cdp.net/en/companies-discloser（最終アクセス 2020 年 6 月 14 日）

（23）CDP「気候変動レポート 2019」，2020 年。

◆参考文献◆

風間信隆編著『よくわかるコーポレート・ガバナンス』ミネルヴァ書房，2019 年。

加藤尚武編著『環境と倫理：自然と人間の共生を求めて』有斐閣，1998 年。

篠田由紀「地球環境問題史：成層圏オゾンの破壊と地球温暖化にみるその特性」『図書の譜：明治大学図書館紀要』第 2 号，明治大学図書館，1998 年，148〜160 ページ。

鈴木幸毅『環境経営学の確立に向けて』〔改訂版〕，税務経理協会，2002 年。

鈴木幸毅他『循環型社会の企業経営』税務経理協会，2000 年。

中村瑞穂『経営管理論序説』亜紀書房，1975 年。

中村瑞穂「公害問題と株式会社制度」『経営学論集』42 号，日本経営学会，1973 年，3〜17 ページ。

山内廣隆『環境の倫理学』丸善，2003 年。

Partridge, Ernest., "Future generations," in Jamieson, Dale ed. A Companion to Environmental Philosophy: WileyBlackwell, 1st edition, 2003, pp.377-389.

第6章

経営戦略論における理論体系

第1節　経営戦略論の展開

1．経営戦略とは何か

　経営戦略は，企業を取り巻く環境の変化に適応しつつ，自社の目的を達成するためのプロセスである。たとえば，パソコン，インターネット・サービス，スマートフォン，人工知能を駆使した介護サービスや接客サービスは，社会的な環境の変化に対応するために，企業が生み出した価値のある産物である。企業は，モノやサービスあるいは情報を社会に対して適切に提供することで，持続的に成長することが可能となる。その反対に，企業が提供するモノやサービスの需要がなくなれば，衰退の一途をたどるであろう。このように企業活動は，消費者や社会から求められることに適応することで成り立っている。

　企業を取り巻く環境とは，企業活動を存続する際に関係する環境のことである。具体的には，政治・社会・経済等のマクロ的な環境，企業の取引先あるいは顧客の状況や競合企業の状況等が挙げられる。企業は，こうした外部環境に適応するために，資源や能力を必要とする。なぜなら，企業が外部環境に適応するために目標を定めたとしても，企業内部にそのための資源が不足していたり，人材が不足していたら，目標に叶ったモノはつくれないし，適切なサービスや情報も提供できない。したがって，経営戦略は，外部環境に適応するだけではなく，企業の中で働く従業員に明確な行動指針を与えて組織を牽引する

リーダーシップが必要となる。

　本章では，経営戦略について，企業の外部環境（企業が置かれている状況）と内部環境（企業が保有する資源）の両者の視点から説明をしていく。経営戦略は，時代を経て多くの理論家が議論を積み重ねてきたため，その定義も理論家の数だけある。その中で最も代表的かつ現実的な定義は，「経営者が将来の自社のあるべき姿を描き，自社の現在の状況を把握したうえで，そこに至るまでの変革のプロセス」である。この定義における「あるべき姿」とは，企業が目標とする羅針盤のようなものである。この羅針盤が示す方向は，外部環境と内部環境からみても「良い方向」であると思われる必要がある。たとえば，それは「お客様に価値を提供する企業であり続ける」というような指針である。このように，良い方向であれば，お客様からも選ばれ，社内の従業員もこの企業で働くことにやりがいを感じられるようになる。

　経営戦略では，最初のステップとして現在時点における企業の状況を把握する必要がある。現状を把握するためには業界構造の中で，自社のポジションは，一体どこに位置づけられるのかを明確にすることである。つまり，競合他社と比較することで自社の現状を把握できるというものである。次のステップは，いつの時点で目標が達成されるのか，また，売上高や利益率という明確な目標

図表6－1　経営戦略立案のステップ

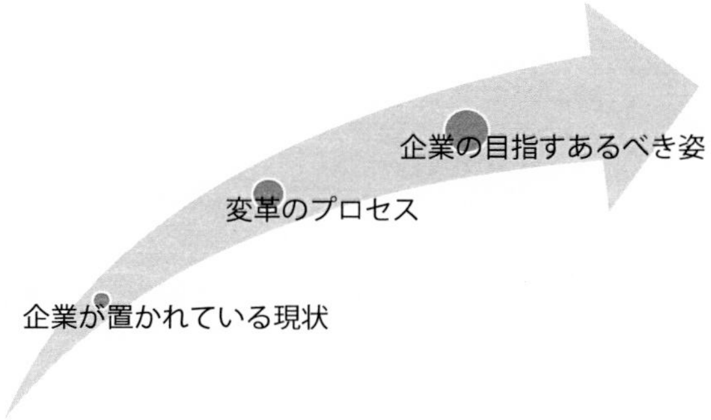

企業の目指すあるべき姿

変革のプロセス

企業が置かれている現状

出所：筆者作成。

設定が必要となる。最後のステップは，あるべき姿に近づくためのプロセスを描き出すことである。この段階では，競合企業のような外部環境に適応するだけではなく，従業員を羅針盤で牽引するようなリーダーシップが求められるのである。

2.　経営戦略の起源

　経営戦略論は，経営学研究の中では比較的新しい研究領域である。経営学の歴史は 100 年あまりで，後半の 50 年は経営戦略研究が隆盛した時代であるといってもよい[1]。経営戦略論が登場する以前は，実務家や学者によって，組織内部に焦点があてられた経営管理論が主流であった。経営学の歴史をたどれば，「科学的管理法」を提唱したフレデリック・テイラー（Frederick. W. Taylor）は，経営効率を高めるために従業員の働きがいを科学的に証明した。テイラーは，1 日当たりの公正な仕事量，使用する道具や時間を詳細に測定することで最適な作業効率を導き出したことで知られている。しかし，テイラーが着目していたことは，単なる測定だけではなく，従業員が仕事のやりがいを維持しつつ，同時に作業効率を高めることであった。これを受けてエルトン・メイヨー（Elton Mayo）は，どのような労働環境が，従業員の離職率を減じるのかという問題を取り上げ「人間関係論」を提唱した。メイヨーは，仕事の単純さが離職率に関連することを発見したが，それだけではなく複雑な原因があると考え，様々な実験を行った。結果として，作業環境を改善することよりも非公式な人間関係が作業効率に影響を及ぼすことを明らかにしたのである。また，アンリ・ファヨール（Henri Fayol）は，経営管理プロセスを唱え，計画 ⇒ 組織化 ⇒ 指示 ⇒ 調整 ⇒ 統制を循環させる企業活動のあり方を示した。以上のような経営管理学派が提示した働きがいや管理プロセスというものは，企業内で繰り返し実行されることであり，外部環境に適応するためのものではない。要するに，人材をいかに管理するかによって組織効率を高めていくかという点が議論の対象となっていた。

　一方，経営戦略論が経営学の他の研究領域と異なる特徴は，外部環境に適応するための手段に着目するという点である。その意味で，極めてダイナミックな研究領域であるといえる。それ以前の経営学は，組織効率に焦点をあて，外部環境については，検討してこなかった。しかし，時代の流れとともに，企業は外部環境に適応せざるを得なくなったのである。ここでは，経営戦略論が活発に議論されるようになった20世紀初頭のアメリカを舞台に，自動車メーカーの事例を検討していくことにしよう。

　当時，アメリカでは，経営に大きく影響を及ぼした「大量生産」と呼ばれる時代に突入する。大量生産とは，良い製品を一定の品質で効率よく大量に繰り返し生産する仕組みのことを指す。単一的な大量生産の代表的な事例として取り上げられるのが，自動車メーカーのフォード社である。フォード社は，同じ型式・同じ色の製品を反復生産する方式を採用し，製品単位あたりの製造原価を最小限に抑えることで収益を上げていた[2]。しかし，1929年にアメリカで起こった株式大暴落は，企業の倒産や失業者の増加を連鎖的に引き起こす要因となり，誰もが成功している企業として位置づけられていたフォード社が大打撃を受けたのであった。その敗因は，消費者のニーズが極端に冷え込んだことにより，無駄な在庫を多大に抱え込むことになったからである。こうした経営のあり方では，経済的な外部環境をまともに受けてしまうことになる。もう一つの敗因は，消費者ニーズに変化が見られたことである。消費者は，単一的な大量生産でつくられた車種では物足りず，多様なモデルや性能向上を求めるようになったからである。つまり，消費者は自動車を買うことにより，消費者自身に価値が見いだされるものを求めるようになったのである。

　この現状を横目で見ながら，ゼネラル・モーターズ社はより消費者のニーズに応えるためのマーケティングと，在庫管理に力を注ぎ，「フレシキブル大量生産」という方式を導入した。消費者ニーズを把握し，それに応える多様な製品を揃えることで収益を上げることに成功した。

　これらの事例にみられるように，経済の変化やそれによる市場の動向が直接企業経営に大きく影響を及ぼすことが明らかになった。このような外部環境の

概念を経営学に取り込み経営戦略論の体系を構築したのがイゴール・アンソフ（H. Igor Ansoff）である。

3.　経営戦略論の展開

　経営戦略論は，1960 年代に，ロシア出身のアンソフによって理論構築された研究領域である。アンソフは，カーネギー工科大学の教授就任後に『企業戦略論』，『戦略経営論』，『戦略経営の実践原理』という 3 つの主要な著作を通じて，経営戦略の理論的基盤，実践的分析方法を提示することで，新しい研究領域として経営戦略論を確立した。この偉業を成し遂げることができたのも，アメリカ海軍での経験や実務家としての経験を積み重ねてきたことで「戦略」という概念に馴染みがあったからである。アンソフは，アメリカの航空会社ロッキード社において多角化計画の作成を担当し，それと並行して赤字部門であったエンジニアリング部門を黒字部門に転換させるという現場でのリーダーシップも発揮するほどの実力をもっていた（庭本，2012；三谷，2019）。

　当時のアメリカ経済では規制が緩和され，企業の買収・合併が相次いだ。さらに，欧州を市場の対象とする経営活動が活発化するとともに海外の売上率が向上した。このような複雑な経済的な変化に適応するためには，ビジネス戦略や計画を，どう立てるのかという実践的な戦略プランニングの必要性が議論されるようになったのである。アンソフは「企業戦略論」を通じて，市場における競争という概念を提示した。とりわけ，多角化経営については，企業全体として成長する方向性を考えるために複数の分析ツールが開発され，またそれらは，現実の事業活動の課題解決を市場の観点からとらえるというダイナミックな考え方に広がっていった。経営戦略理論が構築されると同時に，現実の事業活動においても求められるようになっていった。

　1970 年代以降は，ビジネススクールの研究者や経営コンサルティング企業のコンサルタントによって，多角化経営を分析するためのツールが，次々に生み出される。ハーバード・ビジネス・スクール（Harvard Business School：

HBS）のケネス・アンドルーズ（Kenneth Andrews）は，企業の経営層レベル
が検討するための戦略プランニング手法を開発した。具体的には，「SWOT 分
析」[3]と呼ばれるもので，企業の内部要因としての強み（Strengths）と弱み
（Weaknesses），企業の外部要因としての機会（Opportunities）と脅威（Threats）
にはどのようなものがあるのかを描き出し，今後の方向性を明確にする分析
ツールが開発された。

　また，ボストン・コンサルティング・グループ（Boston Consulting Group：
BCG）においては，ジョン・クラークソン（Johon S. Clarkeson）が「経験曲
線」[4]，リチャード・ロックリッツ（Richard Lockridge）が「プロダクト・ポー
トフォリオ・マネジメント：PPM」[5]と呼ばれる分析ツールを開発した。こ
のような分析的な戦略は，クライアント企業があるべき姿に近づくために明
確なシナリオを描く枠組みとして用いられ，現在もなお使われている。経験
曲線も PPM 分析も，企業内の資源と企業外の市場におけるシェアとの関係を
分析したうえで，将来的な企業の成長を予測するためのツールである（三谷，
2019）。

　1980 年代には，分析的な戦略は，実行段階で困難であることがわかってき
た。そこで，経営戦略を実行するには，どのような組織文化を醸成すべきか
という課題が重要視されていったのである。トップが策定した戦略が実行に
移せるか否かは，組織に埋め込まれている日常的な信念，すなわち組織文化
と戦略との一貫性に依存していることが主張されるようになってきた。マッ
キンゼー・アンド・カンパニー（McKinsey & Company）出身のコンサルタン
ト，トム・ピーターズ（Tom Peters）とロバート・ウォーターマン（Robert H.
Waterman）は「エクセレント・カンパニー」を刊行し，その著書で超優良企
業の本質を 8 つ掲げた。それによれば，①行動の重視，②顧客への密着，③自
主性と企業家精神，④人を通じての生産性の向上，⑤価値観に基づく実践，⑥
基軸から離れない，⑦単なる組織と小さな本社，⑧厳しさと緩やかさの両面を
併せ持つ，というものであった。そしてこれらの中でもっとも中心的な特徴は，
価値観に基づく実践であり，企業の重視する価値観や信念がメンバーに浸透す

ることで，「強い文化」をもつ企業が経営成果にプラスの影響をもたらすことが示唆されるようになった（Peters & Waterman, 1982；訳大前, 2003）。しかし，後の調査では，エクセレントな成果をもたらす企業の特質は，必ずしもエクセレントな成果を持続させることに結びつかないことが指摘されるようになった。

4. 近代の経営戦略論

　経営戦略は，企業が競争に打ち勝つだけではなく，その企業の収益が向上することを基盤においている。いかに収益を向上させるのかは，その企業がどの業界に存在するのかにかかわってくる。たとえば，通信業界（NTT，ソフトバンク，KDDI）と家電業界（パナソニック，日立，三菱）のように，経営戦略の前提として，当該企業の業界構造を把握したうえで，戦略を立てなければ強い企業に勝つことはできないばかりか，その業界のなかで生かされる道を見出すことは困難である。

　本節では，経営戦略論を理解するために，2つの視点から捉えていく。1つ目は，企業が当該業界において，競争優位を築くために外部環境要因に重点をおいた「ポジショニング理論」，2つ目は，内部環境要因に重点をおいた，「リソース・ベースト・ビュー理論」の視点から経営戦略論を解説する（図表6-2）。

図表6-2　ポジショニング理論とリソース・ベースト・ビュー理論

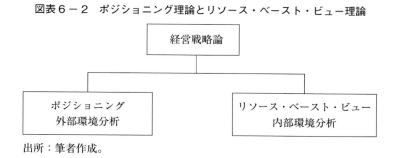

出所：筆者作成。

第2節　ポジショニング理論

　本節では，企業の業績に影響を及ぼす業界構造を理解するために，「業界内のポジショニング」に関する研究分野において，代表的なマイケル・ポーター（Michael, E. Porter）が提唱した2つの理論モデルを紹介する。1つ目は，「ファイブフォース」，2つ目は，「競争戦略の一般類型」である。

　業界構造とは，ある業界が有する特徴のことであり，企業の業績に重要な影響を与える業界の特性のことを指す。企業は業界内の競争に勝つために取り巻く業界構造を把握しておく必要がある。そこで，ポーターは，事業戦略を立てるにあたり，競争に勝つためには，5つの要因を分析する必要性を示した。さらに，業界内の参入各社が採り得る市場ポジショニングの標準的な分類の枠組みとして，競争戦略の一般類型を提唱した。以下では，ファイブフォースと競争戦略の一般類型について，図解を通して解説する（図表6－3）。

1.　ファイブフォース（5つの競争要因）

　ファイブフォースとは，業界内を取り巻く環境について，①業界内の競合関係，②新規参入の脅威，③代替品の脅威，④売り手（供給業者）の交渉力，⑤買い手（顧客）の交渉力の5つの要因から分析していく手法である。

　ファイブフォースの構造は，タテの3要因とヨコの2要因で構成されている。まず，タテの3要因（①業界内の競合関係，②新規参入の脅威，③代替品の脅威）は，同じ顧客市場を奪い合うことになる。これらの影響が強いほど競争は激化していることになる。

　次に，ヨコの2要因（④売り手の交渉力，⑤買い手の交渉力）は，業界内の川上から川下までのバリューチェーンにおける価値を奪い合うことになる。具体的には，部品・材料・設備の供給会社から，業界を経由して，顧客に至るまでの流れにおける価値の奪い合いによって起こる競争である（井上・中川・川瀬，2020）。

図表 6－3　ファイブフォース分析

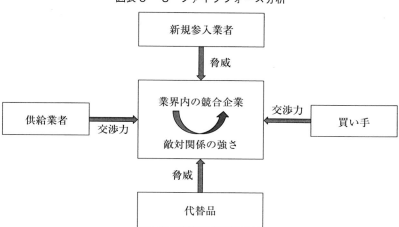

出所：M. E. Porter, *Competitive Strategy: Techniques for Analyzing Industries and Competitors*. New York: Free Press, 1980 参照。

以下では，5 つの競争要因について，具体事例を用いて説明する。

① 業界内の競合関係

　業界内の競合関係とは，自社と直接に競合し，市場を取り合っている企業の存在が，自社の収益をどの程度圧迫するのかを検討するものである。通信業界におけるソフトバンクと KDDI とドコモ，電機メーカー業界におけるパナソニックと日立とソニー，旅行業界における JTB と HIS と日本旅行は競合の関係にある。

② 新規参入の脅威

　業界に新たに参入する可能性のある企業が多ければ，業界の競争激化につながるため，業界の魅力は低下する。たとえば，市場が急速に拡大している業界や政府の規制緩和が進んだ業界に新規参入企業が増加し，競争環境が急速に激しくなるといった事象である。この脅威の大きさは，その業界の参入障壁の高

さによって大きく左右される。

③ 代替品／サービスの交渉力

代替品／サービスの脅威は，既存品／既存サービスより高い価値を提供することによってもたらされる。具体的には，外食産業にとって，冷凍食品や持ち帰り用のお惣菜，デリバリーサービスは，外食の代替品あるいは提供の仕方が異なるため，それらに価値をおく顧客を奪うことになる。

④ 供給業者の脅威

供給業者は，業界内の企業に対しもっとも高い価格で供給したいと考えている。そのため，供給業者内の業界が寡占状態にある場合やその業界にとって供給業者の商品・サービスに代替えするものが存在しない場合は，供給業者の交渉力が高まるといわれている。たとえば，パソコン・メーカーにとって，インテルやマイクロソフトは，顧客が共通したソフトを活用することで価値をもたらすため，寡占状態をつくり売り手の交渉力は高くなる。また，自動車部品メーカーは，自動車会社に対して部品のみならず設計図までも手がけ，付加価値をもたらすことによる交渉力が優位になり得ることが挙げられる。

⑤ 買い手の交渉力

買い手は，業界内の企業に対して強い影響力を保つ場合，業界の交渉力は低下する。具体的には，買い手が，商品・サービスに関して多くの情報を持っている場合や商品・サービスが差別化されない場合は，スイッチング・コストが低く，買い手の交渉力が高まるといわれている。ここでいうスイッチング・コストとは，顧客が現在利用している製品・サービスから他企業の製品・サービスに切り替える際に負担するコストのことを指す。たとえば，小売店などで導入しているポイントシステムは，スイッチング・コストを高める方策の一つである。

2.　競争戦略の一般類型

　ポーターは，ファイブフォースをもとに，自社を守る長期的かつ基本的な戦略として，参入企業が採り得る市場ポジショニングの標準的な分析枠組みとして一般類型を示した（図表6-4）。横軸には，競争優位の源泉として，低コスト化と差別化，縦軸には，競争の範囲として，幅広い顧客を対象とするのか，限定的な顧客を対象とするのかの2軸を提案している。ポーターはこの分析枠組みを競争戦略の一般類型と名付けている。

　①　コスト・リーダーシップ（Cost leadership）戦略
　コスト・リーダーシップ戦略とは，全社的に低コストを実現することにより競争に勝とうとする戦略である。戦略実現に向けてのプロセスは，「規模の経済」の原理，「経験曲線効果」により，原材料を有利に入手できることやオペレーション・コストの削減等が挙げられる。具体的には，生産規模を増加するために大規模生産設備への投資を他社に先駆けて行い，低めの価格でマーケットシェアを獲得するというプロセスである。これにより，1単位あたりの生産コストが低下することで規模の経済が働くと同時に，経験効果が徐々に改善するため，さらなる低コストによる優位性が担保されるという好循環プロセスが

図表6-4　競争戦略の一般類型

		競争優位の源泉	
		低コスト化	差別化
競争の範囲	広い	コスト・リーダーシップ Cost Leadership	差別化 Differentiation
	狭い	集中 focus	
		コスト・集中	差別化・集中

出所：M. E. Porter, *Competitive Strategy: Techniques for Analyzing Industries and Competitors.* New York: Free Press, 1980 参照。

期待できる。コスト・リーダーシップ戦略は，あくまで競争優位の源泉を低コスト生産に求めることに焦点をあてており，直ちに価格競争を仕掛ける戦略ではない点に注意する必要がある。

② 差別化 (Differentiation) 戦略

差別化戦略とは，業界内の買い手，すなわち顧客のニーズを満たすことで戦う戦略である。差別化を実現するための方策は様々であるが，競争優位を一時的なものではなく，持続的なものとするためには，一時的な製品・サービスレベルの差別化ではなく，自社独自の経営資源を活用した事業の仕組みレベルでの持続的な差別化が必要になる。具体的方法として，①ブランドイメージを構築する，②技術・品質等で差をつける，③販売方法や配送方法に工夫を凝らすことなどが挙げられる。このように差別化を成功させるには，顧客に「違い」を認識させることが必要となる。他社に対する差別化で顧客からの評価を獲得できれば，業界の収益性に影響を及ぼす自社の強みを活かし，持続的な競争優位を獲得できるようになる。

③ 集中 (Focusing) 戦略

集中戦略とは，経営資源の分散を防ぐために特定のセグメントにおける経営資源を集中し，低コストまたは差別化によってそのセグメントにおける競争優位を獲得する。ある業界において，「製品・サービス」，「エリア」等におけるターゲット層に絞り込み，その層のニーズをより深く分析したうえで，効果的・効率的に実践する戦略である。この戦略は，顧客ニーズのとらえ方により競争優位の獲得の方向性が変わる。低コストに焦点を当てる場合はコスト集中戦略，特定の顧客に絞り込みをする場合は，差別化集中戦略に分けられる。また，重要なポイントは，大企業にとって魅力のないセグメントに資源を集中することである。大企業にとっての魅力は，成長市場であり，多くのターゲット層を対象とすることが考えられる。この点からも，集中戦略を採用する市場は，成長が緩やかで，市場規模がそれほど大きくないことが条件となる。

ポーターは，低コスト化か差別化のいずれか1つだけを採るべきだとし，同時追求により業績が悪化すると指摘した。経営戦略論では，この状況に陥ることを，スタック・イン・ザ・ミドル（stuck in the middle）と呼んでいる。低コスト化と差別化は，トレード・オフの関係にあるため，戦略遂行に必要な組織構造，リソース，従業員の意識がそれぞれの戦略において異なるからである。それゆえ，ポーターも，スタック・イン・ザ・ミドルに陥らないため，どちらか一方の戦略に専念すべきであると主張した。

第3節 リソース・ベースト・ビュー理論

リソース・ベースト・ビュー（Resource Based View：RBV）は，企業の内部資源に注目した経営戦略論である。この戦略は業界における競争優位を獲得できるのは，競合他社よりも優れた資源や能力を保有しているという理由で，組織の内部資源の蓄積に焦点をあてる理論である。RBV の研究者らは，経営資源，ケイパビリティ，コア・コンピタンスという言葉を用いて戦略論を発展させていった。

ここでは，バーニー（Burney, J. B., 2002）が提唱した VRIO 分析，ハメルとプラハラード（Hamel, G., & Prahalad, C. K., 1994）が提唱したコア・コンピタンスについて解説していく。

1. 経営資源を分析する VRIO 分析

バーニーは，競争優位をもたらす企業の内部資源を分析する枠組みとして，VRIO 分析を提唱した。VRIO 分析とは，① Value（経済価値），② Rareness（稀少性），③ Imitability（模倣困難性），④ Organization（組織能力）の4つの頭文字をとって表したもので，企業が保有する経営資源が持続的な競争優位に結びつくかどうかを評価する分析枠組みである（図表6 - 5）。

図表6－5　VRIO フレームワーク

価値がある	稀少である	模倣困難である	組織能力	競争優位の意味合い
No	―	―	No	競争劣位
Yes	No	―		競争均衡
Yes	Yes	No	↕ ↕	一時的競争優位
Yes	Yes	Yes	Yes	持続的競争優位

出所：Barney, J. B., *Gaining and Sustaining competitive Advantage*, 2nd ed., Pearson Education, 2002（岡田正大訳『企業戦略論【上】【中】【下】基本編―競争優位の構築と持続―』ダイヤモンド社，2003年）.

① Value：経済価値

その企業が保有するリソースは，現状や将来性を見つめ，外部環境における機会をうまくとらえることに貢献するか，脅威を少なくすることに貢献できるか否かで，経営資源を評価する視点である。

② Rareness：稀少性

その企業が保有しているリソースは，ごく少数の競合企業かどうかで経営資源を評価する視点である。ただし，価値はあるが希少ではないリソースが直ちに競争優位に結びつかないという意味ではない。

③ Imitability：模倣困難性

その企業が保有しているリソースは，競合他社が容易に模倣できるか否かで経営資源を評価する視点である。ただし，模倣可能であるというのは，同じものを再現可能であるという意味ではなく，同等の価値を提供するものであれば，競争することができるというものである。

④ Organization：組織能力

その企業は，経営資源を十分に活用できるような構造が整っているかどうかで評価する視点である。いかに優れたリソースを保有していたとしてもそれが機能しなければ意味がない。リソースが組織に組み込まれ機能していることが

重要である。

2.　コア・コンピタンス（Core Competence）

　コア・コンピタンスとは，当該企業における持続的競争優位をもたらす中核的な能力のことを指す。コア・コンピタンスという概念は，外部環境に左右されない組織の能力を高める経営のあり方とはどのようなものかについて，経営者が求めていた現実的な課題から生み出された。

　1990年代前半，アメリカでは，景気低迷状態が続き，人員の削減やリエンジニアリングといった，企業のスリム化を図ることが評価された時代であった。しかし，スリム化を図ることにより，新しいものが生み出されにくい状況に陥ったのである。当時の経営者らは，市場リーダーのポジションを獲得するためには，まずは組織内の能力をいかに高めていくかという重要性に気づいたのである。他社と競合するのではなく，いかに企業を成長させるかが注目されるようになった。

　ハメルとプラハラードは，将来のための競争をイメージし，そのためには，自社独自の中核的な組織能力を持続的に発展させていくことの必要性を主張した。そして，コア・コンピタンスの3つの条件を示した。

①　複数の製品や事業領域を拡大することができる展開力があること。
②　企業の資源や能力によって創出された製品が顧客に価値を提供できること。
③　競合他社より優れ，かつ，簡単に模倣できないこと。

　製品やサービスは，他社に模倣されやすく価格競争に陥ることがしばしばあるが，コア・コンピタンスは，様々な技術と生産スキルが複雑に融合し，長年の学習によって築かれたコンピタンスを完全に再現することは至難の業である。

　具体的に精密化学品メーカーのZ社の事例で考えてみよう。Z社は，光学技術・センサー技術・画像処理技術という3つのコア・コンピタンス技術を誇っ

ている。1つ目の光学技術とは，カメラのレンズの設計から材料の選定，研磨技術にいたるまでのカメラ・レンズを作るプロセスも含めた技術である。2つ目のセンサー技術とは，デジタルカメラの半導体デバイスとしての最先端の高機能を持続させるための技術である。3つ目の画像処理技術は，高画質を図るための技術で，カメラやプリンターの画像の性能を高めるものである。これら3つのコンピタンスを組み合わせることで，複写機，レーザー・プリンター，イメージ・スキャナーなどの市場に参入しても，それぞれの市場リーダーを獲得することができるのである。新しい分野として，監視カメラや画像診断支援といった製品やサービスで社会に価値をもたらすことも期待され，まさに未来を予測した組織能力を発揮しているのである。

　競争優位を実現するならば，コア・コンピタンスと製品を分けて定義づける必要がある。コア・コンピタンスが含まれた製品のことをコア製品と呼ぶ。コア製品とは，最終製品の価値を決める構成要素や半製品のことを指す。したがって，最終製品市場における自社ブランドのシェアとコア製品のシェアを区別して考えておく必要がある。

　コア製品の応用分野を広げていけば，その企業は新製品の開発コストと時間，そしてリスクを継続的に低減できるであろう。つまり，その狙いがはっきりしているコア製品は規模の経済のみならず，範囲の経済をもたらす予測が立つのである（Prahalad & Hamel, 1990）。

第4節　ブルー・オーシャン戦略

　ポジショニング理論とリソース・ベースト・ビュー理論は，それぞれに長所もあるが，限界もある。そこで，これらの理論を乗り越える戦略を紹介しよう。新しい市場を開拓するための実践的な分析枠組みの1つに「ブルー・オーシャン戦略」がある。ブルー・オーシャン戦略は，W・チャン・キムとレネ・モボルニュ（Kim & Mauborgne）によって提唱された経営戦略論である。彼らは，競合企業との激しい競争環境の中で戦うレッド・オーシャンから抜け出し，競

争相手自体がいない無競争な状態を創出するブルー・オーシャンを目指すことを主張した。

　レッド・オーシャンは，赤い海＝血みどろの市場とも呼ばれる市場競争が激化している状態を指す。既存の各産業界において，競争のルールも広く知られている環境下では，限られたパイの奪い合いによる競争が活発化し，付加価値の高かった商品も市場価値が下がり，一般的な商品に位置づけられてしまう。次の段階では，価格競争に陥り，企業は熾烈な争いが強いられるばかりではなく，その業界での生き残りをかけての戦いとなる。レッド・オーシャンから抜け出せない企業の特徴は，競合他社を打ち負かすことに焦点があたっている。

　一方，ブルー・オーシャン戦略に従えば，ポーターが指摘したスタック・イン・ザ・ミドルに陥る心配はない。スタック・イン・ザ・ミドルとは，差別化と低コスト化を同時に追求することにより収益が悪化する状況である。ブルー・オーシャン戦略は，買い手の価値を向上させるために，差別化と低コスト化を同時に追求することで，自社の利益が上がるビジネス・モデルを構築することである。差別化と低コスト化が同時に実現できるのであれば，買い手にとって価値が向上する。このことを，「バリュー・イノベーション」と呼ぶ。

　バリュー・イノベーションを実現するためには，4つのアクション（ERRC）が必要となる。ERRCとは，Eliminate（取り除く），Reduce（減らす），Raise（増やす），Create（創造する）のことで，それぞれの頭文字をとって表している（図表6－6）。

　EliminateとReduceは，売り手が提供する製品や商品において，重要だと思っていることが，買い手にとっては，不要な場合がしばしばある。不必要な要素を取り除き，大胆に減らすことによって，大幅な低コスト化を図ろうとする目的がある。

　RaiseとCreateは，ゴールを達成するために不可欠な要素について検討することである。必須要素を大幅に増やす，または新たに付け加えることで，製品や商品に付加価値を加え差別化を図ろうとする目的がある。この4つのアクションを行うことでバリュー・イノベーションが実現するのである。

132

図表6－6　バリューイノベーションの実現

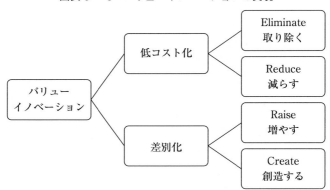

出所：Kim, W. C. & Mouborgne, R., Blue Ocean Strategy, Harvard Business School Press, 2005，邦訳，51〜52 ページを参照し筆者作成筆。

【注】

（1）庭本佳和，経営学史学会監修 庭本佳和（編者）『経営学史叢書アンソフ』文真堂，2012 年，2 ページ。

（2）Ansoff, H. I., *Strategic Management*, 1979,（訳，30 ページ）。

（3）SWOT 分析の内容については，第 7 章で説明する。

（4）経験曲線とは，累積生産量が倍になるとコストが一定の割合で下がるという現象をグラフに表したものでる。

（5）PPM については，第 7 章で説明する。

◆参考文献◆

Ansoff, H. I., *Strategic Management*, Classic Edition, 1979（中村元一訳『戦略経営論』中央経済社，2007 年）.

Barney, J. B., *Gaining and Sustaining competitive Advantage*, 2nd ed., Pearson Education, 2002（岡田正大訳『企業戦略論【上】【中】【下】基本編—競争優位の構築と持続—』ダイヤモンド社，2003 年）.

Hamel, G. & Prahalad, C. K., *Competing for the future*, Harvard Business School, 1994（C. K. プラハラード＆G. ハメル著，一條和生訳『コア・コンピタンス経営』日本経済新聞社，2001 年）.

Kim, W. C. & Mouborgne, R., Blue Ocean Strategy, Harvard Business School Press, 2005（有賀裕子訳『ブルー・オーシャン戦略　競争のない世界を創造する』ランダムハウス講談社，2005 年）.

Perers, T. J., & Robert, H. Waterman, Jr., *In Search of Excellence: Lessons from America's Best-Run Companies*, Harper & Row, 1982（大前研一訳『エクセレント・カンパニー』英治出版, 2003 年）.

Porter, M. E., *Competitive Strategy: Techniques for Analyzing Industries and Competitors.* New York: Free Press, 1980（土岐坤・服部照夫・中辻万治訳『競争戦略』ダイヤモンド社, 1982 年）.

Prahalad, C. K. & Hamel, G., The Core Competence of the Corporation, Harvard Business Review, 68(3), 79-91, 1990（C. K. プラハラッド, G. ハメル『コア・コンピタンス経営』DIAMOND ハーバード・ビジネス・レビュー編集部 編訳『戦略論 1957-1993』(8 章), ダイヤモンド社, 2010 年）.

庭本佳和『経営学史叢書Ⅳ　アンソフ』経営学史学会監修, 庭本佳和（編者）, 文眞堂, 2012 年。

三谷宏治『経営戦略全史』第 13 刷, ディスカヴァー・トゥエンティワン, 2019 年。

第7章
３つのレベルの経営戦略

第１節　はじめに　経営戦略のレベル

　企業が成長し，持続的に発展していくためには，企業内外の環境への適応が求められる。企業における環境適応とは，時代や社会のニーズに適応しつつ，企業内で創出された製品（有形）やサービス（無形）を提供するために，新しい顧客を開拓していくという要素を含んでいる。

　たとえば，ソニー株式会社は，創業時にテープレコーダー（アナログ式に音声の録音や再生する機械）を先駆的に世の中に送り出した。その後，テレビ，カメラ，ゲーム機器等の有形の製品を取り扱う事業を手がけ，次に無形のエンターテインメントや生命保険・損害保険や銀行等の複数の事業を手がけることで持続的成長を遂げている。このように複数の事業を抱えた企業の全体に対して方針を与えるものを，全社戦略（Corporate Strategy）と呼ぶ。これに対し，個別の事業を成功させるための戦略を事業戦略（Business Strategy），さらに，個別の事業を成功させるために，組織内部の仕事を機能的に分割し実行していくことを，機能別戦略（Function Area Strategy）と呼ぶ。これら３つのレベルの戦略は，対象とする範囲が異なる（図表7−1）。このように，経営戦略といっても３つのレベルがあり，企業全体としての一体感をもつことが重要となる。

　全社戦略とは，当該企業が行う事業は何かを定義することである。具体的には，企業が取り扱う事業の範囲（ドメイン）を定め，複数の事業を展開していれば事業間の資源配分を決定し，それをもとに企業活動を行うことである。新

図表 7 － 1　戦略の分類

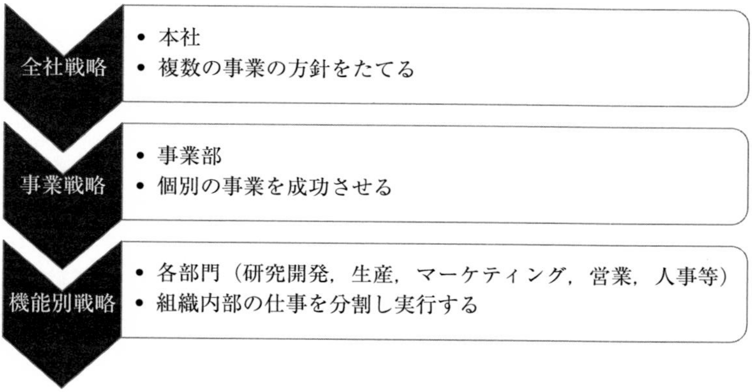

全社戦略	・本社 ・複数の事業の方針をたてる
事業戦略	・事業部 ・個別の事業を成功させる
機能別戦略	・各部門（研究開発，生産，マーケティング，営業，人事等） ・組織内部の仕事を分割し実行する

出所：筆者作成。

　規事業への展開や既存事業からの撤退，海外進出も含まれる。全社としての方向性を個別の事業の経営方針に落とし込み，実行できる状態にまで牽引していくことがリーダーの役割となる。

　事業戦略とは，ある事業において当該企業がどのように競争するのかを表す。他社より競争優位を獲得することが，事業戦略の主眼となる。つまり，競争相手の製品やサービスよりも自社製品やサービスの優位性を示し，顧客に惹きつけることが中心的な課題となる。

　機能別戦略とは，研究開発・生産・マーケティング・営業，人事等の機能ごとに策定される戦略のことを指す。さらにいえば機能別戦略とは，企業戦略を基にした競争優位の確保を目指したマーケティングや人事管理等の分野機能ごとの戦略である。

　このように，経営戦略は「全社戦略」⇒「事業戦略」⇒「機能別戦略」という 3 つのレベルで対象範囲を分類し説明することができる（図表 7 － 1）。

第2節　全社戦略（Corporate Strategy）

　全社戦略とは，自社のあるべき姿を定め，事業コンセプトを明確にすることから始まる。その際，外部環境との関係から自社の現状把握が必要となる。しかし，政治や経済等の変化や競合企業の動向を正確に把握することは困難であろう。外部環境が特定されない状況下において，どのような事業を選択すれば成功するのかというような単純に明確化されるものではない。経営者は，このような不確実な状況下で，戦略を決定することになる。このことを，アンソフは「部分的無知の状況で意思決定がくだされる」と説明した。つまり，不確実性が高く非反復的な環境を前提に戦略的意思決定が行われるという。しかし，部分的無知な状況においても，成功に結びつく戦略を決定していかなければならないのである。

　次に，全社戦略の代表的な理論を3つ取り上げて説明していく。1つ目は，経営戦略の構成要素，2つ目は，製品のライフサイクル，3つ目は，資源配分に関する理論である。

1.　経営戦略の構成要素

　アンソフは，経営戦略を実現させるために，事業コンセプトを明確にすることが重要であると指摘した。それは，単純に自社の強みを戦略として展開するだけではなく，企業の成長と関係する要素として，次の4項目が取り上げられている。

① 　製品と市場範囲…自社がどの製品・市場で事業を行うのかを決定する基準
② 　成長ベクトル……自社が成長する方向性を定める基準
③ 　競争上の優位……自社の競争優位の源泉を定める基準
④ 　シナジー…………事業領域間の相乗効果を作り出す基準

　この4要素のうち，アンソフが最も注目したのは，成長ベクトルである。成長ベクトルは，特定化された製品―市場との間で自社の成長の方向性を示すものである。自社が扱う製品は，市場（顧客）と共通の関連性をもつことで，成長の機会を探求していくことだと説明している。それは，自社が取り扱う製品は必ずしも顧客のニーズを満たすものではないからである。企業が成長の方向性を定めるための基準として，製品と市場という2つの要素に分類し，どの製品・市場の範囲で事業展開するのかを検討する枠組みを設けたのである。

　図表7－2のように横軸に製品，縦軸に使命（ニーズ），すなわち市場の軸をとり，それぞれ既存か新規かという観点で2×2のマトリクスに整理することにより，企業が成長するために必要な事業展開の打ち手を大きく4分類する。4つのうちどの象限を選択するかによって，戦略の方法はまったく異なる。また，この分析枠組みは，ドメインの再設定を検討する際にも活用される。

図表7－2　成長マトリクス

使命（ニーズ）＼製品	既存	新規
既存	市場浸透	製品開発
新規	市場開発	多角化

出所：Ansoff, H. L., *Corporate Strategy*. McGraw-Hill, 1965, p.109, 邦訳，137ページ。

　図表7－2における成長マトリクスの構成要素の内訳は，次の通りである。

① 市場浸透戦略
　企業が現在展開している市場において，既存製品群の売上や市場シェアの拡大を目指す戦略。
② 製品開発戦略
　企業が現在展開している市場に対し，新製品を投入することで成長を目指す戦略。

③　市場開発戦略

　既存製品群を新たな市場（地域・顧客）に投入することによって成長を目指す戦略。

④　多角化戦略

　新製品を新たな市場に参入することによって成長を目指す戦略。

　以上のように，企業が新規事業を立ち上げるとき，現在の事業と何らかの共通のある分野に進出すると企業の成長に結びつきやすい。アンソフは，経営資源を組み合わせることにより得られる相乗効果，つまりシナジーが生みだされると説明した。

　たとえば，工場や研究開発への投資が複数の事業で共通利用できることやブランド名を複数の事業で共通利用することから生じうる効果のことを範囲の経済という。

2.　製品ライフサイクル（Product Life Cycle：PLC）理論

　ひとのライフサイクルと同じように製品市場にも栄枯盛衰をあらわす製品ライフサイクル（PLC）がある。PLC は，横軸に経過時間，縦軸に製品の売上高・利益をとり，導入期 ⇒ 成長期 ⇒ 成熟期 ⇒ 衰退期という４段階が示される。これらをつなぐと図表７－３のようにＳ字型の曲線が描かれる。

　次に，PLC の４段階について具体的な内容を説明していく。

①　導入期

　製品が市場に登場し始めたばかりの時期で，通常は新製品が市場で発売された直後から，売上高が成長し始めるまでの過程である。導入期における戦略の焦点は，製品の知名度を高め，関連業者に取り扱ってもらえるよう働きかけることである。

図表 7 － 3　PLC 理論における 4 つの段階

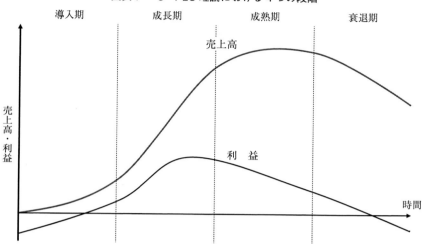

出所：Kotler, P., *Marketing management* (*10th ed.*), New Jersey: Prentice Hall, 2000,
邦訳，379 ページを参考に筆者作成。

② 　成長期

　製品が急激に市場で認知され始め，売上も増加する段階である。この段階で
は，市場が急成長する一方で，多くの競合企業が参入し，市場の伸びとともに
急激に増加する。そのため，競争優位を獲得するために積極的に市場シェアを
拡大することが重要である。

③ 　成熟期

　製品に対する需要の減少，売上高の伸びが鈍化し，飽和点を迎える段階であ
る。市場規模が拡大せずに一定である状態は，ある企業が売上高を高めれば，
他の企業の売上高が落ちてしまう状況である。

④ 　衰退期

　顧客ニーズの変化や代替品の登場により，市場が縮小し，成長率がマイナス
に転じはじめ，当該製品から撤退する企業も増加し，競争も緩和されていくこ
とになる。この段階は，撤退のタイミングとなる一方，残存企業にとっては売
上・利益獲得の機会となりうる。

3. ポートフォリオ分析

　多角化に成功した企業が，持続的成長を図るために，すべての事業を同じように育てるのではなく，どの事業を育て，どの事業を捨てるのかを管理していくことになる。つまり，多角化した複数の事業の間で経営資源をいかに配分していくべきかという「事業ポートフォリオ」を検討する必要がある。経営資源の現状と今後の資源配分を検討するために，ボストン・コンサルティング・グループ (BCG) が開発したプロダクト・ポートフォリオ・マネジメント (Product Portfolio Management：PPM) は，代表的な分析ツールである。通称 PPM と呼ばれているものであるが，多角化した企業全体の最適化を図るために，キャッシュ・フローの観点から複数の事業を分類し，効率のよい資源配分を検討するうえでの示唆を与えるフレームワークである。

　PPM は，図表 7 - 4 に示されるとおり，横軸に現状の相対的市場シェア，縦軸に今後の市場成長率を設定したマトリクス図が描かれる。各事業部がどの程度競争力を有しているのかを位置づけ，各事業部が属している業界がどの程

図表 7 - 4　PPM 分析マトリクス

度魅力的なのかを評価し，企業が持続的に成長できるよう資源配分を行う。各象限は，「金のなる木」，「スター」，「問題児」，「負け犬」と名前がつけられており，それぞれ次のような特徴がある。

・金のなる木

　市場成長率は鈍化しているものの，相対的市場シェアが高い事業である。売上は維持できているが市場成長率が低いため，過度な投資は減らし，収益を他の製品への配分に回すことが求められる。キャッシュ・フローは，プラスが継続する。

・花　形

　市場成長率も相対的市場シェアも高い（業界首位）事業である。売上が急成長し，今後も維持できるようであれば，市場成長率が鈍化するにつれて「金のなる木」に移行する可能性がある。設備投資や研究開発費など先行投資が多く支出も多いため，失敗すれば「問題児」に移行することも視野に入れる。

・問題児

　市場成長率は高いが，相対的市場シェアが低いため，シェア拡大や研究開発に伴う資金流出が多く見込まれる事業である。複数の事業を抱えている場合，「花形事業」に育てるのか「負け犬」とするのかを選別する必要がある。キャッシュ・フローは，当面マイナスである。

・負け犬

　市場成長率も低く，相対的市場シェアも低い。投資する資金以上の収益が見込まれなければ，撤退・売却・縮小のいずれかを選択する必要がある。衰退事業あるいは衰退製品として扱われる。

　各事業は，上記4象限のうちいずれかに位置づけられる。たとえば，市場成

長率が低く，相対的市場シェアが高い事業であれば，「金のなる木」にプロットされる。そこから得た資金を「花形」事業に配分することにより次の「花形」事業を育てる。「問題児」事業は，今後の市場成長率を見極めた上で選別し重点的に資金配分を行う。市場成長率が見込まれない場合は，「負け犬」事業に移動させ，撤退・売却・縮小を検討する。このように，PPM分析は，企業内のキャッシュ・フローを見える化し資源配分を行うことに役立つ。

　一方，PPMは，2次元の分析枠組みであるがゆえに，現実に照らしてみると限界がある。PPMは，①既存事業の市場成長率や自社の相対的市場シェアのみでの評価でしかなく，将来のことについては予測できない。②全社戦略の策定にあたっては，「水平的な広がり」と「垂直的な広がり」から生み出される事業と事業との間のシナジー効果が把握できない。③潜在的に成長可能な事業であっても，成熟市場に属する事業には資源を投入しないことを前提としていることに問題がある。

　さらに，市場成長率が低い事業を直ちに撤退するのではなく，全社戦略の目的に立ち返り社会貢献のための事業になり得るかどうかについても検討する必要がある。

第3節　事業戦略（Business Strategy）

1．バリューチェーン（Value Chain）

　バリューチェーンとは，企業活動の流れが生み出す付加価値の連鎖のことを指す。企業活動は，各部門の活動を価値（Value）創造の連鎖（Chain）と捉え，組織の能力を高めていく。顧客に製品やサービスが届くまでに，原材料や機材を外部から調達することから始まり，多くの活動を通して様々な機能の一連の流れとしてつなげたものがバリューチェーンである。

　バリューチェーンは，企業活動を「主活動」と「支援活動」とに大別して分析される。主活動とは，モノの流れに直接関係する企業活動のことで，たとえ

図表7-5 バリューチェーン分析

支援活動	全般管理（インフラストラクチャー）				利益
	人事・労務管理				
	技術開発				
	調達活動				
主活動	購買物流	製造	出荷物流	販売・マーケティング	サービス

出所：Porter, M. E., *Competitive advantage: Creating and sustaining superior performance*, Free Press, 1985, 邦訳, 49ページを参照し, 筆者一部修正。

ば，製造業であれば，モノをつくる「生産部門」⇒ モノを運ぶ「物流部門」⇒モノを売る「営業部門」等の付加価値が次々と加わっていく過程である。支援活動とは，主活動がうまく機能するための財務や全般管理，人事等が該当する。その他の支援活動には，技術開発部門や調達部門もある。これらの部門の活動は，利益を生み出すために企業が投資をすることであって，直接的に顧客への価値に結びつくわけではない。技術開発や調達という活動を通じて，製品化されたモノが顧客の価値に結びつくため，これらの部門は支援活動とされている（Porter, 1985）。

　バリューチェーンという考え方は，事業と利益の構造を明らかにするだけではない。こういう見方によって，企業は，事業活動のどの部分に強みや弱みがあるかを分析し，事業戦略の有効性や改善の方向性を探ることができる。

　バリューチェーンは，外部環境の変化にしたがって，新しい価値を生み出す部門間の連鎖に書き換えられる。2020年初頭，世界的に流行した新型コロナウイルス感染症により事業形態の変化が余儀なくされている。本来であれば，対面式で行われていた営業，販売，教育等は，オンライン形式に変化しつつある。また，飲食店においては，食事の場所を提供するのではなく，お弁当やお惣菜のテイクアウトのデリバリーサービスへの事業変革が拡大する傾向にあ

る。食事を提供するサービスから食事を届けるサービスへの移行をスムーズに行うことが求められるようになった。また、人事・労務管理においても、会社に出勤してオフィスで仕事をするのではなく、リモートワークの導入により、会社に通勤するのではなく自宅やその他の場所で働くというスタイルが新しいバリューとして取り入れていく企業も多くみられるようになった。このように外部環境の変化により、組織全体としてのバリューチェーンにも変化が起こり、それに適応していくことが求められるのである。

2. 成功要因を導き出す 4C（3C＋1C）分析

　事業戦略を成功に導くために内外の環境の影響から捉える3つの視点は、「顧客（Customer）」「競合（Competitor）」「自社（Company）」である。これらの頭文字をとって3Cと呼ばれる分析枠組みが使われている。事業戦略は、自社のあるべき姿を見すえた上で、誰に（Who）、何を（What）、どのように（How）に提供するのかを計画することから始まる。ターゲットとする顧客にとっての価値とは何か、またその価値をどのように提供するのかを明確にしなければならない。顧客の視点では、トレンド、顧客の購買動向を把握するために、顧客情報を詳細に入手することが、より的確に顧客のニーズを把握することに結びつくと考えられている。次に、競合の視点は、価格競争や市場シェアを把握したうえで、特に顧客と自社との関係に着目した自社の強みと弱みを明確にするための分析枠組みである。しかし、最近では同じ製品であっても、どのような「流通経路（Channel）」をつかって顧客に届けるのかが重要になってきているため、3C＋1Cの4C分析が主流である。

　ここでは、流通経路によって競争優位を獲得した事例をみていくことにしよう。たとえば、アマゾンはオンライン・ビジネスで成功した顕著な企業である。アマゾンの創業者のジェフ・ベゾスは、世の中にインターネットの普及率が高まったタイミングを見計らって、本をリアル店舗で購入する購買スタイルからオンラインで購入する仕組みを発案した。アマゾンは、事業を成功させる目的

で巨大物流倉庫を買い取ったため，損失も大きかった。しかし，アマゾンのあるべき姿は，巨大な物流企業に成長することではなく，ネットビジネスで成功することであった[1]。そのため，一時的な収益の悪化は，ビジネスを成功させるための投資として捉えていたのである。顧客のシーズに対応するために，オンライン上で，顧客に応じた推奨品が提示される仕組みを構築する工夫や，到着日を可能な限り早く届けるシステムを導入するなど組織としての能力を高めていったのである。さらに本を手にとって読むスタイルから本を電子化することで，顧客セグメントに応じた工夫をあらゆる観点で提供した。収納スペースや持ち運びに便利であるという視点に立って，使い勝手がよいように本に付加価値を与えた。さらに，本ばかりではなく，生活必需品，電化製品，洋服や靴まで，あらゆる商品をオンラインでの販売アイテムとして扱うようになり，事業を成功させたのである。そればかりではなく，「ついで買い」の消費者を増やすことで急成長している。特にアメリカでは，モノを購入するための移動距離の長さの問題点を解決することが可能となったため，リアル店舗で購入する本屋や生活雑貨品企業からは脅威の存在となり，一人勝ちのアマゾンが批判されるほど持続的に成長している。加えて，アマゾンのネットビジネスは，外部

図表7－6　4C分析

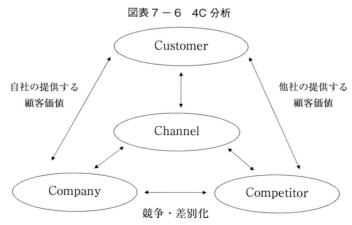

出所：原田　勉『実践力を鍛える戦略ノート［戦略立案編］』東洋経済新報社，2010年，59ページ。

環境に適応することでさらなる収益拡大に結びつくことが予測される。また，2020年初頭の新型コロナウイルス感染症の影響は，対面販売による感染リスク回避のため，顧客と対面しないオンライン・ビジネスでアマゾンはさらに収益を高めている。アマゾンの事例にみられるように，「流通経路 (Channel)」は，経営戦略の勝敗を決定づける重要なファクターとなっている。

　4C分析も先に示したバリューチェーンと同様に企業戦略における競合や自社を分析する枠組みとして，単なる資源を保有するだけではなく，事業が組織能力をいかに発揮できるのかを説明する分析枠組みである。

3. SWOT分析

　事業戦略を立案する際，自社の内部環境と外部環境との適合を模索していく必要がある。SWOT分析とは，自社の「強み (Strengths)」「弱み (Weaknesses)」「機会 (Opportunities)」「脅威 (Threats)」の4つの象限に分析し，評価する手法のことである。SWOTとは，それぞれの頭文字をとっている。

　SWOT分析は，自社の内部環境を分析し，活かすべき強みと克服すべき弱みを明確化する。この分析は，政治と経済，社会情勢，法律，市場性，顧客動向，競合他社など，自社を取り巻く外部環境を分析し，利用すべき機会と対抗すべき脅威を見極める。

　これらをマトリクス図上の4つの象限に，各要素を箇条書きで書き出して整理し，現状を踏まえた的確なアプローチを見出すことを目的としている。具体的には，内部資源の強み，あるいは弱みのどの部分を活用し，それによって外部環境のどの機会をつかんでいくのか，さらにはいかなる脅威に対処するのかを決めていくための分析枠組みである（図表7－7）。

　図表7－7のSWOT分析は，第1ステップで，SWOT（4要因）を分析することで現状を把握し，第2ステップでは，戦略の方向性を示す。

図表7－7　SWOT分析

	プラス要因	マイナス要因
内部環境	Strengths 活かせる強み	Weaknesses 克服すべき弱み
外部環境	Opportunities 市場での機会	Threats 回避すべき脅威

・第1ステップ：SWOT（4要因）を分析する

　強み・弱み・機会・脅威の各象限に，企業の内外の環境適合を検討するバリューチェーンや業界分析で得られた情報を参考にして，なぜそれが強みであり，弱みになるのかを分析する。この際，客観的な視点で事象を検証することが重要である。社内では強みだと考えていたとしても，常に外部環境にアンテナをはっておく必要がある。外部環境は，自社にとって追い風になるものではなく，環境変化に適合的に対応していかなければならない。また，自社が弱みだと考えていたことが，環境変化によって強みに変わる可能性は十分考えられる。

・第2ステップ：戦略の方向性を示す

　このステップでは，SWOTの4象限の各要素を組み合わせて，環境変化に適応するための方向性を具体的に示す。自社の強みを活かして，機会を獲得し，市場の脅威に対していかに回避しうるのかを検討する。また，自社の弱みで市場機会を逃さないための対応策はないか脅威が現実のものとならないような戦略オプションを考える必要がある。

　このSWOT分析を用いて，X社の事例で考えてみよう。

X 社の SWOT 分析（架空企業のケース）

　X 社は，全国に展開するファストファッション企業である。X 社は，「より多くの人により快適な生活をとどける」というビジョンを掲げ，低価格で高品質，シンプルなデザインで，限定しない顧客ターゲット層を設定してアパレルの製造・販売（リアル販売とオンライン販売）を行っている。5 年前からグローバルに展開し，ニューヨーク・パリ・ミラノ・シドニー・シンガポールに支社を設立した。

　X 社は，グローバルに展開するなかで，グループ企業として現地のサプライヤー（供給会社）との信頼関係を構築することに力を注ぐ。また，顧客の層は特定のターゲット層を限定せずに着心地の良さを追求し，販売価格は低価格に設定している。誰もが気軽に購入できる価格設定にしているため，競合会社が出現したら価格競争に巻き込まれる脅威がある。今後は，ブランド力を活かし，アパレル以外の商品の展開，新興市場への展開が期待されている。しかし，現地の消費者の価値観と価格戦略との整合性がとれないことが懸念材料となっている。

図表 7 − 8　X 社の SWOT 分析事例

	プラス要因	マイナス要因
	Strengths	Weaknesses
内部環境	明確なビジョン 多様なアパレル商品展開 コストリーダーシップ	グローバル展開する上での現地に適合するためコストリーダーシップとの整合
	Opportunities	Threats
外部環境	アパレル以外のブランドの活用機会 新興市場	ビジネスモデルの模倣 オンライン専業社の出現

出所：筆者作成。

第4節　機能別戦略（Functional Area Strategy）

　機能別戦略は，研究開発・生産・マーケティング・営業・人事といった各機能を重視する戦略である。企業のあるべき姿を実現させるための施策を機能別に落とし込み，機能別の視点から競争に打ち勝とうとする戦略である。たとえば，「幅広い顧客層を対象に価値を提供する」という目標であれば，マーケティング部門が他の部門との相互依存関係が緊密になるような組織上の設計も必要となってくる。他部門との連携が有効なバリューチェーンが構築されることが重要となる。機能別戦略は，各種機能の能力を最大限に引き出す戦略を構築すべきであり，個々の機能をばらばらに構築するのではなく，うまく結合させ，全社戦略や事業戦略の策定との整合性を図ってゆくことが大切になる。機能別戦略は，研究開発，生産，マーケティング，営業，人事といった各機能の戦略を指すが，ここではマーケティング戦略に焦点をあてる。

1.　マーケティングの4P

　マーケティングとは，作ったものをいかに売るかというプロダクト・アウトではなく，売れるものをいかに作るかというマーケット・インの考え方を基底としている。マーケティングは，4P構造を中心とする戦略体系を基本として，市場区分の選択・設定・市場分析を行う。4Pとは，製品（Product），価格（Price），販売促進（Promotion），販売チャネル（Place）を指し，有形（製品），無形（サービス）を問わず，企業の提供物を製品と呼ぶ。まず，マーケティングの4Pについて簡単に説明する。

・製品（Product）戦略
　マーケティング戦略において重要なことは，顧客の問題を解決する「便益の束（bundle of benefit）」として製品を捉えることである。たとえば，女性が化

粧品を買うのは，単にその製品が欲しいからだけではなく，美しくありたいという問題を解決するためにその製品を買うのである。また，製品の本質的な部分だけではなく（ここでは，化粧品）実態としての品質，ブランド，スタイル，パッケージも含まれている。また，付随するアフターサービスや保証などの付随部分なども製品に含まれる[2]。

製品戦略とは，どの市場にどのような商品を販売するのかを用途別，顧客別，商品別に定めたものである。製品アイテムに関する戦略立案に分けることができる。

・価格（Price）戦略

製品の価格をいくらに設定するかは，ひいては，その企業の業績に関わってくるものである。製品につけられる価格は，利益が生じ，しかも需要を創出するような範囲内で設定される必要がある。価格の設定方法は，原価とそれにともなうコスト（費用）を加えて算出する。製品にともなうコストは，生産コスト，マーケティングコスト，設備費，保険，従業員の給料，土地代など様々である。

価格の設定方法は様々である。複数の製品をまとめて価格をつけることもあれば，バーゲンセールのように割り引いた価格を設定することもあり，そうすることで利益を生み出す戦略を図る。

・販売促進（Promotion）戦略

販売促進は，通称SP（Sales Promotion）と呼ばれ，「消費者の購買やディーラーの効率を刺激するマーケティング活動のうちで，人的販売，広告，パブリティシを除くもの」（アメリカマーケティング協会）とされている。SPの目的は，製品や企業それ自体についての情報を消費者に伝えようとすることである。製品が消費者にとって価値のあることやいかに消費者の生活において価値が実現されるかについてメッセージを送り，消費者の行動を起こさせようとするものである。SPと広告の違いは，広告が顧客の意識に対して累積的にイメージを

浸透させていくアプローチであるのに対し，SP は即物的なアプローチである。SP は，「消費者向け SP」「流通向け SP」の 2 つに大きく分けられる。たとえば，消費者向け SP とは，サンプリング，プレミアム，増量パック，おまけなどの手段を講じることによって，販売意欲を促すものである。サンプリングとは，消費者に試供品を配ってその商品を実際につかってもらう流通向け SP には，消費者の卸売社へのインセンティブであったり，流通業者への特別出荷などがそれに該当する。

・販売チャネル（Place）戦略

　販売チャネル戦略は，その業界の販売経路に依存される面があり，ひとたび，販売経路が構築されると簡単には大きく変更されることはない。企業は，自社製品を販売するときに，直接販売するか，流通業者や代理店を通じて間接的に販売するのか，販売ルートについていくつかの選択肢をもつ[3]。この販売ルートは，企業の競争優位獲得に大きく影響を及ぼす。たとえば，業界最大手の文房具店 A 社は，強固な流通網を確立しており，突出した競争力を誇っていた。メーカー系列の文房具店は，当該メーカーの商品以外を仕入れることはない。しかし，流通網を獲得できなかった B 社は，オンラインによる直接販売を講じることで A 社の市場シェアを奪うことができたのである。

2.　競争地位別戦略

　ある業界における競争がすべて同じであれば，多くの企業は生き残れない。この点から，市場シェアの程度に応じて競争地位は異なるということを提唱したフィリップ・コトラー（Philip Kotler）は，競争地位別の戦略類型を 4 つに分類し（①リーダー，②チャレンジャー，③ニッチャー，④フォロワー），企業の特徴とそれぞれが取るべき戦略の定石を規定した。

① リーダー

リーダー企業は，経営資源を量的・質的に他の企業よりも競争優位を誇り，チャネルを生かしてフルライン戦略（多種多様な製品を製造し市場全体をターゲットとする）を取ることで，市場シェアをさらに拡大していく。

安易な価格競争は行わず，価格を維持することで企業イメージを保つことが重要となる。業界によっては，イノベーションのジレンマに陥り，優位性が発揮できない場合もあるので，資源配分に目配せしつつ，潜在的な市場動向を探っていくことが重要である。

② チャレンジャー

チャレンジャー企業は，業界上位のシェアを占めるものの経営資源においてはリーダー企業より劣る。そのため，リーダー企業と真っ向から競争することは避けなければならない。一方，リーダー企業は，チャレンジャー企業の脅威を避けるために，チャレンジャー企業と同じ戦略を取る場合もある。これを同質化戦略という。したがって，同質化戦略を避けるために，リーダー企業が保有する経営資源に規制される領域で戦略を講じることが求められる。

リーダー企業を意識した差別化戦略を図ることで競争優位を獲得することが可能となる。具体的には，リーダー企業が手掛ける主要な製品，顧客層，流通経路，価格等を徹底的に差別化し独自性を発揮することで，リーダー企業にチャレンジする位置づけの戦略である。

③ ニッチャー

ニッチャー企業は，リーダーやチャレンジャーが参入してこない特定市場に対して，経営資源を投入し専門性の高い技術を保有している。ニッチ市場を独占的に維持するための差別化集中戦略を基本とし，業界において独自の地位を構築しようとする。

具体的には，市場を細分化しリーダーやチャレンジャーが参入していないセグメントを発見し，そこに模倣されにくい独自の経営資源を集中させる戦略で

図表7-9　競争地位別戦略

	リーダー	チャレンジャー	ニッチャー	フォロワー
市場目標	市場シェア ブランド力向上 市場最大利潤	市場シェア拡大	ブランド力向上 利潤向上	生存利潤
市場ターゲット	全方位型	セミ全方位型	特定市場セグメント	経済性セグメント
製品 Product	フルライン戦略	リーダーとの差別化	限定ライン	上位企業の模倣
価格 Price	中から高価格 維持	高価格／低価格 による差別化	業界水準以上の 値付け	低価格化
販売促進 Promotion	全体訴求型	全体訴求＋α	特殊訴求	効率型
販売チャネル Place	開放型	開放型・差別型	限定的・特殊的	価格訴求型

出所：和田光夫ほか，『マーケティング戦略［第3版］』有斐閣，2007年，272ページの
　　　表を参照し筆者改変。

ある。ニッチャー企業は，市場が拡大したときに，リーダーやチャレンジャー
の参入を阻止する対策が肝要となる。

　④　フォロワー
　フォロワー企業は，経営資源において量的・質的に劣るため現状維持を目指
す企業である。フォロワー企業は，業界上位企業を模倣することで効率化を図
り，市場で生き残るための利潤を獲得する。
　具体的には，リーダー企業やチャレンジャー企業にとって魅力のない市場
（たとえば，低価格志向の市場）をターゲットとし，上位企業が成功した戦略を模
倣することで合理化を図る戦略である。

3.　マーケティング・ミックスと全社戦略と事業戦略の関係

　第2節では，全社戦略の観点から企業が取るべき有効な戦略を理論的に説明

154

した。その中で説明した PLC 理論は，製品のライフサイクルをあらわすもの
であった。PLC 理論は，時間軸と売上の関係を 4 つの段階（導入期・成長期・
成就期・衰退期）に分けて，それぞれの段階における適切な戦略を検討するた
めに役立つ理論である。PLC 理論の考え方は，製品の発達段階に応じて，企
業の資源配分的な戦略も決まるというものである。

　一方，第 3 節では，事業戦略の観点から事業における成功要因について，理
論的分析枠組みを用いて説明した。企業活動の連鎖が生み出すシナジー効果
（バリューチェーン）は，各事業部の機能が相互に関連することで組織的に成功
を導くものである。そして，本節では機能別戦略の観点からマーケティングに
焦点をあてて説明した。マーケティングの 4P では，製品・価格・販売促進・
販売チャネルの最も効果的な組み合わせを計画し，実行することをマーケティ
ング・ミックスと呼ぶ。この 4P は，企業ごとに，取るべき戦略は異なるため，
コトラーが提唱した競争地位別戦略を説明するものとして検討してきた。この
ような，マーケティング・ミックスの分析方法は，4P 戦略を方向づけ，シナ
ジー効果を発揮させるために，形の伴わない全社戦略と関連させる必要があ
る。

　事業戦略とマーケティング・ミックスはお互いに関連し合うため，一方がな
ければ，もう一方もうまく機能しなくなる。そのため，PLC 理論とマーケティ
ング・ミックスの主張する観点は異なるが，機能別戦略と事業別戦略と全社
戦略を統合し，その場をしのぐような短期的な戦略だけではなくではなく，ダ
イナミックで長期的な戦略を講じて行く必要がある。

【注】
（1）三谷宏治『経営戦略全史』ディスカヴァー・トゥエンティワン，2019 年，252 ペー
　　ジ。
（2）和田充夫・恩蔵直人・三浦俊彦『マーケティング戦略［第 3 版］』有斐閣，2007 年，
　　170 ページ。
（3）池尾恭一・青木幸弘・南千惠子・井上哲浩『マーケティング：Marketing：

consumer behavior and strategy』有斐閣，2010 年，486 ページ。

◆参考文献◆

Ansoff, H. L., *Corporate Strategy*: McGraw-Hill, 1965（広田寿亮訳『企業戦略論』産業能率短期大学出版部，1969 年）.

Kotler, P., *Marketing management*（*10th ed.*）, New Jersey: Prentice Hall, 2000（恩蔵直人監修，月谷真紀訳『コトラーのマーケティング・マネジメント：ミレニアム版』. ピアソン・エデュケーション，2001 年）.

Porter, M. E., *Competitive advantage: creating and sustaining superior performance*, Free Press, 1985（土岐坤訳『競争優位の戦略―いかに高業績を持続させるか』ダイヤモンド社，1985 年）.

池尾恭一・青木幸弘・南千惠子・井上哲浩『マーケティング：Marketing：consumer behavior and strategy』有斐閣，2010 年。

原田　勉『実践力を鍛える戦略ノート（戦略立案編）』東洋経済新報社，2010 年。

三谷宏治『経営戦略全史［第 13 刷］』ディスカヴァー・トゥエンティワン，2019 年。

和田充夫・恩蔵直人・三浦俊彦『マーケティング戦略［第 3 版］』有斐閣，2007 年。

第8章
テイラーの管理論

第1節　テイラーの生涯と主要業績

　「経営学の父」あるいは「科学的管理の父」と呼ばれるテイラー（Taylor, F.W.）は 1856 年フィラデルフィアに生まれた。1874 年，ハーバード大学を受験し合格したが，目の病気のため進学せず，小さな工場の機械工見習いとして働いた。1878 年にミッドヴェール製鋼（Midvale Steel）に入社し，この会社で職長などを経験した後，工場長にまで昇進したが，この間にも苦学して夜間の大学院に通学し，1883 年スチブンス工科大学（Stevens Institute of Technology）から工学修士の学位を授与された。ミッドヴェール製鋼に 11 年間勤めた後，1890 年に退社し，バルブ工場を経営するメイン州の会社に勤めたが，彼は自分の開発した管理方式をさまざまな作業現場に適用することを試みた。1898年には従業員 6,000 人の大企業ベスレヘム製鋼の能率顧問として迎えられ，金属削りの研究やズク運びの研究を行った後，1901 年に退社した。

　テイラーの開発した科学的管理法（scientific management）は 1910 年に起きた東部鉄道賃率事件によって広く知られるようになった。この事件はアメリカ東部の鉄道会社が「州際商業委員会」に運賃の値上げを申請したが，荷主側の反対にあい，紛争に発展した事件である。荷主側は鉄道会社の非能率を証明するために，何度も開かれた公聴会にアメリカ機械技師協会（American Society of Mechanical Engineers：ASME）の能率技師たちを招き科学的管理法の効果について証言させたのである。

　テイラーは 1880 年，ミッドヴェール製鋼の旋盤の組長になったのを機に管理の問題に取り組み，一連の実験を行った。ミッドヴェール製鋼時代の研究成果は 1895 年の論文「差別出来高払制」（a piece rate system, being a step toward partial solution of the labor problem）としてまとめられた。これはアメリカ機械技師協会のデトロイト大会において発表された論文で，その副題に見られるように，当時労使間の大きな問題となっていた賃金をめぐる対立を解決しようとする目的で書かれたものであった。具体的には，①要素的賃率決定部門，②差別出来高払制度，③日給制度で働く工具を最もうまく管理する方法と信ぜられるもの，の3点について説明することを目的としていた(1)。

　ベスレヘム製鋼時代には課業管理や職能的職長制についての研究に力が注がれ，その成果は 1903 年に『工場管理』（Shop Management）として公表された。ここでテイラーが目指したものは，①明確な法則を持った技術としての管理を明らかにすること，②「高賃金低労務費」（high wages and low labor cost）を実現するために，課業（task）の確立，作業の標準化，作業の管理組織の構築を行うことであった(2)。この『工場管理』においてテイラー・システムの体系が完成したと考えることができる。

　これに対して 1911 年に著された『科学的管理の諸原理』（Principles of Scientific Management）は『工場管理』における成果からむしろ後退したものと評価される(3)。この著書は，例証を用いて科学的管理の一般的原理を説明することを目的としていた。しかし，1911 年，ウォーター・タウン兵器廠の鋳物工を中心にテイラー・システムに反対する大規模なストライキが起こり，テイラーは世論の非難を回避するために，『工場管理』における課業管理の主張をあいまい化，抽象化させたと考えられる。

　彼の論文や著書は各国語に翻訳され，多くの国々で科学的管理法が導入されることになった。科学的管理法がいかに広範に浸透したかは，共産主義国ソビエト連邦のレーニンが，1918 年共産党機関誌「プラウダ」においてテイラー・システムのロシアへの導入の必要性を強調していることからも知ることができる。テイラーは 1915 年，59 歳で死去した。

第2節　科学的管理論の背景

　アメリカでは南北戦争をきっかけに市場が拡大したため，企業の大規模化が進んだ。1880年代には大量生産体制のもとで分業化が促進された。同時にこの時期には労働運動も激しくなり，1886年にはAFL（American Federation of Labor：アメリカ労働総同盟）が結成された。

　当時，アメリカでは工場制度が進展し，機械を導入した作業が普及していったが，それは「従来の技術と熟練に基礎をおいた作業組織と管理方式」，すなわち「万能的熟練工であった職長を中心とする従弟制度的作業管理体制」を崩壊させていった[4]。いわゆる熟練の機械への移転が起こり，大量の未熟練労働者の需要が高まったのである。

　また，この時期，アメリカには大量のヨーロッパからの移民が流入したため，多種の言語を母国語とする労働者の多くは英語能力を欠き，それが作業現場において「命令伝達の一大障害となった」ばかりか，「作業態度や道具の不統一」さえもたらされることになった。工場制度は「労働の細分化，標準化，画一化，常規化」とともに促進されてきたが，それは労働者が「判断力や高度の熟練を必要としないように仕事を単純化する方向に進められてきた」ということができる[5]。

　当時の生産現場においては作業能率を増大させるために刺激的な賃金制度が取り入れられていた。雇用主が一定の刺激的賃率を提示すると労働者はより多くの賃金を得ようと生産高を増加させる。すると雇用主はもともと賃率が高すぎたとして賃率を切り下げる，というようなことが繰り返された。雇用主のこのようなやり方に対応するために労働者がとった対策が「組織的怠業」（systematic soldiering）であった。

　すなわち，高い賃金を得ようとして生産高を増加させると賃率の切り下げにあうことになるから，労働組合は組合員である労働者に生産量を抑制するように命令を出す。労働組合の命令に違反した労働者には罰金が科せられるから，

労働者は敏速に仕事をしているように見せかけながら，実際には非能率に仕事をする。これが組織的怠業といわれるものであり，当時の生産現場における最も大きな問題であった。

　1880 年にはアメリカ機械技師協会（ASME）が設立され，組織的怠業の解消を目的として能率増進運動（efficiency movement）や管理運動（management movement）が展開された。アメリカ機械技師協会は創立当初は活動の中心を工業技術の研究に置いていた。しかし，当時のアメリカの技師たちが直面していた問題は組織的怠業による著しい能率の低下であり，アメリカ機械技師協会のメンバーは工場における能率問題への取組みをしだいに強めていかざるを得なかった。1886 年のアメリカ機械技師協会の年次大会において，同協会会長タウン（Towne, H.R.）の行った報告「経済人としての技術者」（The Engineer as an Economist）はこうした当時の技術者たちの置かれた状況を如実に反映するものであった。彼の報告は，技師は工学と同様に工場管理，とくに作業能率の問題にも取り組むべきである，というものであった。

　その後，アメリカ機械技師協会の技師たちによってさまざまな賃金制度が考察され，採用されることになった。同協会のメトカーフ（Metcalf, H.）やタウン，ハルシー（Halsey, F.A.）らは，「タウン分益制」や「ハルシー割増賃金制」などを提唱した。彼らの方式は，賃金収入の刺激によって労働者をより多く働かせようとする方法であり，創意と刺激の管理（management of initiative and incentive method）と呼ばれ，後にテイラーによって成行管理と呼ばれたものであり[6]，これによって組織的怠業をなくすことはできなかった。とはいえ，「ハルシー割増賃金制」は 1900 年頃からアメリカで広く採用されるようになっただけでなく，イギリス，ドイツ，日本などにおいても導入が進んだ。アメリカ機械技師協会はハルシーのこの功績を認め，1923 年に彼を表彰している。

第 3 節　課業管理

　すでに述べたように，19 世紀後半のアメリカでは，大規模生産の普及，多

数の移民労働者の流入，生産現場への機械の導入と大量の未熟練労働者の発生等々を背景に，テイラーもまたアメリカ機械技師協会の一員として組織的怠業の問題に取り組むことになった。

　テイラーは組織的怠業が起こる原因には次の3つがあると考える。まず第1は，労働者の間に浸透している誤解である。労働者は生産能率を増大させれば，より少ない労働者で同じ量の製品を生産することができるので，労働者は解雇されると考えた。しかし，テイラーによればそれはまったくの誤解であり，生産能率の増大は製品価格を引き下げ，製品に対する需要が増大するため失業は起こらないというものである。第2は，経営者の無知によって間違った管理法が行われていることである。彼は，経営者がそれぞれの仕事を遂行するために必要な適正な時間を知っていれば，組織的怠業は起こらないと考えた。第3は，生産高や能率の決定が，過去の経験などに基づいて目の子算方式で行われていたことである。テイラーは生産には唯一最良の方法と用具が追求されるべきであると考え，計画などの管理的職能は経営者が担当すべきであると主張した。

　あまりにもあいまいな能率基準によって賃率が決定されていることが組織的怠業の原因になっていると考えたテイラーは，能率基準を科学的な方法に基づいて決定しようと試みる。それはテイラーの経営学研究における最も大きな貢献と評価される課業管理（task management）として結実することになった。課業管理は課業の設定と課業の実現とから成る(7)。課業の設定は，1日の公正な作業量である課業を決定することである。テイラーは一流の労働者を基準にして，無駄のない，最も速い作業動作を研究し，標準的な動作とそれに要する標準時間を決定した。これは一流労働者の全作業を要素的動作に分解して，1つひとつの要素的動作に要する時間をストップ・ウォッチを用いて観察する方法で行われ，それぞれ要素時間研究（elementary time study），動作研究（motion study）と呼ばれた。従来，作業全体に必要な時間が経験的，想像的に決定されていたのに対し，テイラーは一流労働者の無駄のない動作をいくつかの要素動作に分解し，その最速の作業時間を測定することによって標準時間を決定したのである。

　課業の実現は，職能的管理組織（functional organization）および差別賃率制度（differential rate system）によって行われる。すなわち，テイラーは設定された課業をできるだけ完全に遂行するために，新しい管理組織と新しい賃金支払い制度を採用した。

　職能的管理制度は，従来の作業を執行的作業（performing work）と計画的作業（planning work）の2つに分け，執行的作業は労働者が，計画的作業は経営者が担当することとした。また計画部を設置し，頭脳的な仕事は計画部に集中し，労働者を頭脳的な仕事から排除した。

　また，これまでは1人の職長がすべての職能について労働者を監督・指導する責任を負う万能的職長制であったが，テイラーはこの万能的職長の担当していた職能を8つの職能に分割し，それぞれの専門的職能を1人の職長に担当させる職能的職長制（functional foremanship）を取り入れた。すなわち，①作業の手順係，②指図票作成係，③治具，工具，図面などの準備係，④作業の速度を指導する速度係，⑤検査係，⑥修繕係，⑦時間および原価の計算集計係，⑧工場規律をつかさどる工場訓練係の8人の職長がそれぞれの専門的職能について労働者すべての指導にあたることになった[8]。このうち①②⑦⑧が計画部における職長であり，③④⑤⑥の4人が執行的職長である。従来の職長が担当していた職能を8つの専門的職能に分割したため，1人の職長が担当する専門領域は狭められ，その負担は大幅に軽減されるため，労働者をより良く指導することができるだけでなく，職長の養成もより短期間に容易に行えることになった。

　ここで8つの職能についてより詳細に説明しておくことにしよう[9]。

　手順および順序係は，資材の通過経路すなわち時と場所と人を計画し決定したのち，工程図あるいは手順表によって，図式的あるいは時系列的にその経路を示す。

　指図票係は，手順表に示された各要素について，最も損失の少ない作業方法を詳細に記述して指図票を作成する。そして労働者と執行部門の職長にそれを交付する。

162

　時間および原価係は，工具によって，作業に要した時間が原価とともに報告されると，それに基づいて賃金と原価を計算する。

　訓練係は，訓練に係る組織内の問題をすべて扱う。意見の不一致や誤解を防止したり，また調停したりする。

　準備係は，教師的職能を行い，指図票に示された作業方法を労働者に説明する。

　速度係は，個々の作業が指図票どおりに正確な速度で，行われていくように看守し，時によっては，自分で機械の操作を教えなければならない。

　修繕係は，すべての機械を清潔かつ良好な状態に保ち，指図票どおりに修繕・分解掃除を行う。

　検査係は，品質について責任を持つ。作業の誤りを防ぐため，労働者の近くに立って，作業方法を正確に知らせるために，最初の仕事を最も注意深く検査する。

　差別賃率制度は，課業を達成できた労働者には高い賃率，達成できなかった労働者には低い賃率を適用する制度であり，テイラーの理念である「高賃金低労働費」（high wage and low labor cost）を実現する手段である。課業あるいは要素的作業時間が設定されても労働者がその標準作業時間に向けて働く保証はないが，差別賃率制度は労働者を標準作業に向けて最速で作業させる方向に仕向ける手段であるということができる。

第4節　精神革命論

　科学的管理法の普及とともに AFL を中心とする労働組合の科学的管理法反対運動もしだいに激しくなった。科学的管理法に反対して行われた，ウォーター・タウン兵器廠の大規模なストライキは1つの社会問題として捉えられた。アメリカ議会もこの事態を重く受けとめ，下院に「テイラー・システムおよび他の工場管理の制度を調査する議会特別委員会」が設置された。委員会は1912年1月25日から30日まで続けられ，テイラーは科学的管理法の意義や

効果について証言を行ったが，彼の精神革命論はこの議会証言の中で初めて登場する。

　テイラーは科学的管理法の本質は，労働者（工員）側と管理者ないし経営者側の双方が精神革命を起こすことであると主張し，次のように述べている。

　「（科学的管理法の本質は—引用者—）工具がその仕事に対し，その使用者に対し，自分の義務について，徹底した精神革命を起こすことである。同時に管理側に属する職長，工場長，事業の持主，重役会なども同じ管理側に属する仲間に対し，日々の問題のすべてに対し，自分の義務について，徹底した精神革命を起こすことである」[10]。

　テイラーは売上から諸費用を差し引いたものを剰余金と呼び，この剰余金が労使双方に分配されると考える。これまで労使双方はこの剰余金を「一方は賃金として，一方は利益として，できるだけ多くとろうとしていた」。これまでの労使間の争いはこの剰余金の分配をめぐって起こされたものであり，これが原因となって争議やストライキが起こったと述べている。そして剰余金の分配をめぐる争いが原因となって，労使は反目するようになり，互いを敵視するようになった。

　しかし，科学的管理法の実施の過程で，労使双方の精神的態度に大革命が起こり，労使双方は剰余金の分配をそれほど重要なことと思わないようになり，剰余金を増やすことを重視するようになると，テイラーは主張する。

　「互いに逆らって力をだすことをやめ，同じ方向に力をあわせて働くと，協力した結果として生まれてくる剰余金は非常に大きなものになってくる。反対と闘争にかえて友情的協働と助け合いとをもってすれば，この剰余金が今までよりもずっと多くなって，工員の賃金も増すことができ，製造家の利益も増すことができるようになる。

　これがすなわち大きな精神革命の始まりであり，これが科学的管理法にいたる第一歩である。まず，双方の精神的態度を全然かえてしまうこと，戦いにかえるに平和をもってすること，争いにかえて，兄弟のような心からの協働をもってすること，反対の方向に引っぱらずに，同じ方向に引っぱること，疑いの

目をもって監視するかわりに，相互に信頼し合うこと，敵にならずに友だちに
なることが必要である。

　この新しい見方に変わってくることが，科学的管理法の本質である。これが
双方の中心観念になった上でなくては，科学的管理法は成り立たない。この新
しい協働および平和の概念が，古い不和と争いの概念と入れ替わらなければ科
学的管理法は発展してこない」。

　科学的管理法が効果的に機能するための要件として，テイラーは精神革命の
ほかに科学性の確立をあげている。すなわち，労働者も管理者・経営者も，仕
事について用いられる方法，仕事をなし終える時間に関して，従来の古い個人
的な意見や判断ではなく，正確な科学的研究と知識に基づいてこれを決定すべ
きである，というものである。

　彼は精神的態度の変革と正確な科学的知識の採用を科学的管理法の不可欠の
要素として捉えている。

第5節　科学的管理に対する批判と労働組合

　テイラーの科学的管理法は労働者の強い反発を生み，社会的な問題にまでな
ったため，テイラーがアメリカ議会の公聴会において証言を迫られるような事
態にまで発展した。科学的管理法に対する批判について稲葉は①生産基盤から
生ずる批判，②技術的批判，③経済的・社会的批判の3つの側面から詳細にま
とめている[11]。ここでは稲葉の指摘した経済的・社会的批判の中から主要な
ものだけを取り上げることにしよう。

　まず，第1は，標準作業時間の決定が一流労働者を基準に設定されたため，
一般労働者にとっては労働の強化になるというものである。第2は，能率基準
の設定が経営者によって一方的に決定される場合には，その基準ができる限り
高く設定されるであろうということである。第3は，労働の強化により「8時
間中に10時間分の労働が詰め込まれ，能率増進によって9時間分の賃金が与
えられる」ということになれば，それは「本質的には賃金の切下げになる」と

いうものである。第4は，能率が標準以下であった場合に懲罰的に低い賃金を
課すことは労働者の生活を脅かす，というものである。第5は，テイラーの科
学的管理法は技能的個人能率向上主義であり，個人タスクの達成を志向するも
のであって，部門タスク，工場タスクではないから企業全体の利潤の最大化に
必ずしも合致しない，というものである。

　他方，稲葉は科学的管理法が労働の生産性を高めるのに大きな貢献をし，社
会主義諸国にも導入された点を高く評価し，テイラーの研究成果の意義を次の
3点にまとめている。

①　最良のものを，従来の伝習的経験的方法に比べるならば，分析的科学的な
　　方法であくまでも追求しようとした科学的批判的な態度
②　標準動作と標準時間の観念を提唱しようとしたこと
③　これらのことを直接に現場労働と取り組むことの中から研究していった研
　　究方法をとったこと

　ところで，科学的管理法は一般の労働者に労働の強化を求めるものであった
ため，労働組合の強い反発を招くことになり，AFLは1913年に科学的管理法
反対の決議を行った。元来人間は変化に対し不安を持ち抵抗しようとするが，
科学的管理法は当時の労働者の作業に大きな変化を求めるものであったため，
労働者の反発を生むことになった。また，科学的管理法は労働者を集団として
よりも個人として取り扱う性格を持っていたため，労働組合否定の性格を持つ
ものと労働組合は捉えた。さらに科学的管理法を十分理解していない経営者や
専門家が科学的管理法を実施することも多かったため，科学的管理法がうまく
機能せず，それが，労働組合が科学的管理法に反対する原因にもなった。

　労働組合は科学的管理法と管理における科学とを明確に区別し，管理におけ
る科学には反対しないが科学的管理法には反対するとして，以下のような反対
理由をあげている[12]。

① 科学的管理法は金銭的刺激による労働の強化である。それを回避するためには，労働者が経営上の諸点について参加することが必要である。

② 科学的管理法は労働を細分化，専門化してしまうため，熟練を消滅させ，熟練労働者を未熟練労働者の地位に押し下げてしまう。

③ 課業は一流労働者を基準に設定されるため，一般労働者には達成できない。

④ 科学的管理法は熟練と創意を破壊し，人間的要素を無視し労働者を機械として取り扱うものである。

⑤ 科学的管理法は，労働災害の危険を増大し，労働者の健康をむしばみ，彼らの活動期間，所得能力を減少させる。

⑥ テイラーの考え方および方法は，労働者に不利な，不当な損害を与えるような手段を雇用者に与え，ブラックリスト作成の可能性をつくりだす。

⑦ 計画樹立は経営者・管理者によって行われ，労働者は単にその指揮にしたがうのみでよいことになるから，経営者・管理者専制主義である。

⑧ 科学的管理法は労働組合無用論を含み，また労働者を個人主義化し，その団結力を弱める傾向を持っている。

　このように労働組合は科学的管理法に激しく反発したけれども，1914 年に第一次世界大戦が勃発すると，アメリカは軍需物資を中心としてヨーロッパへの物資の供給基地となり，生産の増強が強く要請されることになったため，労働組合も態度を軟化させ，労使の協調が始まり，科学的管理法の導入が進んだ。その結果，科学的管理法は幅広く普及するようになり，生産現場のみならず，配給や財務の領域にまでその原理が適用されるようになってきた。

　また，戦後の恐慌の際にも科学的管理法を実施している企業の方がむしろ失業も少なく，労働条件も良かったが，労働組合がこうした事実を正しく認識するようになった。さらに，第一次大戦後，一般に科学的調査への関心が高まり，労働組合も科学的調査に基づいて発言する必要性が高まったために，科学的管理法にも関心を持つようになり，団体交渉を通じて科学的管理法に協力するようになってきた。他方，経営者・管理者も科学的管理法を導入するためには労

働者の協力が不可欠であることを理解するようになり，その実施にあたっては事前に労働組合の了解を得るなど，労働組合に対し民主的に対応するようになってきた。科学的管理法の導入に関しては，当初労使の激しい軋轢があったにもかかわらず，第一次大戦後急速に普及していったのは，労働組合と経営者・管理者双方の対応にそれぞれこのような大きな変化があったためである。

第6節　科学的管理法の継承者たち

　テイラーの動作研究・時間研究はテイラーの死後も継承，発展させられていった[13]。ガント（Gantt, H.L.）はガント課業賞与制度（Gantt task and bonus plan）を考案した。これはテイラーの差別賃金制度において標準に達しない労働者の反発を緩和しようとする制度で，作業が標準時間を超えた時は時間給としての日給を支払い，標準時間内で終わった時は標準時間による賃金に20％を賞与として加えて支払うものである。

　ギルブレス（Gilbreth, F.B.）はテイラーのストップ・ウォッチによる動作研究をより精緻化し発展させた。すなわち，彼の微細動作研究（micro-motion study）は高速度映画の撮影機によって作業者の作業動作と高速の時計の針（12万分の1時間を記録できる）とを一緒に撮影することによって，微細動作の分析を行おうとした。しかし，この方法では動作の正確な経路や動作の長さを正確に測定することができなかったため，ギルブレスはさらに動作経路写真法と時間動作経路写真法を開発した。動作経路写真法は指や手などの体の各部分に豆電球をつけて作業動作を写真撮影するものである。現像された写真には動作経路が白線となって現れるため，無駄な動作を発見し，最良の動作を見つけ出すことができる。しかしこの方法では作業動作における時間を測定することができなかったので，彼は豆電球を一定の間隔で規則的に点滅させるなどの方法を考案した。これが時間動作経路写真法であり，これによって動作時間と動作のスピードを測定することができるようになった。彼はこの研究にさらにいくつかの工夫を加え，作業方法の改善と労働者の訓練に利用した。

　テイラーの職能的職長制は命令一元化の原則に反するため，指揮命令に混乱が生ずることになる。エマーソン（Emerson, H.）は職能的職長制における専門的職長による助言機能という長所を生かしながら命令の一元化を維持しうる管理組織として，参謀部制直系組織（line and staff organization）を提唱した。

　テイラーの科学的管理法における作業の標準化という側面を継承し，徹底して追求していったのはフォード（Ford, H.）である。フォード自動車は1908年にはすでにテイラー・システムを導入しており，フォード自動車の事例は「管理論の歴史において，標準化思想の徹底と科学的管理論の実践を示すケースとして」(14) 知られている。フォードにおける標準化は「消費者に対して最良の商品を十分なだけ，しかも最低のコストで生産できるようにするために，生産上のすべての最良の点（the best point）と，諸商品のすべての最良の点とを結合すること」(15) を意味し，彼の提唱した方法の標準化は「多くの方法の中から最良の方法を選び，それを用いること」(16) を意味する。

　フォードにおける方法の標準化は具体的には，1つの工場（組立て工場）は1つの製品だけを製造すべきであるとする①「単一製品の原則」（principle of a single product），1つの工場は1つの部品の製造に特化されるべきであるとする②工場の特殊化（specialization），生産における経済性を高めるためにはすべての部品が互換性を持つものとすべきであるとする③部品の互換性（all parts are interchangeable），さまざまな工場で製造された部品が組立て工場において不具合を起こさないようにするための④製造の正確性（accuracy in manufacturing），1つの作業のみのために用意された⑤単一目的機械（single-purpose machinery）をその内容としている。標準化と移動組立法，すなわちベルトコンベアを用いた組立て作業法を結合して採用することにより，フォードは生産コストを飛躍的に引き下げることに成功し，労働者に対する高賃金の支払いと製品価格の大幅な引き下げ，すなわちフォードの経営理念である「高賃金と低価格」（high wages and low prices）を同時に実現したのである。フォードは「テイラーによって一応集大成されたと考えられる科学的管理を，実践的，具体的，理論的に一層高度化，深化せしめた」(17) ということができる。

　さらに寺沢正雄は，テイラー・システムの展開・発展過程をトヨタ生産方式にまで連なる，4段階のより広いタイムスパンで捉えている[18]。すなわち，テイラー・システムの経営管理システムとしての展開の第1期は，「工場の生産管理の科学化を意図する時期」である。第2期はフォード・システムであり，「テイラー・システムの生産管理方式を基盤として，ビッグ・ビジネスとしての自動車産業の経営に応用」した段階である。第3期はドラッカー・システムである。これは「統合経営管理組織（integrated management system）または情報管理組織が発展する時期」の大規模企業の経営管理システムであり，ドラッカーは具体例としてゼネラル・モーターズの経営方法をあげて説明している。第4期は，トヨタ生産方式であり，「情報管理組織の基盤の上に，世界各国が独自の工夫をこらして開発する経営管理組織」の発展段階である。寺沢はトヨタ生産方式を「テイラー・システムとフォード・システムを基盤として，日本の自動車産業のになう宿命ともみられる多種少量生産のなかに，大量生産の利益と効果を取り入れるため，日本の風土に合わせて研究開発されたもの」と捉えている。

【注】

（1）上野陽一訳・編『科学的管理法』産業能率大学出版部，1966年，3〜4ページ。
（2）相馬志都夫「テイラー」車戸　實編『経営管理の思想家たち』早稲田大学出版部，1987年，15ページ。
（3）松岡磐木「古典的経営管理論」高宮　晋『現代経営学の系譜』日本経営出版会，1969年，24ページ。
（4）相馬，前掲稿，7ページ。
（5）同上稿，8ページ。
（6）稲葉　襄『企業経営学要論』中央経済社，1991年，201〜202ページ。
（7）以下，稲葉，前掲書，207〜213ページによった。テイラーの用いた専門的用語には異なった日本語の訳が当てられているものもあるが，ここでは原則として稲葉のものを用いた。
（8）同上書，208ページ。
（9）相馬，前掲稿，18〜19ページ。

170

(10) 以下のテイラー証言については，米国議会議事録第 3 巻 1300 ～ 1508，1912 年，上野陽一訳「科学的管理法特別委員会における供述」上野陽一訳・編『科学的管理法』産業能率短大出版部，1969 年，337 ～ 541 ページによっている。

(11) 稲葉，前掲書，213 ～ 218 ページ。

(12) 同上書，223 ページ。稲葉のあげる以下の反対理由は主として AFL による反対理由であるが，これについてはホクシー・レポートに詳述されている。次を参照のこと。Hoxie, *Scientific Management and Labor*, 1915.

(13) 同上書，218 ～ 221 ページ。

(14) 坂井正廣「アメリカ経営学の発展」高柳・飯野編『新版　経営学 (1) 総論』有斐閣，1975 年，24 ページ。

(15) H. Ford, *Today and Tomorrow*, 1926, p.80（稲葉　襄監訳『フォード経営』東洋経済新報社，1968 年，100 ページ）。

(16) *Ibid*, p.80（訳書 100 ページ）。

(17) 工藤達男「フォード」車戸　實編『新版　経営管理の思想家たち』早稲田大学出版部，1987 年，41 ～ 42 ページ。

(18) 寺沢正雄「テイラーの科学的管理法」小林康助編著『アメリカ企業管理史』ミネルヴァ書房，1985 年，226 ～ 229 ページ。

◆参考文献◆

稲葉　襄『企業経営学要論』中央経済社，1991 年。
上野陽一訳・編『科学的管理法』産業能率短大出版部，1969 年。
佐久間信夫・坪井順一編著『現代の経営管理論』学文社，2002 年。

第9章
ファヨールの管理過程論

第1節　ファヨールの生涯と主要業績

経営管理論の創始者アンリ・ファヨール（Fayol, H.）は 1841 年，フランスの建設技師であった父親の赴任先コンスタンチノープルで生まれた[1]。彼は少年時代を，ボスポラスの海岸で，鉄橋の建設工事を眺めながら過ごした。フランスに戻ったファヨールはパリの中学校を卒業して，1958 年サンテチェンヌ鉱山学校（École Nationale des Mines de Saint-Étienne）に入学し，技師の資格を取得して，1860 年コマントリ・フールシャンボール鉱業会社に入社した。この会社は一般にはコマンボール（Comambault）と呼ばれており，ファヨールは 25 歳の若さで鉱業所長に就任，要職を歴任した後，経営危機に直面していた会社を立て直すために 1888 年，同社の社長に就任した。彼は新しい管理方式の採用などによって，1885 年以降無配を続けていた同社の経営を再建することに成功した。

彼がコマンボール社の再建に用いた方法は，老朽化した工場を閉鎖し，効率の高い工場に生産を集中すること，研究開発を重視したことなどであるが，とりわけ，ファヨールが述べているように「自ら革新的な管理方法による成功」でもあった。経営危機の会社をわずか数年で建て直したばかりでなく，その後 20 年以上にわたって高い業績をあげ続けたことについて，ファヨールは，「同一の鉱山，同一の工場，同一の財源，同一の販路，同一の取締役会，同一の従業員であったにもかかわらず，ただ管理の革新的方法の影響のみによって，会

社は衰退への歩調と同じ歩調で上昇していった」と述べ，管理の重要性を強調している⁽²⁾。

彼は管理の重要性と管理教育の必要性を早い時期から説いていたが，その主張は 1916 年，「産業ならびに一般の管理」(Administration Industrielle et Générale) の表題で *Bulletin de la Société de l'Industrie Minérale* という雑誌に掲載された。経営学史における不朽の名著といわれるこの論文が単行本として刊行されたのは 1925 年であり，英訳が刊行されたのは 1929 年であったため，彼の理論がフランス以外の国々に紹介され評価されるようになったのは相当後になってからであった。

ファヨールは管理を企業以外の，政治や宗教などのすべての組織体に適用可能なものと捉え，これらの組織体に共通の管理原則を提示し，理論化しようと試みた。彼は管理が予測し，組織し，命令し，調整し，統制するという一連の過程を通して実践されると主張したことから，彼の理論は管理過程論と呼ばれている。彼の理論を高く評価し継承したアーウィック (Urwick, L.F.)，デイヴィス (Davis, R.C.)，クーンツ (Koontz, H.)，ニューマン (Newman, W.H.) などは管理過程学派と呼ばれている。

1918 年，ファヨールはコマンボール社を退職し，管理学研究所 (Centre d'Etudes Administrative) を設立して管理論の普及に努めると同時に，政府の要請に基づいて行政機関や軍隊の管理についての調査・研究を行った。この管理研究所は，1920 年にフランス・テイラー派によって設立された「フランス科学的管理協会」と合併し，フランス管理協会 (Comité National de l'Organisation Française) に発展した。後は 1925 年，84 歳で死去した。

第 2 節　企業管理と管理教育

ファヨールはまず，規模の大小を問わず，あらゆる企業に見出される活動として 6 つの活動をあげている⁽³⁾。

① 技術活動——生産，製造，加工
② 商業活動——購買，販売，交換
③ 財務活動——資本の調達と管理
④ 保全活動——財務と従業員の保護
⑤ 会計活動——財産目録，貸借対照表，原価，統計など
⑥ 管理活動——予測，組織，命令，調整，統制

　これら6つの活動は企業活動の本質的な職能であり，より詳細には次のように説明される[4]。

① 技術的職能

　技術活動の多様性，あらゆる性質（物的，知的，道徳的）の製品が一般に技術者の手で作られている事実，職業学校における教育がもっぱら技術的教育であること，技術者に与えられる就職口などをみれば，技術的職能の重要性は明らかである。しかし，技術的職能がすべての職能の中で常に最も重要な職能というわけではない。本質的な6つの職能は相互依存の関係にある。

② 商業的職能

　購買することおよび販売することの知識は，うまく製造する知識と同じように大切である。商業的手腕は，鋭敏性や決断性とともに，市場や競争者の力についての深い知識，長期の予測，さらに大規模事業の経営にあっては，業者間協定の実務経験を必要とする。

③ 財務的職能

　資金を調達するためにも，余剰資金を利用してできるだけ多くの利益をあげるためにも，上手な財務管理を必要とする。成功のための本質的な条件は，企業の財政状態をいつも正確に把握していることである。

④　保全的職能

　保全的職能は財産や従業員を窃盗や火災や洪水から保護し，ストライキ，テロや陰謀を避けることを使命とする。

⑤　会計的職能

　会計的職能は企業の推移を見る，いわば視覚器官である。企業の状況についての正確な観念を与える簡潔で明確な優れた会計は，経営の強力な一手段である。産業大学校は会計教育に対して無関心であるが，これは会計的職能の役割の重要性が認識されていないためである。

⑥　管理的職能

　事業の全般的活動計画を作成すること，組織体を構成すること，諸努力を調整すること，諸活動を調和させることは，通常管理と呼ばれる職能であるが，これらは上記5つの職能の中に含まれない固有の職能である。計画，組織，調整，統制に加え，管理と密接に入り交じっている命令も管理概念に含める。

　企業の本質的活動が6つの職能から成ることを指摘したファヨールは，中でもとりわけ管理職能が重要であると主張する。管理することは具体的には以下のことを意味する[5]。

(1) 計画することとは，将来を探求し，活動計画を作成することである。
(2) 組織することとは，事業経営のための，物的および社会的な，2重の有機体を構成することである。
(3) 命令することとは，従業員を職能的に働かせることである。
(4) 調整することとは，あらゆる活動，あらゆる努力を結合し，団結させ，調和を保たせることである。
(5) 統制することとは，樹立された規則や与えられた命令に一致してすべての行為が営まれるよう監視することである。

管理は企業の社長や経営者だけに特有の職能ではなく，他の5つの企業活動における本質的職能と同様，組織体のトップと構成員間で分担されるべき職能である。また，ファヨールは管理（administration）と経営（government）を明確に区別する。経営することとは，企業に委ねられているすべての資源からできるだけ多くの利益をあげるよう努力しながら企業の目的を達成するよう事業を運営することである。つまり，企業活動の本質的な6つの職能を確保することである。これに対して管理は，経営がその進行を確保しなければならない6職能の1つにすぎない。

ファヨールは，上記の6つの職能を遂行するためにはそれぞれ専門的能力が必要であると述べている。すなわち，技術的職能を遂行するためには技術的能力が，商業的職能を遂行するためには商業的能力が必要であり，管理的職能を遂行するためには管理的能力を必要とするのである。これらの6つの能力は次のような資質および知識の全体を基礎としている[6]。

(1) 肉体的資質　―　健康，体力，器用さ
(2) 知 的 資 質　―　理解習得力，判断力，知力と柔軟性
(3) 道徳的資質　―　気力，堅実性，責任をとる勇気，決断力，犠牲的精神，機転，威厳
(4) 一般的教養　―　専門的に訓練されている職能領域以外の種々な一般的知識
(5) 専門的な知識　―　技術，商業，財務，管理などの職能に関する知識

企業活動のための本質的な職能はこれらの資質と知識を含んでいなければならない。そしてファヨールは，実際の企業活動において本質的な職能がどの程度重要とされるかは，企業の規模や職能の分担状況によって異なってくると主張している。

一般に，上位の責任者であればあるほど管理的能力の重要性が増大し，企業規模が大きくなればなるほどその経営者の管理的能力の重要性が増大する。し

かし，当時のフランスの実業学校においては管理能力を養成するための科目は
まったく設けられておらず，管理能力は実務経験の中でしか修得することがで
きなかった。ファヨールは管理能力もまた他の技術的能力と同様にまず学校に
おいて修得されるべきものであると主張する。そして彼は，フランスの実業学
校において管理教育が行われていないのは，管理教育のための教理（doctrine）
が欠けているためであるので，まず管理の教理を確立すべきであると考える。

　教理の確立はそれほど難しいことではない。「ただ何人かの偉大な経営者た
ちが，事業の経営を容易にする最も適当と思われる原則とその原則の実現に最
も有効な方法についての彼らの個人的な見解を発表しようと決意すればよいの
である。これらの諸見解の比較と討論からやがて原則という光が現われてくる
であろう」[7]。すなわちファヨールは，成功した複数の経営者たちの経験から
導き出された最高の管理法をさらに検討し，洗練することによって管理の教理
を確立することができると考えたのである。

　管理能力は企業だけでなく，政府や家庭においてさえ必要とされるから，国
民のあらゆる階層において管理教育が必要であり，教育水準もさまざまなレベ
ルにおいて準備されなければならない。すなわち，管理教育の水準は「小学校
では初歩的であり，中学校ではやや拡大されたものであり，高等学校では十分
に展開されたものであるべきである」[8]と述べている。

第3節　管理原則

　あらゆる組織体には管理機能が必要である。そして管理機能を遂行するため
には，判断の基準となる原則が必要となる。管理原則はそれを適用する際に厳
密なものでもなければ，絶対的なものでもない。同一の原則を同じような条件
の中で二度適用するようなことはほとんどない。状況は多様で変化しやすい
し，人間や他の要素も多様で変化しやすいためである。したがって原則の適用
にあたっては柔軟性が重要であり，原則を使いこなすには知性，経験，決断，
節度などを必要とするのである。さらに，管理原則の数は特に限定されるわけ

ではないが，ファヨールは彼が最もよく用いたものとして14の管理原則をあげている。

① 分業の原則

② 権限・責任の原則

③ 規律の原則

④ 命令の一元性の原則

⑤ 指揮の統一の原則

⑥ 個人的利益の全体的利益への従属の原則

⑦ 公正な報酬の原則

⑧ 権限の集中の原則

⑨ 階層組織の原則

⑩ 秩序の原則

⑪ 公正の原則

⑫ 従業員の安定の原則

⑬ 創意の原則

⑭ 従業員団結の原則

　これらの管理原則のうち経営管理論の中でよく知られている①〜⑤について，ファヨールの解説にしたがい，詳細に見ていくことにする⁽⁹⁾。

　① 分業の原則

　分業は同じ努力でより多く，またよりよい生産を可能にする。常に同じ仕事を繰り返す労働者，同じ業務を絶えず処理する管理者は，熟練，信念と正確さを取得して，その結果，それぞれの能率を増進することになる。仕事を変えることはそのたびごとに適応のための努力を必要とし，そのために生産は減退する。分業はその結果として職能の専門化と権限の分化をもたらす。

②　権限・責任の原則

　権限とは命令を下す権利であり，これに服従させる力である。職能に結びついた力である権限と，学識，経験，道徳評価，業績などから形成される個人的権威とは区別されなければならない。個人的権威は権限に欠くことのできない補完物である。

　権限が行使されるところには常に責任（権力の行使に伴う制裁）が生ずる。権限に基づく制裁，すなわち賞罰は，優れた管理のための条件の1つである。権限の濫用とトップの弱体化とを防ぐことはトップの高い道徳的価値にかかっている。

③　規律の原則

　規律は，本質的には，服従，勤勉，活動，態度であり，企業と従業員との間に締結された協約に従い，これを守ることである。協約が変われば規律も変わるが，優れた企業経営には規律が絶対的に必要であり，またどんな事業も規律なくしては繁栄しない。規律を作成し，これを維持する最も有効な方法は次の3つである。

　a．すべての組織段階に優れた管理者をおくこと

　b．できるだけ明瞭で，できるだけ公正な協約をつること

　c．適正な判断で賞罰の制裁を行うこと

④　命令の一元性の原則

　職務担当者はどんな行為をするにあたっても，ただ1人の管理者からのみ命令を受けなければならない。命令の2元性はしばしば見られるが，そのような場合には，権限は害され，規律は損なわれ，秩序は乱され，安定は脅かされる。

⑤　指揮の統一の原則

　同一の目的を目指す諸活動の組織体は，ただ1人の指揮者とただ1つの計画を持つべきである。これは行動の統一，諸力の調整，努力の集中のための必要

な条件である。

　これら14の管理原則はファヨールが最もよく用いてきたものであるが，彼の個人的見解にすぎないので，多くの人々によってさらに検討され，一般に広く認められるような管理法典（code administratif）に編集される必要があると彼は述べている。管理原則は航海において進路を決定させる灯台のようなものであり，原則がなければ闇夜に方向を見失うことになり，またたとえ立派な原則があったとしても経験や節度がなければそれを経営活動に活かすことができない。

第4節　管理の要素

　ファヨールは管理の機能が，計画（予測），組織，命令，調整，統制の5つの要素から成ると考える。

　「計画すること」とは具体的には，活動計画を策定することである。活動計画とは目標とされる成果であり，従うべき活動方針であり，超えるべき発展段階であり，とるべき手段でもある。活動計画の策定はすべての事業経営において最も重要であり，かつ最も困難な活動の1つである。活動計画は，①企業の保有する資源（土地・建物などの不動産，機械・原料・資金などの動産，従業員，生産力，販路など），②現に営まれている事業活動の性質と重要性，③将来の可能性（部分的には技術的・商業的・財務的諸条件などの可能性）に基づいて策定される。ファヨールは大規模な鉱山会社における活動計画の作成方法を例示した後，「活動計画は企業の保有する資源の利用と目的達成のために使用すべき最良の手段の選択を容易にする」[(10)] と述べている。

　企業を「組織すること」は，原材料，設備，資本，従業員など，事業の運営に有用なあらゆるものを企業に備えることである。組織は物的組織と社会的組織に区別されるが，ここで問題とされるのは社会的組織である。

　社会的組織は階層的に構成され，従業員の人数が多くなるほど階層数が増大する。いま1人の経営者が15人の労働者を部下に持つことができるとすると，

180

階層数は２つであり，労働者の数がこれ以上多くなる場合には経営者と労働者の間に職長が仲介者として入らなければ労働者の監督ができなくなる。1 人の職長が監督できるのは労働者 15 人までであるので，60 人の労働者に対しては 4 人の職長が必要である。経営者はこの 4 人の職長を介して社会組織を監督するが，経営者が同時に監督できるのは職長 4 人までであるので，労働者がこれ以上に増加する場合には職長と経営者の間に課長を置かなければならなくなる。この課長も職長 4 人までが監督の限界であるので，それ以上に労働者が増えた場合には課長と経営者の間にさらに責任者を置かなければならなくなる。そこで社会的組織の構成は図のように階層的に形成されることになる。

　企業規模が拡大するとともに機関の数も増加するが，ファヨールは株式会社においては次のような機関を区別することができると述べている。

図表 9 － 1

最初の長	C^0,	....	15
——	C^1,	....	60
——	C^2,	....	240
——	C^3,	....	960
——	C^4,	....	3,840
——	C^5,	....	15,360
——	C^6,	....	61,440
——	C^7,	....	245,760
——	C^8,	....	983,040
——	C^9,	....	3,932,160
——	C^{10},	....	15,728,640
——	C^{11},	....	62,914,560
——	C^{12},	....	251,658,240

（訳者注）原本は C とあるが，任意の段階の 4 人の長が，C^n であるから，最初は C^0 でなければならないので訂正した。つまり 4^0 は 1 だから，1 人の職長に労働者 15 人になる。C では 4 となって誤りとなる。
出所：H. ファヨール著，山本安次郎訳『産業ならびに一般の管理』ダイヤモンド社，1985 年，101 ページ。

a．株主集団

b．取締役会

c．全般的管理者（社長）とその参謀

d．地域ならびに地区の管理者

e．技師長

f．部課長

g．工場長

h．職長

i．労働者

　社会的組織の担当者あるいは構成要素は，たとえば大規模な工業企業においては，労働者，職長，係長，課長，部長，技師長，管理者，全般的管理者などがあげられる。社会的組織の価値は，これらの責任者の資質にかかっているが，大規模企業の責任者に求められる条件は，① 何よりもすぐれた経営管理者であること，および ② 企業の特徴的な専門的職能に関するかなり大きな能力を持っていることの2つである。

　社会的組織を構成することやこれを監督することは，組織図を作ることによってより容易に行うことができる。組織の一覧図表によって組織の全体像，諸部門とその限界，階層組織の各段階などを一目で把握することができる。それはまた，部門の重複または侵害，命令の2元性，所属の明瞭でない職能，専任の責任者の欠如などといった組織の欠陥に目を向けさせることになる。

　社会的組織が構成されると，次にこれを機能させることが問題となるが，これが「命令すること」の使命である。この命令という使命は企業の各階層の管理者によって分担され，各管理者はその担当する組織単位について権限と責任を持つ。各管理者にとって命令の目的とするところは，企業全体の利益のために，自分の担当する組織単位の構成者に，できるだけ有利な働きをさせることである。

　「調整すること」というのは，企業の活動と成功とを容易にさせるように，

すべての事業活動を調和させることである。換言すれば，調整することとは，事物と行為に適切な割合を与えることであり，手段を目的に適応させることである。したがってよく調整された企業には次のような事実が見られる。

① 経営の各部門は他の部門と歩調を合わせて活動する。すべての活動が秩序を保ち，確実さをもって遂行される。

② 各部門においては課や係が共同の仕事において担当すべき役割と，互いに手を貸し合わねばならない相互援助について正確に情報を与えられている。

③ 諸部門と各部門内の課の進捗計画は，絶えず周囲の状況と調和が保たれている。

これに対してよく調整されていない企業には次のような徴候が見られる。

④ 各部門が他の部門を無視するか，あるいは無視しようとする。各部門は隣接する部門も企業全体も気にすることなく，あたかもその部自体が目的であるかのように行動する。

⑤ 同じ部門の中の課や室の間に，異なる部門との間におけるような完全な仕切りが存在する。

⑥ 人々はだれも全体の利益を考えない。創意工夫も献身の精神も存在しない。

これらの徴候は不調整に起因するものであり，部門責任者の会議によってこの不調整を解決することができる。

「統制すること」とは，すべての事物が，採用された活動計画，与えられた命令，承認された原則に従って行われているかどうかを確かめることである。統制の目的は間違いを修正して，これを繰り返すことを避けるように警告を発することである。統制は事物，人間，行為などすべてに適用される。

管理的見地からみれば統制は，活動計画が存在すること，その計画が日々執行され維持されていること，社会的組織が完成されていること，従業員の一覧表が用いられていること，命令が原則に従って発令されていること，調整の会

議が行われていること，などという事実を確保するものでなければならない。統制は管理的見地のほか，商業的見地，技術的見地，財務的見地，保全的見地，会計的見地からも行われなければならない。

第5節　ファヨール管理論の特質と管理過程学派

　ファヨールは企業活動が6つの活動から構成されていることを示した。このように企業活動の構成要素を明確に提示し，その中でも特に管理的活動が重要であることを指摘したのはファヨールが最初である。彼はさらに，管理職能が計画，組織，命令，調整，統制という5つの要素から成ることを指摘し，その1つひとつを詳細に検討している。彼の管理概念は今日の経営学に広く継承されており，これが，彼が「近代管理論の真の父」と呼ばれるゆえんである。

　ファヨールの管理論の特質は彼の活動計画についての理論および組織理論に見出すことができる[11]。まず活動計画論であるが，その中核は予算である。彼は活動計画にあらわれる生産要素を予算の形で統一的に把握した。そして予算には経営活動の統制基準としての役割も意図されている。

　一方，組織はファヨールがあげた管理の5つの要素のうちの1つにすぎない。しかし，彼の著書においてこの組織についての記述は5要素全体の半分以上（99ページ中の57ページ）を占めており，5つの要素の中でも彼がとりわけ組織を重視していることがここからもわかる。「むしろ彼の管理論全体を1つの組織論とみることも可能」であり，「たとえば，彼の14の管理原則の大部分は，そのまま組織原則といい得るもの」[12]であるとも考えられる。

　ファヨールはテイラー（Taylor, F.W.）の科学的管理法を高く評価しながらも，テイラーの職的職長制度については，命令一元性の原則に反し命令系統を混乱させるとして厳しく批判している。そして，ファヨールは命令の一元性を維持しつつ，全般管理者の負担を軽減し，職能専門化の利点も引き出すことのできる組織として参謀部を提唱したのである。

　テイラーの研究が能率技師として労働現場における作業の能率化や作業の標

図表9－2　マネジメントプロセスの分類

	計画	組織化	経営要素の調達	要員化	動機づけ	指令	命令	行動化	調整	統制
Fayol, H.	○	○					○		○	○
Brech, E. F. L.	○				○				○	○
Davis, R. C.	○	○								○
Newman, W. H.	○	○	○			○				○
Terry, G. R.	○	○						○		○
Koontz, H. & O'Donnell, C.	○	○		○		○				○
Allen, L. A.	○	○			○				○	○
Fox, W. M.	○									○

出所：杉本　常「ファヨール」車戸　實編『経営管理の思想家たち』早稲田大学出版部，1987年，34ページ。

準化を目的としたものであるのに対し，ファヨールのそれは経営者として企業全体の管理組織の合理的な運営を目的とするものであった。下位の管理階層である作業現場の管理を研究対象とするテイラーの研究と企業全体ないし上位の管理階層を研究対象とするファヨールの相違は，2人の実務における経験の相違からきたものである。

　テイラーの主たる関心は課業を設定し，作業を標準化することによって，作業能率を向上させることにあった。彼は職長の職能を執行的職能と計画的職能に分け，計画的職能を作業現場から奪い取り，管理者の手に委ねてしまった。そして8人の職長が同時に労働者を監督・指導する職能的職長制を提唱したのであるが，これら8人の職長間の調整の難しさの問題はほとんど考慮されていなかったように思われる。これに対して，経営者として部門間や部門内の各セクション間の調整の困難さを十分経験してきたファヨールは，組織が1つの目的に向かって順調に活動を進めるためには調整が重要な管理の要素であるということを十分認識していたのである。

　管理がいくつかの過程的要素から成るというファヨールの管理概念は，その後多くの研究者によって継承・発展させられていくことになったが，この理論の継承者たちは一般に管理過程学派（management process school）[13] と呼ばれている。彼らはファヨールが提示した管理の5つの要素の他にさまざまな要素を追加し提示している。

　彼はまた，管理を企業だけでなく，あらゆる組織体に適用可能なものとして捉えた。この考え方は近代的組織論の研究者に継承されていくことになった。さらに彼は経営と管理を明確に区別し，経営を企業目的を達成するための職能と捉え，したがってトップ・マネジメントの職能と捉え，組織のあらゆる階層において必要とされる職能である管理と区別した。

　ファヨールによって始められた管理原則と管理過程についての研究は，その後多くの研究者によって受け継がれ，今日の経営管理論，組織論に発展させられていった[14]。まずイギリスのシェルドン（Sheldon, O.）は，その製菓会社経営者としての経験を踏まえ，企業の社会的責任を重視する立場から書かれた彼の主著の中で，経営管理の原則をあげている[15]。アメリカのフォレット（Follett, M.P.）も1925年から1932年にかけての彼女の講演の中で独自の管理原則を提唱した。彼女はもともと政治・社会思想家として多くの社会事業に携わっていたが，しだいに政治・社会問題から経営管理問題へと関心を移してゆき，「経営管理の科学化」を目指した。彼女の講演集は彼女の死後，アーウィックによって編集され公表された[16]。

　この他，長期にわたってイギリス経営学界を代表する立場にあり，国際経営者協会の指導的地位にあったイギリスのアーウィックはファヨールの管理論を紹介する著書の中で経営管理原則の体系化を試みた[17]。また，いくつかの会社の副社長などを経た後，経営組織の研究に従事したアメリカのブラウン（Brown, A.）は，経営組織一般の原則の確立と原則の経営組織への適用を試みた[18]。

　第2次大戦後，管理過程の分析と管理原則の体系化を行ったアメリカのニューマンや管理原則と管理過程の研究によって経営管理の体系化を試みたイギリスのブレック（Brech, E.F.L.）らが管理過程論の発展に貢献した。第2次大戦

後は，ケース・スタディのアプローチや人間関係論など経営学の他の分野における研究も進展した[19]。その結果，経営学の他の研究分野における研究成果も管理過程学派に取り込むべきだとする「修正経営管理過程学派」を提唱したアメリカのテリー（Terry, G.R.）や，経営学の学派分類を行い，管理過程論の立場から「経営の統合理論」を提唱したクーンツ＝オドンネル（Koontz, H. & O'Donnell, C.）らが研究成果を公表した[20]。実務と経営コンサルタントとしての豊かな経験を持つアメリカのアレン（Allen, L.A.）は管理原則を重視した著作を公表した[21]。

【注】

（1）H. ファヨール著，山本安次郎訳『産業ならびに一般の管理』ダイヤモンド社，1985 年，217 ページ。ファヨールの生涯については山本訳書の巻末の「解説」に詳述されているので，以下のファヨールの生涯についてはこれによっている。なお，ファヨールのこの著書の日本語訳書にはこの他に，都築　栄訳『産業ならびに一般の管理』風間書房，1964 年，佐々木恒夫訳『産業ならびに一般の管理』未来社，1972 年がある。本章では山本訳を用いた。

（2）同上訳書，221 ページ。

（3）ファヨール理論の整理に次の文献を利用した。工藤達男『経営管理過程論の史的展開』学文社，1979 年。

（4）前掲訳書，5 〜 8 ページ。

（5）同上訳書，9 ページ。

（6）同上訳書，11 〜 12 ページ。

（7）同上訳書，25 ページ。

（8）同上訳書，26 ページ。

（9）同上訳書，32 〜 70 ページ。

（10）同上訳書，89 ページ。

（11）杉本　常「ファヨール」車戸　實編『経営管理の思想家たち』早稲田大学出版部，1987 年，35 〜 37 ページ。

（12）同上稿，36 ページ。

（13）今日の経営学研究をいくつかの学派に分類し，ファヨールに連なる学派を管理過程学派と名付けたのはクーンツ（Koontz, H.）である。H. Koontz, ed, *Toward a Unified Theory of Management*, 1955.

(14) 工藤，前掲書，111 〜 112 ページ。

(15) *The Philosophy of management*, 1923（田代義範訳『経営管理の哲学』未来社，1974年）.

(16) L.F. Urwick, ed, *Freedom and Co-ordination*, 1941（斉藤守生訳『フォレット経営管理の基礎』ダイヤモンド社，1963 年）.

(17) L.F. Urwick, *The Elements of Administration*, 1943（堀　武雄訳『経営の法則』経林書房，1971 年）.

(18) A. Brown, *Organization*, 1945.

(19) W.H. Newman, *Administrative Action*, 1951（高宮　晋監修・作原猛志訳『経営管理』有斐閣，1958 年）. E.F.L. Brech, *Management*, 1948（植野郁太郎訳『経営管理』三和書房，1953 年）.

(20) G.R. Terry, *Principles of Management*, 1953. H. Koontz & C. O'Donnell, *Principles of Management : An Analysis of Managerial Functions*, 1955（大坪　檀・高宮　晋・中原伸之訳『経営管理の原則 1 〜 4』1965 〜 66 年）.

(21) L.A. Allen, *Management and Organizatin*, 1958（高宮　晋訳『管理と組織』ダイヤモンド社，1958 年）.

◆参考文献◆

Koontz, H. &O'Donnell, C., *Principles of Management : An Analysis of Managerial Functions*, 1955（大坪　檀・高宮　晋・中原伸之訳『経営管理の原則 1 〜 4』，1965 〜 66 年）.

Urwick, L. F. ed, *Freedom and Co-ordination*, 1941（斉藤守生訳『フォレット経営管理の基礎』ダイヤモンド社，1963 年）.

雲嶋良雄『経営管理学の生成』同文館，1964 年。

佐々木恒夫編訳『公共心の覚醒―ファヨール経営管理論集』未来社，1970 年。

佐々木恒夫『現代フランス経営学研究』文眞堂，1981 年。

佐々木恒夫『アンリ・ファヨール―その人と経営戦略，そして経営の理論』文眞堂，1984 年。

杉本　常「ファヨール」車戸　實編『経営管理の思想家たち』早稲田大学出版部，1987 年。

徳重宏一郎『経営管理要論』同友館，1986 年。

山本安次郎『フェイヨル管理論研究』有斐閣，1955 年。

山本安次郎「フランス経営学説」『現代の経営学説』現代経営学講座第 5 巻，有斐閣，1959 年。

山本安次郎訳『産業ならびに一般の管理』ダイヤモンド社，1985 年。

第10章
人間関係論と行動科学

第1節　はじめに

　経営管理理論は20世紀から考察され，ウェーバー（Weber, M）の官僚制論，テイラー（Taylor F. W）の科学的管理論，ファヨール（Fayol, H）の管理過程論による古典的管理論が主流であった。古典的管理論は，課業に適合した人間を配置し，管理者が命令を下せば組織が有効に稼動する人間観である機能人（functional man），または，賃金などの経済的誘因と生産能率との間に単純な正の関係が成立する人間観である経済人（economic man）の仮説のもとで展開され，人間の合理性に基づいた経営管理システムの確立が提唱されていた。

　1930年代以後，このような古典的管理論の人間観仮説と組織観を批判し，それに代わる理論として心的感情や心的態度に影響される人間観である社会人（social man）の仮説にもとづく人間関係論（human relations theory）がメーヨー（Mayo, E）とレスリスバーガー（Roethlisberger, F）によって提唱された。

　メーヨーは，ホーソン実験（hawthorne experiment）を通して人間関係論という新分野を開拓した。メーヨーとともにホーソン実験に参加し，その結果をまとめたレスリスバーガーは，経営における感情や社会的関係などの人間的要素の重要性を指摘し，経営学研究に大きな影響を及ぼした。人間関係論は，人間の合理的な側面よりも心理的・非合理的な側面に焦点を合わせた管理論であり，その後のリーダーシップ論（leadership theory）や動機付け理論（motivation theory）などの行動科学的管理論（behavioral science theory）の源流となっている。

本章では，人間関係論の発見につながるメーヨーのホーソン実験とその実験を理論化したレスリスバーガーの人間関係論，人間関係論から組織構成員の労働への動機付けを組織行動に関連づけた主要な行動科学管理論として，リッカート（Likert, R）のリーダーシップ論およびマズロー（Maslow, A）およびマグレガー（McGregor, D）の動機付け理論について検討する。

第 2 節　ホーソン実験

　第一次世界大戦（1914-1918）後のアメリカは，大量物資の消費によって個人市場が拡大し好景気を迎え，アメリカ企業においては新しい機械や技術の導入によって生産能率を高め，利潤増大を図る「産業合理化運動」が盛んになっていた。経済性の追求による生産性の向上を図るテイラーシステムやベルト・コンベア・システムを利用した大量生産方式などのフォード・システムが普及していた。

　その反面，工作業能率の向上のための生産合理化の追求は，管理の合理化および科学化にともない人間の労働を単純作業化し，労働者の人間性を軽視したり，労働者を機械の一部のようにとらえて労働を強化したりするなどの管理システムへの批判が高まり，労働者の不満の増大やモラール（morale）の低下といった問題が現われていた。

　ホーソン実験は，アメリカのシカゴにあるウェスタン・エレクトリック（Western Electric）社のホーソン工場において労働者の作業条件と作業能率の関係を明らかにするために 1927 年から 1932 年まで行われた。当時，ウェスタン・エレクトリック社は，電気機器の開発と製造を行い，従業員 2 万 9,000 人を抱える大手企業として科学的管理法やフォード・システムによって生産性の向上を図っており，労働者の不満の増大やモラールの低下が他企業と同様に見られた。そこで，労働者の不満を解消し，作業能率を高める新たな管理法を模索するために，資金面ではロックフェラー財団の援助を受けながら，メーヨーやレスリスバーガーなどを中心とする米ハーバード・ビジネス・スクールのグ

ループと会社の従業員関係調査部長ディクソン（Dickson, W. J）を中心とした
調査機関によってホーソン実験が行われた[1]。

　メーヨーやレスリスバーガーがホーソン実験に加わる前に，ホーソン実験に
先立って1924年から1927年にかけてアメリカの『全国科学アカデミー調査協
議会』（The National Research Council of the National Academy of Sciences）の協力
を得て当該会社が実施した「照明実験」がホーソン実験の出発点となった。

　この照明実験と本格的な実験である継電器組立作業実験，面接実験，バンク
配線観察実験とを合わせて，1924年から1932年まで8年間に行われた作業条
件と作業能率の関係について実施された実験をホーソン実験という。

1. 照明実験（the Illumination Experiment）

　ホーソン実験は最初から経営の人間関係の問題を意識した実験ではなく，
1924年11月から1927年4月にかけて行われたホーソン実験において先駆的
実験である照明実験は，照明度と作業能率との因果関係を明らかにするための
実験であった。

　照明実験の目的は，照明の質と量が従業員の作業能率に及ぼす影響を明らか
にするものであったが，実験の結果は予想と異なり，相関関係が見つからなか
った。この実験は労働者をテスト・グループとコントロール・グループの二組
に分けて，前者は照明度の異なる三種の照明度のもとで作業，後者は一定の照
明度のもとで作業を行った。その結果，両グループとも同量の生産高の増加が
みられた。さらに，テスト・グループの照明を暗くしても生産率は上昇し，こ
れと無関係のコントロール・グループの生産率も上昇した。これは，照明の質
と量と作業能率との間に少しも相関関係がないことを示し，実験の失敗を示す
ものでもあった。失敗の原因は，作業環境における一定の物理的変化と労働者
の作業能率の間に単純な因果関係があるとする実験担当者の誤った観念にあっ
た。

2.　継電器組み立て実験 (the relay assembly test)

　継電器組み立て実験は，照明実験で発見できなかった作業条件と作業能率の相関関係を明らかにするために，1927 年 5 月から 1929 年 6 月にかけてメーヨー，レスリスバーガーなどによって行われた。継電器組み立て作業は，コイル，誘導子，接触バネ，絶縁体を継電器に組み立てて 4 個のねじで締め付ける反復作業で，1 個の組み立てに費やす時間は平均約 1 分であった。

　この実験目的は，基本的には照明実験と同じ仮説である作業条件の変化と作業能率の関係の明らかにすることであった。そのため，5 人の女子作業員の一組に対して照明実験よりもより多くの物理的な作業条件を与え，作業条件の変化が継電器組み立て作業における作業能率に及ぼす影響を検討した。

　5 人の女子作業員が作業する継電器組み立て実験室は，意識的に変化させた条件とそれ以外に作業能率に影響を与えると思われる全ての作業条件を実験内容に含め，実験期間中一人の観察者が観察し記録していた。その実験内容とは，労働日および労働時間の短縮，休憩時間の設定と変化，天候，実験室内の温度や湿度，六週間ごとの彼女たちの健康状態，毎日の睡眠時間や食事，彼女たちの会話などすべての出来事である。

　実験結果は，女子作業員の物理的条件の変化と作業能率の変化との間に有義的な相関関係を発見することはできなかった[2]。すなわち，作業条件を改善すると生産高は上昇したが，作業条件を悪くしても生産高は依然として高い状態であり，作業条件の変化にかかわらず，生産高は増加したのである。この結果から調査員たちは，生産高の増加は，労働の作業条件の変化に基づくものではなくそれ以外の要因の変化によるものであると考えられた。

　調査員たちは，このような作業能率の上昇の原因を究明するために，1928 年 8 月から「雲母剥離作業集団実験室」(mica splitting test room) を新しく設け実験した。この実験の目的は，5 人の女子作業員を対象に報酬制度や労働条件の変更が作業能率に与える影響を調査することであった。

　その実験の結果，作業能率に影響を与えるものは，物理的な作業条件ではなく同実験室の作業員グループの心的態度の変化によるものであることが明らかになった[3]。その心的変化に影響を与えたのは，監督者の監視が高圧的ものから緩やかなものへと監視の性格が変わったこと，さらに，作業条件を変えるたびに各作業員に事前に相談され，作業員は重要な決定にも参加している気持ちになり，心理的満足感を得ていたことである。すなわち，監視方法が改善されることによって心理的満足感を得ていた女子作業員たちの作業に対する態度が積極的に変わり，作業能率も向上し，生産高の上昇に繋がる結果を生み出した。

　女子作業員は単に命令を受けて作業をする職場情況ではなく，彼女たちの判断や感情が受け入れられた職場情況での作業であった。そのような職場情況では，作業員自身が積極的に作業に関わるとともに彼女たちの間に非公式なグループが形成されていた。

　この実験結果は，従業員の心的態度および感情（sentiments）の重要性を示唆している。すなわち，ある人間がある集団のために働く意欲があるかどうかは，その人間が仕事や仲間および上司に対して抱いている感情によって能率が左右されるということ，作業能率の向上は物理的な作業条件の変化ではなく職場における人間関係の形成によってモラールが改善されることである。

3. 面接実験（the Interviewing Program）

　継電器組み立て実験において人間の心的態度および感情が，作業能率に影響を及ぼすという実験結果を確認するためにメーヨーらによって 1928 年秋から 1929 年初めにかけて大規模な面接実験が行われた。ホーソン工場に勤めている従業員 4 万人のうち，2 万 1,126 名を対象に，面接者が従業員と直接面接して，労働者が面接官に彼らの関心事を自由かつ直接に語らせることで彼らを理解しようとした。

　面接内容は，従業員の労働条件，作業状況，賃金，昇進，クラブ活動，監督者に対する感情という 6 つの項目について質問された。従業員はもっぱら私的

な不満や話題について話すことが多く，労働に関わる状況についての話題はほとんど触れることがなかった。彼らが抱く不満は，会社の社会的組織，会社内の出来事，職場の人間関係，技術の変化，経営政策，社会的要因に関連している。これは，個人が持つ感情の背後には社会的背景が影響しており，従業員の生活全般の情況の理解する必要があることを意味している。

　面接を通して，従業員は仕事と関係ない雑談や自分の問題を話しているうちに不満が解消され，監督者は部下の生活状況やプライベートまで理解でき，相互理解を高める効果を得ることができた。このことから調査員たちは「経済」の概念を放棄し新しい仮説によってのみ，実験の結果を理解することができると考えた[4]。

　レスリスバーガーは実験結果から，労働者は感情をもった社会的動物であるが故に，労働者の行動を理解するには以下の点に注意しなければならないと指摘している[5]。第 1 に，労働者の行動は，その「感情」から切り離しては理解し得ない。感情とは，単に気分や情緒だけではなく広義の気持ち，忠誠，誠実，連帯といった気持ちを指す。第 2 に，感情は容易に偽装されるものである。第 3 に，感情の表現は，その人間の全体的状況に照らして初めて理解されるものである。

　これらの点は，ホーソン実験の進行とともに理解されてきた見解であり，次のように説明している（図表 10－1）。Ⅰは，実験前からの見解として，労働者

図表 10－1　作業における物理的変化と労働者の反応

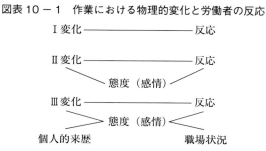

出所：Roethlisberger, F. J., *Management and Morale*, Harvard University Press, 1941, 邦訳，24 ページ。

に起きる物理的変化に対して労働者が反応すると予想されていた。Ⅱは，初期
段階の実験においての見解として，直接的な作業環境の変化に対する労働者の
反応は，彼らの態度（感情）によってのみ理解されると考えられていた。Ⅲは，
労働者の感情が，社会的学習（social conditioning）を通して個人的経歴（personal
history）と職場状況（social situation at work）という社会的状況（social context）
の中で現われるため，社会的状況において理解されなければならないとした。

　このように労働者の行動は，個人的経歴と職場状況という感情によって形成
されている。個人的経歴とは，過去の家庭生活や社会的交際を通して個々人が
現在自分の職場に対して抱くに至った価値，希望，憂慮，期待などの感情であ
る。職場状況とは，その人が自分の属している職場の仲間や上司との社会的接
触を通して得ている感情である。

　面接実験を通して明らかになったのは，労働者の行動は感情から形成され，
感情は過去の社会的経験と現在の職場の人間関係を含む社会的状況の中で形成
されること，モラールは労働者の職場の人間関係に影響されるということであ
る。すなわち，労働者の作業能率に影響を与えるのは，労働者の感情やモラー
ルであり，労働者の感情を理解するためには，労働者の全体的（社会的）状況
に照らしてみなければならないのである。

4. バンク配線観察実験（the Bank Wiring Observation）

　バンク（電話交換機の一部）配線観察実験は，面接実験の研究結果を踏まえ，
集団の社会的作用とその影響力を明らかにするために，1931 年 11 月から 1932
年 5 月にかけて行われ，生産高が社会的行動の一部分であることをよく表した
実験である。

　実験はバンク配線作業を行う 3 つの作業集団に属する 14 人（配線工 9 人，ハ
ンダ工 3 人，検査工 2 人）の労働者を対象に日常的な作業について観察するもの
であった。労働者たちは集団的出来高払制度で働いており，生産高が増えれば
報酬も増えるため，全員が生産能率を上げようとするであろうと予測されてい

たが，結果は予測と異なるものであった。

　実験結果で分かったのは，第 1 に，作業集団は会社側から期待された作業基準よりも低い基準を自主的に設け，生産高の制限（restriction of output）を行っていること，第 2 に，作業集団の生産高の記録に粉飾があること，第 3 に，品質記録が作業の実際品質だけではなく，作業者と検査工との個人的な人間関係によって変化していたこと，第 4 に，作業者たちの生産高の差が，作業者個々人の能力や熟練を反映していないことである[6]。

　この結果の背景には，次の 4 つの基本的感情とそれに基づいて作業集団の中で彼らの行動を規制する「掟と規範」（codes and norms）が作業員たちの行動に影響していた[7]。「掟と規範」はみんなから容認される作業員であるためには従わなければならず，その集団の中で最も好かれる人は集団が定めた生産高を維持する人である。すなわち，集団の「掟と規範」に充実に従う人が求められていた。

　4 つの基本的感情とは，次の通りである。

第 1 に，仕事に精を出し過ぎてはいけない。さもなければその人間は「がっつき」である。

第 2 に，仕事を怠け過ぎてはいけない。さもなければ「さぼり屋」である。

第 3 に，仲間の誰かが迷惑するようなことを上司に告げてはいけない。さもなければ「告げ口者」である。

第 4 に，あまり他人におせっかいをしてはいけない。たとえ検査工であっても検査工ぶってはいけない。

　従業員はこのような感情を持ち，企業の公式組織とは別に集団内に非公式組織が自然的に形成され，その中で作られた「掟と規範」が作業能率に関係していたのである。

　以上の実験から明らかになったことは，作業条件と作業能率との間には従業員の感情やモラールが影響すること，その感情やモラールは従業員が所属している集団において自然発生的に形成される非公式組織の人間関係によって大きく影響されるということである[8]。

　バンク配線実験の結果を踏まえ，調査員たちは非公式な従業員の集団に関心を持ち，その集団における掟と規範，歴史などについて研究を進めた。また，ウェスタン・エレクトリック社の調査を通して人間の協力が感情の問題であること，経営組織における人間の動機と行動に関する新しい理解が必要であることを発見した。

　ホーソン実験は，労働条件を変化させれば，それに比例して生産高も変化するという仮説のもとで行われたが，実験結果は当初の目的とは全く異なる予想もしていなかった結果を生み出し，そこから新たな理論として人間関係論が形成された。

第3節　レスリスバーガーの人間関係論

　ホーソン実験の結果は，組織内で働く作業員の作業能率の向上に影響する要因として，第1に，物的要因よりも心的要因が大きく影響していること，第2に，公式組織だけではなく，作業員が個人よりも集団の一員として感情を持ち，作業員の仲間との間に自然発生的に形成される人間関係（非公式組織）が大きく影響することを明らかにしている。

　レスリスバーガーは，企業は経済的目的を達成する組織であるが，その目的を達成するために働く労働者が集まった人間組織でもあるとし，ドイツの社会

図表10−2　レスリスバーガーの社会的システムとしての企業

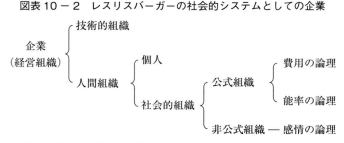

出所：工藤達男『基本経営管理論』白桃書房，1994年，168ページ（一部修正）。

学者パレート（Pareto, V）が提示した「社会的システム」（social system）の概念を用いて「社会的システム」の一つであると指摘した。その上で，企業を「技術的組織」（technical organization）と「人間組織」（human organization）に分け，両組織が相互作用，相互依存関係にあることを明らかにしている。技術的組織とは，技術的な生産を合理的に行うための物的施設，材料，機械，道具などの体系である。人間組織とは，企業の共通目的を達成するために協働している多数の個々人が集まった組織であり，企業を一つの社会システムとしてとらえる場合は「人間組織」の方が重要であると考え，人間組織の側面から企業を分析した。

　さらに，この「人間組織」は協働体系を構成する「個人」（individual）と個々人の相互作用から形成される「社会的組織」（social organization）から成り，社会的組織は，「公式組織」（formal organization）と「非公式組織」（informal organization）から成り立っている。

　公式組織は，人々の協働によって企業の経済的目的を達成する管理システムであり，その目的の達成は「費用の論理」（logic of cost）と「能率の論理」（logic of efficiency）によって支配される。

　会社の公式組織の枠組みの中で労働者によって作られる非公式組織は，日常的な人的関係を通して企業の中で自然発生的に形成され，そこで規定された規範に従って行動する組織であり，「感情の論理」（logic of sentiments）によって支配される。非公式組織の行動規範に従う個人は，一定の安定感および満足感を得ることができる。それゆえに非公式組織は健全な社会生活のために欠くことのできない重要な組織である。

　レスリスバーガーによると，社会的システムとしての企業は，「経済的機能」（economic function）と「社会的機能」（social function）を有している。「経済的機能」は，様々な市場変化に対応しながら良い商品を生産し販売することで利潤を得るようにする機能であり，対外的均衡（external balance）を図ることである。対外的均衡とは，企業外部の市場環境に適応をすることである。経済的機能の評価は，費用，利益，能率等の基準によってなされる。

「社会的機能」は，組織内の組織構成員の個々人の社会的欲求を満たして彼らが協働を継続するようにする機能であり，対内的均衡（internal balance）を図ることである。対内的均衡とは，組織内部の人々の欲求が満たされる安定した状態をいう。社会的機能の評価は，離職率，勤続期間，疾病率，賃金等を間接的な指標を用いてなされる。

本来，対外的均衡と対内的均衡は相互作用・相互依存関係にあるが，従来は対外的均衡の問題が重視され，能率増進や合理化など経済的機能に関わる研究は進展し，一方，対内的均衡の問題は経済的機能と関係ないものとして理解され，これらに関わる研究も進まなかった。レスリスバーガーは，従来の経済的合理性追求に立脚した経済人仮説を批判し，社会人仮説に基づいた対内的均衡の重要性を指摘した。

人間関係論は，ホーソン実験を通して生産性の向上が作業条件の変化ではなく従業員のモラールの変化と関係することを発見し，生産性を高めるためには，従業員のモラールを高めることが必要であり，モラールを高めるためには職場における従業員の良好な人間関係が必要であることを提唱した理論である。また，経済人モデルに基づいた経済的側面を重視する従来の経営管理方式から，社会人モデルを導入することによって企業における人間的側面を強調するとともに人間の協働の重要性を指摘し，行動科学論の基礎を築いた。

第4節　行動科学的管理論

メーヨーやレスリスバーガーの人間関係論の影響を受け，経営管理論・組織論においては個人の動機付けや集団行動についての理論が発展した。1950年にはフォード財団が行動科学の研究に多額の研究助成を行ったことによって「行動科学」という名称が使われ，アメリカにおいて行動科学的管理論が誕生し，広く活用されるようになった。経営学分野における行動科学的管理論は，個人の動機付け理論および集団行動理論として組織の意思決定論に焦点が当てられ，マネジメント理論に大きな影響を及ぼした。ここでは，個人の動機づけ

理論を中心に主要な行動科学的管理論について触れることにする。

　メーヨーの人間関係論は従業員にとって最も強い動機をグループへの帰属感や安定感であるとしている。これに対して従業員にとって最も強い動機は，「自己実現」（self-realization）の欲求であり，この欲求を満たして動機付けるためにはリーダーシップや管理システムが必要であると提示した行動科学的研究を「新人間関係論」，「後期人間関係論」ともいう。これらの代表的な研究には人々を労働へ動機付ける諸要因を研究する「動機付け理論」や組織目的の達成と個人欲求への充足を実現できる「リーダーシップ論」が挙げられる。これらの研究の強い動機である「自己実現」の欲求は，マズローの欲求階層説に求められる。

　「新人間関係論」，「後期の人間関係論」の研究が企業を共同体としてとらえて労働者の感情面を強調する点はメーヨー派と同じ立場である。しかし，人間の行動の感情的・非合理的側面だけではなく論理的・合理的側面をも強調する点や公式組織を所与とせず，変更・再編する必要があるものとしてとらえる点はメーヨー派と異なる。メーヨー派の人間関係論に対して，「後期の人間関係論」または「新人間関係論」と呼ばれるゆえんである。

1.　リーダーシップ論

　レヴィン（Lewin）が率いるミシガン大学の研究グループは，メーヨー派の研究が欠けていた実験的研究や数量的測定の必要性を強調し，リーダーシップ・タイプとモラール，集団決定，生産性との関係などに関する実験的研究を展開した。その影響で 1950 年代以後様々な類型的リーダーシップの研究が進められるようになった。その代表的な研究がリッカートによって行われた調査研究である。これは，ミシガン大学の社会科学研究所（Institute for School Research）において 15 年以上にわたり，産業企業体（business enterprise）を中心に様々な組織体における監督者の監督行動と従業員の生産性やモラールに関する一連の研究である。

　リッカートは，原因変数，媒介変数，結果変数と3つの変数を用いてリーダーシップと生産性の関係を研究し，管理者のリーダーシップのタイプが労働者のモラールおよび生産性に影響を与えることを発見した。原因変数は，組織構造，リーダーシップ，組織の目標等の組織内で変更できる変数であり，媒介変数は，動機付け，忠誠心，コミュニケーションの特性，意思決定などの組織内部の状態を表す変数であり，原因変数は媒介変数に影響を与え，媒介変数は生産性，収益，業績などの結果変数に反映されると指摘した。

　また，リーダーシップのタイプによって労働者のモラールおよび生産性に与える影響が異なる組織の管理方式の特徴を4つのシステムに分けて提示した[9]。

　システム1の独占的専制型は，上司は部下を信頼せずに部下を意思決定に参加させないトップダウン方式をとっており，従業員のモラールは低下する。システム2の温情的専制型は，上司は部下を格下としてとらえ，上司と部下の関係は恩着せがましい関係にあり，意思決定はほとんど上司が決定する。システム3の協議型は，一定の範囲内で上司は部下を信頼し，職務や作業プロセス関連の権限を部下に委譲しているが，基本方針や組織経営に影響を及ぼす重要な意思決定には部下を参加させない。システム4の参加的集団型は，上司は部下を全面的に信頼し，メンバー全員が組織経営に重要な意思決定に参加することで，従業員のモラールが向上し，個人の能力を最大限に発揮できる最も望ましい組織形態であるとし，参加的集団型の管理システムの特徴として①支持的関係（supportive relationships）の原則，②集団的意思決定，③高い業績目標を挙げている[10]。

①　支持的関係の原則とは，組織内における人間が，自分の経歴，価値，目標，期待について組織のすべての相互作用や人間関係の中で認められたと実感すると能力を十分に発揮する心理的原則をいう。さらに，従業員が人間的価値とその尊厳性が支持されていると実感し，信じるようにリーダーがリーダーシップを発揮することである。

②　集団的意思決定は，集団のメンバーが他の集団にも属して連結された状

態で相互に影響し合う意思決定である。集団的意思決定は，全組織へと
結合するようにする重複集団形態（overlapping group form）を形成する
ことで可能になる。重複集団形態を形成するためには，あるリーダーは
自分が属する集団では上司であるが，上位の集団では部下となるよう
な，集団と集団を連結させる「連結ピン」(linking pins) の機能を担うリー
ダー（管理者）を各集団に配置させることによって種々の集団に重複的
に所属させることが必要である。

　　リーダーが担う連結ピンの役割として重要なのは，リーダーの部下に
対する指揮命令よりも，上司に対してリーダーの意見および部下たちの
意見を上司に伝えて上司の意思決定に影響力を行使することができる
「上向きの影響力」を持つことである。リーダーがその能力を備えるこ
とは必須不可欠なものである。

③　全員が共通の高い業績目標を設定することである。上司も部下も共通の
　　高い業績目標を設定し，個人としてではなく高度に効率的な組織の構成
　　員として働くときに，自己実現欲求を満たして最高の機能を発揮するこ
　　とで高い生産性を実現できる。高い業績を達成するためには，全員が自
　　発的に高い目標を設定するように動機付けをする必要がある。

　すなわち，システム 4 の参加的集団型は，支援的関係の原則，集団的意思決
定，高い業績目標という 3 つの原因変数が，上司に対する高い信頼性および集
団凝集性（group climates）の向上，優れたコミュニケーション，高い帰属意識
という媒介変数に影響し，媒介変数は高い生産性の達成という望ましい結果変
数を生み出した。

　リッカートは多くの実証研究を通じて，新理論によって要求される理想的組
織体は，「有能な職員をもち，高度に効率的な集団を発達させるリーダーシップ
をもち，重複集団形態をとり，有効なコミュニケーションと影響過程，分業化
され，しかも全体としてよく統合された意思決定をもち，また高い動機づけに
支えられた高い業績目標等を持っている」組織体であることを明らかにした[11]。

2. 動機付け理論

　リーダーシップ研究は組織目的の達成と個人の欲求の満足を同時に実現できる管理・監督方式の追求が目標である。その目標を達成するためには組織目標を個人目標として達成に向けて努力するように動機付ける管理・監督方式が必要である。したがって，リーダーは従業員の行動を動機付ける欲求をどのようなものとしてとらえるかが重要な課題であり，「リーダーシップ論」は人々の行動を動機付ける要因を探る「動機付け理論」の反面であり，両者は不可分な関係にあるものである[12]。

　メーヨーの人間関係論は，人間の感情・態度・欲求などの人間の内的・心理的要因が組織における人間行動に大きな影響を及ぼす重要な要因であることを提示し，行動科学の概念を導入するきっかけを形成した。

　それ以後，人間の行動・個人の労働意欲を高める動機を探る研究，その中でも人間行動の感情的・非合理的要因に加えて論理的・合理的な側面も考慮する研究が行われた。その代表的な研究として人間の欲求（needs）を重視するマズロー，マグレガーなどの研究は，経営管理における「動機付け理論」として多くの影響を及ぼしている。

　① マズローの欲求階層説

　心理学者マズローによって提唱された欲求階層説（need hierarchy theory）における人間の基本的欲求の中で最も高次な欲求とされる自己実現の欲求仮説は，新人間関係論においてベースとなっている。

　マズローの学説が産業界に広く注目されるようになったきっかけは，マグレガーが『企業の人間的側面』においてマズローの臨床的・人間的な理論を取り上げ，産業界に適用したことである[13]。マグレガーの「X理論・Y理論」やハーズバーグの「動機づけ衛生理論」のフレームワークにも影響を与えたマズローの理論は経営学においても多く応用されている[14]。

　マズローは，人間の欲求が動機づけ（motivation）の要因の源泉となると
し，健康な人間がもつ基本的欲求として5つの欲求を取り上げ，欲求階層説
を展開した。その基本的欲求とは，①本能的に生命力とかかわる生理的欲
求（physiological needs），②危険や不安から安全に身を守ろうとする安全欲
求（safety needs），③集団への帰属および愛情を求める所属と愛の欲求（social
needs），④自己に対する高い評価や自己尊敬を求める承認の欲求（egoistic
needs），⑤人間が潜在的に自分の成り得るものを実現し成長を望む自己実現の
欲求（needs for self-actualization）である[15]。

　重要なのは，これらの人間の基本的な欲求は，ヒエラルキーを形成しており，
段階的に発現し，低いレベルの欲求が満たされると次に高いレベルの欲求が現
れ，より高次な欲求に向かうということである。すなわち，ある欲求が満足さ
れるとその欲求は，人間の行動の決定要因としての意義を失い動機付けとして
作用せず，満足されない欲求によって人間の行動は決定要因としての意義を持
ち，動機付けとなるのである。

　また，人間を動機づける主要要因は，すぐに満たされた欲求ではなく，満た
されていない欲求である次の段階の欲求である。つまり，「満足されない欲求」
によってのみ，人間は動機づけられるのである。

②　マグレガーの X 理論 Y 理論

　マグレガーはマズローの「自己実現の欲求」仮説に基づいて経営者が経営管
理を行う際に，その背後に人の性質・行動を「X 理論」と「Y 理論」に分けて
体系化し，独自の経営管理理論を提示した。

　X 理論は，人は本来的に怠け者であり，仕事が嫌いで外から強制や統制がな
ければ働かない伝統的な人間観に基づき，命令や統制によって動機付けをしよ
うとする管理論である。

　X 理論における伝統的な人間の性質は次のような特徴を有している[16]。

①　普通の人間は生来仕事が嫌いで，なろうことなら仕事はしたくないと思

っている。

② 仕事が嫌いだという人間の特徴があるために，たいていの人間は，強制されたり，統制されたり，命令されたり，処罰するぞと脅されたりしなければ，企業目標を達成するために十分な力を出さないものである。

③ 普通の人間は命令されるほうが好きで，責任を回避したがり，あまり野心を持たず，なによりもまず安全を望んでいるものである。

　マグレガーは，このような性質を持つ労働者に「やる気を起こさせるにはどうしたらよいか」という問題を経営管理における重要課題とした上で，人間は絶えず欲求を持つ動物であり，欲求は段階的に現われ，低次の欲求が満たされると高次の欲求が現れ，より高次の欲求を満たそうとするマズローの欲求段階説をベースに解決策を探った。すなわち，マズローの欲求段階説をベースに，X理論では人間が低次の欲求から高次の欲求へと段階的に欲求を満たそうとすることが，やる気を起こす重要な原動力となると指摘した。

　科学的管理という伝統的管理論に基づいて展開されたX理論では，報酬，約束，奨励金，脅かし，強制といった「アメとムチ」の統制方法を用いて従業員の生理的欲求および安全欲求を満たすことはできる。このような統制方法が有効性を発揮するケースは，生理的欲求および安全欲求が満たされていない場合である。しかし，一定の生活水準が上がるとそれらの欲求は満たされ，より高い次元の欲求がやる気を起こす原動力となるとその統制方法では社会的欲求と自我の欲求を満たして従業員に十分なやる気を起こさせることはできず，効果を持たなくなる。

　そこで，人間は自主性を持ち，自分の行動を統制することができ，目標達成のために自発的に努力する新しい人間観，いわゆるY理論を提示し，これに基づく管理が必要であると主張した。Y理論は，人は仕事が嫌いではなく自己実現の欲求として目標を成し遂げるために努力をするという人間の成長を認める新しい人間観に基づき，企業の目標と自己実現の欲求の充足という自己の目標を統合し，自己統制などによって動機付けようとする管理論である。すなわ

ち，「統合と自己統制による管理」である。

　Y理論における人間の性質は次のような特徴を有している[17]。

① 仕事で心身を使うことは当たり前のことであり，遊びや休憩の場合と変わりはない。
② 外から統制したり脅かしたりすることだけが企業目標達成に努力する手段ではない。人は自分が進んで身を委ねた目標のためには自ら自分にムチを打って働くものである。
③ 献身的に目標達成に尽くすかどうかは，それを達成して得る報酬次第である。
④ 普通の人間は条件次第では責任を引き受けるばかりか自ら進んで責任を取ろうとする。
⑤ 企業内の問題を解決しようと比較的高度の想像力を駆使し，創意工夫をこらす能力は大抵の人に備わっているものであり，一部の人だけのものではない。
⑥ 現代の企業においては，日常，従業員の知的能力はほんの一部しか生かされていない。

　このようなY理論に基づく労働者の性質を活かし，企業繁栄を目指す管理者の役割は，従業員が絶えず自発的に自分の能力・知識・技術・手腕を高め，企業の繁栄に尽くそうとするようにすること，従業員が自らの努力を企業の成功や繁栄に向けることによって従業員自身の目標も達成できるようにすることである。

第5節　おわりに

　メーヨー派の初期の人間関係論と後期の人間関係論と呼ばれるリーダーシップ論および動機付け理論に共通する中心的な問題は，人々の自発的協働の形成

206

と組織目的の達成に向けていかに人々を動機づけるかという問題である。

　初期の人間関係論は，人間は感情を持つと動物であり，感情に基づいて自然に発生する非公式組織と公式組織の目的や利害が衝突しないように，非公式組織規範を公式組織の目的に従属させることを強調した。しかし，非公式組織における人間行動の感情的・非合理的側面を重視する反面，公式組織を所与とし，人間行動の論理的・合理的側面を軽視する傾向にあり，公式組織の管理については触れていない点が限界とされている。

　このような初期の人間関係論の限界を克服しようと試みたのが後期の人間関係論である。後期の人間関係論は，人間の「自己実現欲求」の満足を動機付けのベースに捉え，モラールの向上を非合理的・感情的側面だけではなく論理的・合理的側面にも求め，従業員の自発的協働を形成する組織目的と個人欲求との統合のためには，公式組織を所与とせずに公式組織の管理方式や制度全般を変更する必要性があると強調されている。

【注】

（1）工藤達男（1991）160 ページ。
（2）レスリスバーガー邦訳（1954）14 〜 16 ページ。
（3）レスリスバーガー邦訳（1954）18 ページ。
（4）レスリスバーガー邦訳（1954）23 ページ。
（5）レスリスバーガー邦訳（1954）24 〜 26 ページ。
（6）権（1984）128 ページ。
（7）レスリスバーガー邦訳（1954）26 〜 27 ページ。
（8）工藤（1991）161 ページ。
（9）リッカート（1968）邦訳 8 〜 14 ページ。
（10）リッカート（1968）邦訳 53 ページ。
（11）リッカード（1961）邦訳 306 〜 307 ページ。
（12）権（1984）141 ページ。
（13）マズロー邦訳（1971）日本語版への序文 8 ページ。
（14）ハーズバーグ邦訳（1968）159 〜 160 ページ。
（15）マズロー邦訳（1971）89 〜 101 ページ。
（16）マグレガー邦訳（1970）38 〜 39 ページ。

(17) マグレガー邦訳 (1970) 54 ～ 55 ページ。

◆参考文献◆

Herzbaerg, F., *Work and the Nature of Man*, E. TuttleCo., Inc., 1966 (北野利信訳『仕事と人間性―動機づけ－衛生理論の新展開』東洋経済新報社，1968 年).

Likert, R., *New Patterns of Management*, McGraw-Hill, 1961 (三隅二不二訳『経営の行動科学―新しいマネジメントの探求―』ダイヤモンド社，1964 年).

Likert, R., *The Human Organization*, McGraw-Hill, 1967 (三隅二不二訳『組織の行動科学』ダイヤモンド社，1968 年).

Mayo, E., *The Human Problem of an Industrial Civilization*, Macmillan, 1933 (村本栄一訳『新訳・産業文明における人間問題―ホーソン実験とその展開―』日本能率協会，1967 年).

Maslow, Abraham H., *Motivation and Personality*, Harper & Row, 1954 (小口忠彦監訳『人間性の心理学』産業能率短期大学出版部，1971 年).

McGregor, Douglas, *The Human Side of Enterprise*, McGraw-Hill I., New York, 1960 (高橋達男訳『企業の人間的側面』産業能率短期大学出版部，1970 年).

Roethlisberger, F. J., *Management and Morale*, Harvard University Press, 1941 (野田一夫・川村欣也訳『経営と勤労意欲』ダイヤモンド社，1954 年).

三浦康男「人間関係論と行動科学」佐久間信夫・大平義隆編著『新現代経営学』学文社，2016 年。

工藤達男『基本経営管理論』白桃書房，1991 年。

権泰吉『アメリカ経営学の展開』白桃書房，1984 年。

佐久間信夫『経営学原理』創成社，2014 年。

第11章
バーナードの組織論

第1節　はじめに

　経営組織の行動を意思決定によって把握し，個人と組織の均衡を目的とした組織論が近代組織論であり，行動科学的組織論ともいわれている。近代組織論はバーナード（Barnard, C.I.）によって提唱され，サイモン（Simon, H.A.）が受け継いで発展させたものである。

　経営組織論の基本理論には，古典的組織論（伝統的組織論），新古典的組織論（人間関係論），近代組織論と3つに分類される。テイラーの科学的管理論（Taylor, F.W., 1911）やファヨールの管理過程論による組織論は古典的組織論と呼ばれ，メイヨー（Mayo, E., 1933）とレスリスバーガー（Roethlisberger, F.J., 1942）による人間関係論は新古典的組織論と呼ばれ，その後のバーナードの組織論（1938）やサイモン（1945）の意思決定論による組織論は近代組織論と呼ばれている。

　バーナードはアメリカ経営学会（Academy of Management）がアメリカ建国以来200年の歴史の中で，経営理論と経営実践に最も貢献した人物の調査において第1位のテイラーに次ぐ第2位の人物として選ばれるほど，経営学に大きな貢献をした人物である[1]。1938年に出版された『経営者の役割』は，彼の代表的な著書であり，著書の前半においては「協働と組織の理論」について，後半においては「公式組織における管理者の職能と活動方法との研究」について論じられており，組織論の古典として今もなお広く読まれ続けている経営組

織論の代表作である[2]。

　本章では，近代組織論の父と呼ばれるバーナードが提示した人間観や組織の概念，組織の成立と存続に必要な諸要素などを取り上げ，バーナードの組織理論を概観する。

第2節　現代社会における組織

　現代社会は組織社会であると言われている。

　19 世紀から 20 世紀にかけて「組織革命」が起き，人間生活のあらゆる分野にわたって多種多様な組織は，その数，規模，影響力を拡大し，目覚ましい成長を遂げ，社会や環境を大きく変化させたと言われていた[3]。

　このような組織革命が起きた後，現代社会はあらゆる組織の発展や変化とともに発達し，さまざまな組織が人々の生活と密接な関係を持ちながら人々の生活に影響を及ぼしている。現代人は多かれ少なかれ，組織に属し，教育組織の学校，医療組織の病院，宗教組織の教会，軍事組織の軍隊，経営組織の企業などのさまざまな組織とのかかわりをもって生活をしている。このように現代社会はさまざまな組織が存在している。現代文明もまた，組織的活動の成果によって成り立っており，現代文明が最も大きく依存している組織が経営組織であると考えられている[4]。つまり，組織は現代社会に生きる人々にとって不可欠なものであり，とりわけ，企業は現代社会に重要な影響を及ぼす経営組織である。バーナードは，この経営組織について研究し，経営組織論に大きな影響を与えている。

第3節　バーナードの人間観（全人仮説）

　組織の研究，あるいは組織との関連における人々の行動を研究する際には，「人間」とは何か，「個人」が意味するものは何か，人はどの程度の選択力や自由意志を持つものかを理解する必要がある。

　古典的組織論では，人間を「機能人」（functional man）または「経済人」
（economic man）と観ている。機能人とは，課業に適合した人間を配置し，管
理者が命令を下せば組織が有効に稼動するという人間観であり，経済人とは，
賃金などの経済的誘因と生産能率との間に単純な正の関係があるという人間観
をいう。

　これに対して新古典的組織論（人間関係論）は，労働者の心理的側面を強調
し，人間の合理的な側面よりも非合理的な側面を重視し，従来の機能人，経済
人としての人間観に代わり，心的感情や心的態度に影響される「社会人」（social
man）仮説の人間観が提示された。

　人間の社会的側面を重視した人間関係論から，バーナードは組織と個人の問
題を明らかにするにあたって，人間を物的・生物的・社会的存在として総合的
に捉えるとともに自由意志と選択力を持つ包括的な人間観として「全人」仮説
を提示した上で，組織論ならびに管理論を展開している。

第4節　個人と組織

　1人の人間（person）としての個人はいくつかの特性を持つ「人格的
（personal）」な存在である[5]。このような個人が持つ特性とは，①活動ないし
行動，②その背後にある心理的要因に加えて，③一定の選択力，④その結果と
しての目的である[6]。すなわち，個人の重要な特徴の1つは活動ないし行動
であり，それは，心理的要因による結果である。

　また，人間は選択力，決定能力，ならびに自由意志（free will）を持つ。しか
し，個人が「物的，生物的，社会的要因の結合した1つの活動領域である」限
り，選択力に限界がある。人間は選択できる機会が多い場合，人間の選択力は
麻痺し，選択できなくなるため，選択には可能性の限定が必要である。意思決
定の過程は，してはいけない理由を見出すことが，なすべきことを決定する1
つの共通の方法であり，「選択をせばめる技術」である。意思力を行使するた
めに選択条件を限定することを「目的」の設定，または，「目的」の到達とい

う。したがって，人間は常に「選択力」を持つ「現在および過去の物的，生物的，社会的諸力の合成物」であるといえる。

　人間は 2 つの側面を持つ。第 1 に，「特定の協働体系の参加者としての人間」，すなわち，組織の中の個人は，組織人として組織の目的を達成するため合理的に意思決定を行い，行動しようとする「機能的側面」と，第 2 に，組織外にある人間は，目的，欲求，衝動，他の機会に基づいて，協働体系に入るか否かを選択するといった自己の動機を満たそうとする選択力を持つ「個人的側面」である。協働体系においてこの両者は常に並存する⁽⁷⁾。

　動機とは「欲求，衝動，欲望」を指し，主として「過去および現在の物的，生物的，社会的環境における諸力の合成物」であり，「心理的要因」を言い換えたものである⁽⁸⁾。

　個人的行為がある特定目的を達成した場合にその行為は「有効的」であり，動機を満足した場合にその行為は「能率的」である。個人の行為が，有効的であっても能率的ではない場合や有効的でなくても能率的な場合がしばしば生じる。しかし，個人にとっては，目的を達成することではなく，目的を達成することによって動機を満たすことが重要である。

第 5 節　協働体系と公式組織

1．協働体系

　バーナードによると，協働体系（cooperative system）とは，「少なくとも一つの明確な目的のために二人以上の人々が協働することによって，特殊の体系的関係にある物的，生物的，個人的，社会的構成要素の複合体」⁽⁹⁾である。人々が協働する理由は，個人は動機を満たすために目的を設定し，その目的を達成するために行動するが，個人には個人ではできないさまざまな制約があり，その制約を克服するためである。つまり，協働とは「個人にとっての制約を克服する手段」であり，その制約は，「①個人の生物的才能または能力と，②環境

の物的要因」の2種類の要因の「結合」によるものである[10]。制約を克服することは「目的に対する手段」であり，制約が克服できない場合はその目的も達成できない。

2. 公式組織

　バーナードは，協働体系の中の1つの体系であり，「二人以上の人々の協働」に含まれている体系を「組織」と定義し，「公式組織 (formal organization)」とは，「二人以上の人々の意識的に調整された活動や諸力の体系」[11] と定義している。この定義において，注意すべき点は，第1に，組織を構成する要素は，「人々」ではなく，人々が提供する「活動や諸力」であり，人々は組織に活動や諸力を提供する存在であること，第2に，組織を構成する諸活動・諸力は，体系（システム）として互いに相互作用を持つこと，第3に，組織を構成する諸活動は，「意識的に調整」されていることである[12]。

　そのため，組織における個人の行動は，その主体が個人であっても，その行動は「個人的」なものではなく，「組織的」な行動である。

　公式組織の定義は，協働体系にみられる物的環境，社会的環境に基づく多様性，人間そのものの構成要素のすべてが，組織にとって外的要因となるが，協働体系にとっては外的ではない。すなわち，バーナードは，①人間，物的体系，社会的体系および組織からなる包括的「協働体系」と，②協働体系の部分でありながら調整された人間活動のみからなる「組織」とを明確に区別している[13]。

　協働体系は，物的，社会的，人的サブシステム[14] と人間行動のみから成る公式組織（というサブシステム）によって構成されている。公式組織は，協働体系の1つのサブシステムであってそれ自体が1つのシステムとみなされるとともにすべての協働体系において共通する側面であり，本質的な側面でもある。たとえば，教会，学校，企業，軍隊などは協働体系であり，組織でもあるが，それぞれの物的・社会的・人的要因に違いがある。これらの違いを取り除けば，協働体系に共通する側面が残る。つまり，協働体系から物的要因，社会的

要因，人間などが持つ多様性という概念を捨象し，残る協働体系に共通する一側面こそが組織の概念である。

3.　組織の成立および存続

① 　組織の成立 （3 要素）

　組織が成立するためには，相互に意思を伝達できる人々がいて，その人々が貢献しようとする意欲を持ち，共通目的の達成を目指すことが必要である。したがって，組織が成立するために必要な 3 つの要素は，(1) 貢献意欲 (willingness to serve)，(2) 共通目的 (common purpose)，(3) コミュニケーション (communication) であり，これらの要素は相互依存関係にある[15]。

　(1) 貢献意欲 （協働意欲）

　組織を構成するものとして扱うべきものは，人間ではなくて人間の行為および行動であり，協働体系 （組織） に対して努力を貢献しようとする人々の意欲は不可欠なものである[16]。貢献意欲が生じるのは，協働の機会が 1 人でやる行為よりも個人に利益をもたらし，また，他の協働の機会によって得られる利益よりもその利益が大きく，協働に伴う個人が払う貢献と組織が提供する誘因を比較し，誘因が貢献と等しいかあるいはより大きくプラスになる場合である。すなわち，貢献とは，協働する意欲であり，組織の目的を達成するために組織に参加する意志である。その貢献意欲は，組織が提供する諸誘因 (incentive) が，個人の動機を満たすか否かによるものである。したがって，組織は「個人の動機とそれを満たす諸誘因に依存する」こととなる。

　(2) 共通目的

　組織には目的が存在しなければならない。組織の目的が存在しないと個人の貢献意欲も生まれてこないだけでなく，目的が存在しなければ，個人にどのような努力が必要なのか，個人がどのような満足を期待するか，予測できない。

　組織目的には，協働する人々の観点からすると協働的側面と主観的側面がある。協働的側面は，組織の立場から組織の利益として目的を捉え，人々が努力

をするものであり，個人的動機を満たすためのものではない。組織の参加者の主観的側面からすれば，組織の目的は個人にとって直接にはいかなる意味も持たない。

　組織に参加する者は組織人格と個人人格を持っており，協働的側面は組織人格に，主観的側面は個人人格に基づいている。組織目的の達成のために貢献する個人の行動は，組織人格によって支配されており，個人人格によるものではなく，個人的動機を満たすものでもない。したがって，組織目的と個人的動機を明らかに区別すべきである。個人的動機は必然的に内的，人格的，主観的なものであるのに対して，組織目的（共通目的）は外的，非人格的，客観的なものである[17]。つまり，共通目的とは，個人が果たすべき組織（組織人格に基づいた協働的側面）の目的であり，それは，外的，非人格的，客観的な目的である。

　（3）コミュニケーション（伝達）

　コミュニケーションとは，共通の目的達成の可能性と協働意欲を持つ人間の存在は組織の両極に位置し，これらの潜在的な両極を結びつけ，人々に共通の目的を知らせ，人々が共通の目的達成に貢献するように働きかける伝達過程である[18]。すなわち，組織の共通目的と貢献意欲を持つ人々を結びつけるプロセスである。共通の目的が貢献意欲を持つ人々に伝達されなければならない。さらに貢献意欲を持つ人々に連絡や指示が行われなければならない。

　コミュニケーションは，組織の構成員に対する情報の伝達を意味する。コミュニケーションの方法は口頭や書面による言葉が中心であり，具体的には命令，報告，各種の伝達などの形を取り，いかなる組織にとっても重要な要素である。コミュニケーションがなければ，組織の共通目的の形成も人々の協働意欲も存在しない。バーナードによると，組織の構造，広さ，範囲は，コミュニケーション能力によって決定されるため，組織理論においてコミュニケーションは中心的な地位を占める。

　②　組織の存続（有効性と能率）

　組織が成立するためには，貢献意欲と共通の目的，これら2つを結びつける

ためのコミュニケーションの 3 つの要素が必要である。このようにして成立した組織が存続するためには，組織目的の達成度である有効性（effectiveness）と組織に参加する個人の動機満足度である能率（efficiency）との均衡（equilibrium）を維持させることが必要であり，この両者がともに満たされなければ，組織は存続できない。また，有効性と能率の均衡を維持するためには，個人的貢献を確保し，維持することが必要である。そのために，組織は個人的貢献と同等かあるいはそれ以上の誘因を個人に提供しなければならない（誘因≧貢献）。

　（1）組織の有効性

　有効性は目的を遂行する能力に依存し，目的を遂行する行為の適切さと環境の条件に依存する技術的過程の問題である。組織の有効性は最終目的を達成するために選択された手段が適切であるかどうかという広義の技術の問題であり，応用科学技術だけではなく，組織構造の技術，技術体系の技術（会計など）なども含まれる[19]。

　一般的な有効性に必要なのは，個々の課業に適する技術を選択し，その細部技術がそれぞれ有効であるべきであるが，組織全体の有効性に必要なのは技術的統合，つまり，「効果的な目的達成手段としての技術の全連鎖を統制する」[20]ことである。

　（2）組織の能率

　能率とは，組織に必要なエネルギーの個人的貢献の確保に関する能率であり，組織の生命は目的を達成するために必要な個人的貢献を確保し，維持する能力にかかっている[21]。その組織の生命力を維持するのは，組織の能率である。組織の能率とは，組織の均衡を維持するために十分な有効な誘因を個人に提供する能力である。

　組織は個人の協働しようとする意欲と協働体系に努力を貢献しようとする意欲に依存し，個人的努力の貢献は，誘因によって人々が提供するものであり，組織は個人の動機を満足させることができるときのみ，存続できる[22]。

　（3）誘　因

　誘因（incentive）の問題は公式組織にとって基本的なものであり，あらゆる

組織において組織に参加する人々の貢献を引き出すために適当な誘因を提供することが，組織の存続のための重要な任務である。

　その誘因を提供する方法として①誘因の方法と②説得の方法がある。前者は貨幣，報酬等の物質的誘因と仕事への達成感や社会的結合等の非物質的誘因を組み合わせて個人の動機を満足させる誘因を提供できるかどうかという客観的誘因[23]を提供する方法を指す。後者は組織が個人的貢献にふさわしい諸誘因を十分に提供することができない場合，組織は個人の主観的態度（心的状態，態度，動機）[24]を改変させ，客観的誘因を有効なものにする方法を指す。

4．非公式組織

　非公式組織（informal organization）とは，個人的な接触や相互作用の総合，意識された共通の目的を持たない人々の集団の連結である。

　バーナードは，組織の3要素で構成される公式組織以外に，共通目的を持たず，協働意欲あるいはコミュニケーションだけで構成される集団の連結である非公式組織の存在も指摘し，非公式組織は公式組織の運営に必要であると述べ，非公式組織の重要性にも触れている。また，非公式組織と公式組織の関係について，「全体社会は公式組織によって構造化され，公式組織は非公式組織によって活気づけられ，条件づけられる。」[25]と述べ，公式組織の裏側には非公式組織が存在し，相互に依存し，必要とされる組織であることを示している。

第6節　オーソリティー受容説

　組織が成立するための3要素のうち，組織へ貢献しようとする個人の意欲を引き出すためのコミュニケーションの一側面が命令のオーソリティー（権威，権限）である。その権威には，主観的側面と客観的側面があり，前者の権威は命令を権威あるものとして受容することであり，後者は受容される命令そのものの性格である。

バーナードは権威の主観的側面による「権威受容説」(acceptance theory of authority) をもって権威を定義づけている。権威とは,「公式組織における伝達（命令）の性格」であり, 組織の貢献者（構成員）が命令を自己の貢献する行為を支配するものとして受容するものである[26]。すなわち, 1つの命令が権威を持つかどうかは命令を受ける側がその命令を受容するかどうかによるものであり, 命令を下す側によるものではない。

客観的側面による権威には,「職位の権威」と「リーダーシップの権威」があり, 上位の職位からの命令がその人の個人的能力に関係なく, 単に職位が高いために権威として認められる場合を職位の権威という。また, 職位と関係なく優れた能力を持っているために命令が権威として認められる場合は, リーダーシップの権威という。

人々が命令を権威あるものとして受容するためには, 次の4つの条件が必要であり, これらの条件すべてが同時に満足された時に初めて命令を受容することができる。①命令を理解すること, ②意思決定にあたり, 命令が組織目的と矛盾しないと信じること, ③意思決定にあたり, 命令が自己の個人的利害と両立できると信じること, ④精神的にも肉体的にも命令に従うことができることである。さらに, 個人が命令を受容するには個人には「無関心圏」(zone of indifference) が存在し, その圏内では命令の権威の有無に関係なく受容できる。組織の命令には, ①明らかに受け入れられないもの, ②中立線にあるもの, ③問題なく受け入れられるものと3つに区分できる。

第7節　経営者の役割（管理職能）

バーナードは, 管理職能を「技術的側面」と「道徳的側面」に分け, 組織の困難を克服するために「リーダーシップ」が必要となるとし, その重要性を指摘している。

1. 技術的側面

バーナードによると経営者や管理者の役割（executive function）は，組織を継続的に活動させ，組織を維持することである。すなわち，本質的な管理職能の第1は，コミュニケーション・システムを提供すること，第2は，組織に必要な活動を確保すること，第3は，目的を定式化し規定することである[27]。

① 第1の管理職能

コミュニケーション・システムの確立と維持の問題は，管理職位と管理職員を統合することである。管理職位を規定することは，組織内の活動の調整を行う組織構造を規定することである。一方，管理職員の問題とは，管理者の選抜と配置である。管理者にふさわしい人材を選抜し，配置すべきである。管理者には，組織への忠誠心，責任感，組織人格による支配などの資質や適応性，機敏さ，勇気などの一般的能力と習得した技術的・専門的能力が求められる。組織構造の展開に伴い，管理者の選抜，昇進，解雇などのいわゆる「統制」がコミュニケーション・システム維持の核心となる。

② 第2の管理職能

人間は自分の動機が満たされるかあるいは満たされると期待できる場合，組織に参加して貢献する。組織に必要な活動の確保は，個々の人間から貢献を確保することであり，①組織の外にいる人々に働きかけ，組織との協働関係に誘引し，②その後，組織に参加した人々から量的・質的にも優れた貢献活動を引き出し，それが継続的に提供されるように組織の参加者に動機づけ，貢献を確保する。

③ 第3の管理職能

組織の目的や目標を定式化し，定義することである。組織目的は細分化さ

れ，細部目的ならびに細部行動は一連の継続的協働となるように時間的に調整
され，職能的に専門化された単位組織に割り当てられる。こうした無数の同時
的・継続的行動および目的を定式化し，再規定し，細分化し，その実現のため
に組織的意思決定を行うことである。すなわち，組織の共通目的を実現するた
めに，下位の貢献者に共通目的を教え込み，個々人の結束を保ち，細部の意思
決定を共通目的に沿わせ，目的に沿って個々の意思決定を上下一貫して調整し
なければならない。この管理職能の決定的側面は，責任の割当，すなわち，客
観的権威の委譲である。

2.　道徳的側面

　バーナードは，上記の管理職能の「技術的側面」に加えて，組織の管理職能
の技術的側面を超えて現れる組織固有の困難 (28) を克服するためのリーダーシ
ップが必要となると指摘し，管理職能の技術的側面に対比される「道徳的リー
ダーシップ」の重要性を強調した。すなわち，共通理解の信念，成功する信念，
個人的動機が満たされる信念，客観的権威が確立する信念，組織に参加する個
人の目的よりも組織の共通目的が優先する信念を作り出し，協働的な個人的意
思決定を鼓舞するような力がリーダーシップであり，このようなリーダーシッ
プが経営者に求められる。
　リーダーシップには，技術的側面と道徳的側面と 2 つの側面があり，責任を
含むリーダーシップの側面である道徳的側面は，「人の行動に信頼性と決断力
を与え，目的に先見性と理想性を与える性質」である (29)。これは，管理責任
の道徳的側面であり，リーダーシップの創造機能を意味する。
　リーダーシップの本質は「創造職能」であり，組織の存続は，リーダーシッ
プの良否に依存し，その良否はリーダーシップの基盤にある「道徳性の高さ」
から生じるのである (30)。
　バーナードは「組織道徳の創造こそ，個人的な関心あるいは動機の持つ離
反力を克服する精神である。この最高の意味でのリーダーシップがなければ，

組織に内在する諸困難はしばらくといえども克服できない。」[31] と述べ，道徳 (moral) を創造することが経営者の役割であり，道徳を創造しうる能力が，管理者には要求されると強調した。

【注】

（1）飯野春樹『バーナード研究』文眞堂，1978年，36〜38ページ。
（2）飯野春樹編『バーナード経営者の役割』有斐閣新書，1979年，25〜27ページ。
　　　バーナードの書名である Functions は諸職能，諸機能を意味し，Executive は経営者，管理者を意味しているように，彼が目指したのは，「組織論的管理論」すなわち，「組織論を基礎理論にする管理（マネジメント）論」と呼ばれることがある。
（3）K.E. Boulding, *The Organizational Revolution*, Harper & Row, Publishers, Inc., 1953 （ボールディング著，岡本康雄訳『組織革命』日本経済新社，1972年，36〜37ページ）．
　　　ボールディングは，「1852年当時は労働組合は事実上存在しなかったし，雇用者団体も同業団体もなかった。また，自由職業者の団体も，これといって重視すべき老民組織も，在郷軍人会も全くなかった。また，現在と比べれば，政府は国民総生産の微々たる部分しか吸収していなかった。ワシントンには農務省も労働省もなく，フリーメーソンを除けば友愛組合もなかった。株式会社も大企業も殆どなかった。政府以外の組織と言えば，主に教会と二，三の地域的な慈善事業団体と政党ぐらいのものであった。」と述べ，1952年と1世紀前の1852年の状況を比べると組織の成立や発達が急速に進行してきたことを示している。フリーメーソン（Freemason）とは，欧米を中心にして世界中に組織を持つ慈善・親睦団体。
（4）車戸　實『経営組織論』八千代出版，1985年，13〜14ページ。
（5）C.I. Barnard, *The Functions of the Executive*, Cambridge, Harvard University Press, 1938 （バーナード著，山本安次郎・田杉　競・飯野春樹訳『新訳経営者の役割』ダイヤモンド社，1968年，13ページ）．
（6）同上訳書，13ページ。
（7）同上訳書，17ページ。
（8）同上訳書，18ページ。
（9）同上訳書，67ページ。
（10）同上訳書，24〜25ページ。
（11）同上訳書，67，76ページ。
（12）桑田耕太郎・田尾雅夫『組織論』有斐閣アルマ，1998年，20〜23ページ。
（13）バーナード，前掲訳書，75ページ。
（14）ある体系に含まれるが，その事態1つのまとまりを持つシステム。たとえば，企

　業システムの中の生産システム。
（15）同上訳書，85 ページ。
（16）同上訳書，87 ページ。
（17）同上訳書，92 ページ。
（18）同上訳書，93 ページ。
（19）同上訳書，246 ページ。
（20）同上訳書，248 ページ。
（21）同上訳書，96 〜 97 ページ。
（22）同上訳書，145 〜 146 ページ。
（23）客観的誘因には，物質的誘因，個人的で非物資的機会，好ましい物的条件，理想
　　の恩恵等個人に特定的に提供されるものである特殊的誘因と社会結合上の魅力，状
　　況の習慣的なやり方と態度への適合，広い参加の機会，心的交流の状態などの一般
　　的要因がある。詳しくは，同上訳書，148 〜 154 ページ参照。
（24）説得の方法には，権利剝奪，解雇等の見せしめによる説得の手段としての強制的
　　状態の創出，他の機会と比べて得られる満足への機会を強調したり，提供される誘
　　因に興味を起こさせたりする機会の合理化，教育および宣伝の過程である動機の教
　　導がある。この中で最も重要な説得方法は動機の教導である。詳しくは，同上訳書，
　　155 〜 160 ページ参照。
（25）同上訳書，126 ページ。
（26）同上訳書，170 ページ。
（27）同上訳書，227 〜 243 ページ。
（28）同上訳書，270 ページ。
　　　物的環境と人間の生物的構造に基づく諸制約，協働の成果の不確定，目的の共通
　　理解の困難，組織に欠くべからざる伝達体系の貧弱さ，個人の分散的な傾向，調整
　　の権威を確立するための個人的同意の必要，組織に定着させ組織の要求に服従させ
　　ようとする説得の大きな役割，動機の複雑性と不安定，意思決定という永続的負担。
（29）同上訳書，271 ページ。
　　　技術的側面は，体力，技能，技術，知識，記憶，想像力における個人的優越性の
　　側面であり，時と所によって変動し，特定な事情において意味があり，条件付け，
　　訓練，教育によって育成されうる。これに対して，道徳的側面は，決断力，不屈の
　　精神，耐久力，勇気における個人的優越性の側面であり，より絶対的で主観的であり，
　　行動の質を決定する。
（30）同上訳書，294 ページ。
（31）同上訳書，296 ページ。

◆参考文献◆

Barnard, C. I., *The Functions of the Executive*, Cambridge, Harvard University Press, 1938
（バーナード著，山本安次郎・田杉　競・飯野春樹訳『新訳経営者の役割』ダイヤモ
ンド社，1968 年）.

Boulding, K. E., *The Organizational Revolution*, Harper & Row, Publishers, Inc., 1953
（ボールディング著，岡本康雄訳『組織革命』日本経済新聞社，1972 年）.

飯野春樹『バーナード研究』文眞堂，1978 年。

飯野春樹編『バーナード経営者の役割』有斐閣新書，1979 年。

飯野春樹『バーナード組織論研究』文眞堂，1992 年。

金　在淑「経営組織の基本形態」佐久間信夫・大平義隆編著『改訂版現代経営学』学文
社，2008 年。

車戸　實『経営組織論』八千代出版，1985 年。

桑田耕太郎・田尾雅夫『組織論』有斐閣アルマ，1998 年。

第12章
サイモンの組織論

第1節 はじめに

　サイモン（Simon, H.A.）はバーナード（Barnard, C.I.）によって提唱された近代組織論を受け継ぎ，さらに，組織のメカニズムを意思決定のフレームワークに拠って解明しようとした。彼の研究領域は経済学，経営学，心理学，社会学，政治学など多方面にわたっており，多数の著書や論文がある。これらすべての研究業績に共通する問題意識は「組織における意思決定プロセス」であり，彼の組織理論の基本的な考え方を示した主著は『経営行動』（1945）と『オーガニゼーション』（1958）があげられる。

　サイモンは1978年度のノーベル経済学賞の受賞者であり，彼の意思決定の理論は，第1に，伝統的な経済学で提唱されてきた完全な合理性・最適基準などの概念を根底から覆す概念として限定的合理性・満足基準などを提示した点，第2に，意思決定論・組織論を経済学の範囲に取り込んだ点において高く評価されている[1]。

　本章では，サイモンが提唱した組織理論の中核をなす意思決定理論（諸前提から決定を導く過程）を彼の代表的な著書『経営行動—経営組織における意思決定プロセスの研究—』を中心に概観する。

第2節　意思決定の前提（価値と事実）

　いかなる活動も「決定すること」と「行為すること」の両方を含んでいるに
もかかわらず，従来の管理理論は，行為の側面だけを研究対象にし，意思決定
過程の重要性はほとんど認識しなかった。これに対してサイモンは管理に対す
る統一概念として意思決定の概念を設け，意思決定過程の重要性を認識し，行
為に先立つ選択の過程である意思決定の過程が管理論において重要であると提
唱した。

　意思決定とは，「行為に導く選択の過程」である[2]。すなわち，数多くの代
替可能な行為群が存在し，その中から，実際に取られる1つの行為へ絞られる
過程を意味する。

　この意思決定を人間による選択の過程であるととらえ，意思決定の過程を
「諸前提から結論を引き出す」過程とみなし，意思決定そのものよりもむしろ
意思決定の前提を重視した。

　組織内の個人の行動は，目的志向的である。その行動が目的を達成するため
に代替的選択肢を選択する場合，それは合理的である[3]。

　特定の行為を支配する決定は①目標の選択と②それに適する行動の選択と2
種類がある。この目標は目的に対しての中間目標であり，相対的に目的が達成
されるまで，目的に対する中間目標を選択するといった意思決定が続く。そう
した意思決定には2つの判断が含まれている。決定が目的の選択につながって
いるとそれを「価値判断」と呼び，決定がそのような目標の実行を意味する
とそれを「事実判断」と呼ぶ[4]。これらの意思決定の前提には，事実的命題
に関連する「事実前提（factual premises）」と倫理的命題に関連する「価値前提
（value premises）」に分けられるが，この2つの前提が必ず存在し，意思決定過
程はこれらに基づいて行為を選択する。

　事実的命題は「観察しうる世界とその動き方についての言明」であり，それ
が真実か虚偽かをテストして決めることができる。しかし，決定は，「べきで

ある」，「好ましい」といった倫理的命題を含んでおり，倫理的命題は事実より
むしろ「当為」を主張するもので，その真偽の客観的・経験的検証が不可能な
価値的命題に関連する[5]。

　ある目的を達成するためにとる手段が適切な手段かどうかは，純粋に事実的
な問題であり，目的自身が正しいか否かは事実的な問題ではなく，事実的には
評価できない価値前提として，意思決定においては与件[6]とされる。そこで，
意思決定において「評価されるのは，意思決定それ自体ではなくて，意思決定
とその目的の間にある純粋に事実的な関係」である[7]。すなわち，意思決定
が正しいかどうかを判断できる方法は，目的を達成するためにとる手段が適切
な手段であるかどうかであり，それは，純粋な事実的価値判断の問題を指す。

　価値前提は組織の目的に関する問題であり，事実前提は組織の目的を達する
手段に関する問題である。価値前提は与件とされており，意思決定の分析は事
実前提（合理的な手段の選択問題）が科学的分析の対象になる。このようにサイ
モンは意思決定過程における価値前提は与件として考え，事実前提のみが合理
的に検証可能なものとした。

第 3 節　限定合理性と満足化

　管理上の意思決定の合理性とは，ある目的に到達するための効果的手段の選
択を意味し，「管理理論を建設するためには，さらに，合理性の概念を調べ，
効果的手段の選択によって意味されていることを完全に明確にする必要」[8]
がある。

　合理性とは「行動の諸結果を評価できるような価値体系によって，望ましい
代替的行動を選択すること」に関係する概念であり，客観的に合理的な意思決
定は，行動する主体が①すべての代替的戦略（代替的選択肢）を列挙すること，
②これらの戦略から生じる結果のすべてを確定すること，③これらの一連の結
果を比較評価することの3つの段階を経るものである[9]。

　これは，「経済人（economic man）」を前提にした合理的意思決定を示すもの

である。

　しかし，個人にとって彼の代替的選択肢の「すべて」とその結果の「すべて」を知ることは不可能であり，この不可能であることが，実際の行動と客観的合理性との違いを表す重要な分岐点となっている。

　個人が行う実際の行動は次の3つの理由から，客観的合理性に及ばない[10]。

　①合理性は，各選択に対して生じる諸結果についての，完全な知識と予測を必要とするが，実際には，結果の知識は常に部分的で不完全なものに過ぎない。すなわち，人間は限られた知識や情報の範囲の中でしか合理性を達成できないという人間の「知識の不完全性」による合理性の限界を指している。

　②選択によって生じる結果は，将来のことであるため，それらの諸結果を価値づける際には，想像によって経験的な感覚の不足を補わなければならないが，その価値は不完全にしか予測できない。すなわち，経験不足などによって予測が制約されるという人間の「予測の困難性」による合理性限界を指している。

　③合理性は，起こり得る代替的行動のすべての中で，選択することを要求するが，実際の行動ではこれらの可能な代替的行動のうち，わずか2，3の行動しか思い起こすことができない。すなわち，人間は生理的・物理的限界によって制約されており，すべての代替案を列挙するほどの想像力を持っていないという人間の「限定された行動の可能性の範囲」による合理性の限界を指している。

　このように人間はさまざまな要因によって制約されているため，限られた範囲でのみ合理的である。したがって，人間が実際に行う意思決定の合理性には限界があり，意思決定は「限定された合理性（bounded rationality）」の中で実施されるのである。

　サイモンは「人間行動が合理的であるよう意図されているが，しかし，ただ，限られた範囲でのみ合理的である」領域に，組織と管理理論の中心が存在し，管理の理論は，「意図され，しかも限定された合理性についての理論，すなわち，極大にする知力をもたないために，ある程度で満足する人間の行動の理論」

であるとした⁽¹¹⁾。つまり，限定された合理性を持つ人間の行動の理論が組織
と管理理論である。

　サイモンは全知全能な人間としての「経済人（economic man）」モデルと限
定された合理性を持つ人間としての「経営人（administrative man）」モデルと
の相違点について次の2点をあげている⁽¹²⁾。

　第1に，経済人は極大化を追求し，利用できるすべての選択肢の中から最良
のものを選択する。これに対して，経営人はあるところで満足する「満足でき
る」，あるいは「十分よい」と思われる行為を取り，満足する。

　第2に，経済人は複雑な「現実の世界」をそのまま扱う。これに対して，経
営人は彼自身が知覚する世界が現実の世界を極度に単純化したモデルであるこ
とを認め，それは，彼は現実の世界の事実の大部分が，彼が直面している特定
の状況には大して関連がないこと，原因と結果の最も重要な連鎖は，単純であ
ることを信じているため，このような単純化した状況で満足する。それゆえ，
経営人は実質的に無関係な現実の諸側面は考慮に入れないで満足し，彼は，最
も関連があり，重要であると考えるごく少数の要因だけを考慮に入れて選択を
行う。

　たとえば，干し草の中から，針を探す場合，先の一番尖った針を探すのでは
なく，「縫えればよい」程度の鋭さを持った針を探し出そうとし，それが発見
されると探索を止める。つまり，経営人が行う意思決定は単純化された世界の
中で，最適化ではなく，満足化を基準とする。

　この2つの経営人の性質が意味するものは，第1に，極大化（optimizing）を
追求するよりもむしろ満足化（satisfying）を求めるため，経営人はあらゆる選
択可能な行動を調べることなく，また，これらが実際にすべての選択肢をつく
していることを確かめることなく，選択することができること，第2に，経営
人は現実の世界を単純化された世界として扱い，経営人の思考能力が可能な関
連するいくつかの要因だけを考慮し，比較的簡単な方法で意思決定を行うこと
ができる。

　経済人は，すべての情報を収集し，最適な意思決定を行うために合理的に行

動すると仮定されている人間であり，最も客観的に合理的な行動を選択することが可能である。

　しかし，人間はすべての情報を収集することは不可能であり，自分の知り得る知識と情報の中でのみ，最適な意思決定を選択する。すなわち，限定された合理性（すべての情報や知識を収集し，最適な意思決定を行うことが不可能である）しか持たない人間は，意思決定の基準を最適か否かという最適度ではなく，満足できるか否かという満足度によって意思決定を行う。

　このようにサイモンは，完全な合理性を持ち，最適化を基準として意思決定をする経済人モデルに代わり，限定された合理性を持ち，満足化を基準として意思決定をする経営人モデルを提示し，この経営人モデルを用いて管理理論および組織理論を展開している。

第4節　組織の影響力の理論

　組織において人間行動は，限られた範囲においてのみ合理的であるゆえに，現実の人間行動に先行する意思決定の合理性や客観性を高めるために，組織はどのようにして合理性や客観性を確保するかというのが，サイモンの組織影響論である[13]。

1. 意思決定の心理的環境

　人間は，人間の心理的環境（順応性，記憶，習慣など）の範囲によって合理性を高めるが，「一人の独立した個人が極めて合理性の程度の高い行動を取ることは，不可能」である。なぜならば，代替的選択肢の数および評価する必要のある情報が膨大であるため，客観的合理性への接近は非常に難しく困難であるからである。

　しかし，個人の選択は，心理的な選択の環境の中で行われているが，この心理的選択の環境自体を選択し，修正することが可能であれば，その選択はかな

り高度の統一性と合理性を達成できる。これは，個人の問題であるが，組織の重要な問題でもある。すなわち，組織が遂行している１つの機能は，「組織のメンバーの意思決定を組織の目的に適合させ，これらの意思決定を正しく行わせるに必要な情報を彼らに提供するような心理的環境のなかに彼らを置く」ことであるため，組織にとって重要な問題である[14]。

2.　組織の機能

　サイモンは，行動を①躊躇―選択型と②刺激―反応型に分けており，実際の人間の行動は，後者によって行われていることを示している[15]。

　前者は，躊躇の期間内に，代替的行動群，環境的諸条件や諸結果に関係のある知識，予備された価値に注目しなければならない。合理性を達成するためには，選択に先立って躊躇の期間が必要であり，躊躇―選択型の行動を取るべきであるが，個人が躊躇―選択型を取ると，人間の能力に限界があり，選択に必要なすべての要素を考慮することが不可能であるため，どの代替行動を選択するか迷い，選択に先立って躊躇する期間が長引き，行動を起こさないこともある。

　これに対して，後者は，ある刺激に対してほとんどあるいはまったく躊躇なしに生じる反応である。実際の行動は，意思決定は定まった方向に注目を向けさせる刺激によって始められることが多く，その刺激に対する応答は，大部分が習慣的である。この習慣的応答が目的を達成するためにあらかじめ条件づけられた調整や反応を示す場合は，非合理的なものではない。つまり，刺激に対する習慣的応答によって行動が行われるのであれば，目的を達成できると予想される刺激を意識的に選択することによって合理性を高められる。

　刺激―反応型の行動を組織の観点からみると，組織は組織の目的を達成できる合理的な刺激―反応型の行動パターンを計画的に作成し，組織の各メンバーをこれに従わせることによって，組織は，そのメンバーの意思決定を組織目的に沿うように統合化し，その合理性を高めようとする[16]。

　組織の各メンバーの意思決定を統合するメカニズムの過程は，次の３つの主要な段階があり，組織における意思決定が階層化されることによって，より合理的な意思決定を行うことができる[17]。

　①個人（または組織）は，活動をその方向に向けさせようとする諸価値を達成するために用いようとしている一般的な方法および設定された政策の限界内で特定の意思決定をし，その意思決定を実行するために必要とする知識，熟練，情報に関する広範な意思決定を行う。これを本質的計画立案という。

　②その特定の日々の意思決定をその本質的計画案と一致させるように，彼の注目を向けさせ，情報や知識などを伝達するようなメカニズムを計画し，確立する。これを手続的計画立案という。この活動は「意思決定の心理的な環境を設定する」活動に相当する。

　①と②の段階によって提供された枠組みに適合された日々の意思決定や活動を通じてその計画を遂行する。これを執行的意思決定という。

　組織とは「人間の集団内部でのコミュニケーションその他の関係の複雑なパターン」を指しており，このパターンは，「集団のメンバーに，その意思決定に影響を与える情報，仮定，目的，態度，のほとんどを提供するし，また，集団のほかのメンバーがなにをしようとしており，自分の言動に対して彼らがどのように反応するかについての，安定した，理解できる期待を彼に与える」ことを指す[18]。

3.　組織影響のメカニズム

　個人は組織との間で，個人の貢献と組織の誘因との間に均衡が維持されれば，組織に参加する。組織に参加した個人の行動に対して，サイモンは，組織は個人の行動をいかに組織全体のパターンに適合させるか，すなわち，いかにして組織は個人の意思決定に影響を及ぼすのかについて，組織メカニズムを用いて検討している。

　個人の意思決定は「価値前提と事実前提から引き出された結論」であり，組

織が個人に与える影響は，組織によって個人の意思決定が決められることを意味するのではなく，その個人の意思決定の基礎になっているいくつかの諸前提が組織によって個人に対して決められることを意味する[19]。このようなメカニズムを組織影響のメカニズムという。組織がその個人のメンバーの意思決定に影響を与えるために用いている方法として次の5つの方法をあげている[20]。

　第1に，組織は，仕事をそのメンバーの間に分割する。各メンバーに特定の課業を与え，その課業に集中させる。たとえば，人事担当の役員は昇進，訓練，配員など人事に関する業務のみに携わるようにし，他の業務は，他のメンバーに担当させ，人事担当の役員はその業務のみに集中させる。

　第2に，組織は，標準的な手続きを確立する。ある仕事を遂行する特定の方法を決め，その仕事を遂行するたびに遂行する方法を決める煩わしさを無くす。

　第3に，組織は，オーソリティー[21]（権威，権限）と影響の制度を作ることによって組織の階層を通じて，意思決定を下（各メンバー）に伝える。この制度の普遍的形態は，フォーマルなオーソリティーのハイアラーキー（hierarchy）である。

　第4に，組織は，すべての方向に向かって流れるコミュニケーションの経路を確立する。この経路に沿って意思決定のための情報が流れる。

　第5に，組織は，各メンバーを訓練し教育する。組織のメンバーに知識，技能，一体化，忠誠心を教え込み，組織が行いたい意思決定の基準をその組織のメンバーに注入する。そのため，影響の「内面化」と言われる。

　組織のハイアラーキーの高い階層で決められた決定は，下へと伝達されなければ，下層部にいる従業員の行動に何の影響も与えることができない。サイモンは，組織が彼らの意思決定に影響を与えるための5つの方法の中で，主要な様式としてオーソリティー，コミュニケーション，訓練，能率，組織との一体化（組織への忠誠心）をあげている[22]。

第5節　組織の参加と組織均衡

　個人は組織の中での自分の活動が，彼の個人的目的に直接あるいは間接的に
貢献するときに，組織に参加する。個人は，個人が組織に対して提供する貢献
と組織から受け取る誘因を比較し，誘因が貢献と等しいかあるいはより大きい
場合のみ，組織への参加を続ける。

　組織の参加者を組織に対して貢献を提供し，組織から誘因を受け取る個人で
あるという参加者の概念からすれば，企業組織の場合，出資者（資本家），従業
員，顧客，供給業者などが含まれることになる。出資者は組織に資本提供とい
う貢献を，組織は出資者に配当等の誘因を提供し，顧客は商品やサービスを誘
因として受け取り，組織に代価を貢献として支払い，従業員は組織に労働力を
貢献として提供し，誘因として賃金や報酬を受け取る。このように組織に何ら
かの貢献をし，組織から何らかの誘因を受け取る個人は組織の参加者となる。
つまり，組織の利害関係者すべてが組織の参加者として位置づけられる。

　サイモンは，組織の参加者を誘因と貢献，組織，支配制度に基づいて分類し
ており，個人が組織に参加する基本的な動機（誘因）は，3つ存在すると指摘した。

図表12－1　組織均衡

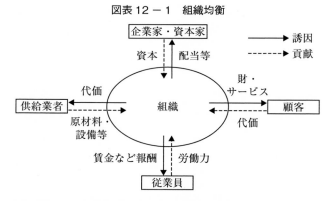

出所：桑田耕太郎・田尾雅夫『組織論』有斐閣アルマ，2000年より，筆者作成。

　第1に，組織目標を達成することから直接得られる個人的報酬，第2に，組織によって提供され，組織の規模と成長に密接な関係にある個人的誘因，第3に，組織によって提供される誘因から生じるが，組織の規模と成長に関係のない個人的報酬である。組織は通常，これらの3つの動機をそれぞれに持つ個人の集団から構成されている[23]。

　例えば，顧客は，企業の組織目標（製品やサービスの提供）から直接得られる個人的報酬（製品やサービスの利用）を誘因として，企業が提供する製品やサービスの代価として代金を支払うという貢献を提供し，顧客から貢献として支払われた代金は，従業員や企業家を組織に参加させる主要な誘因を提供しているのである。組織と顧客の関係は，継続的な取引を何ら予定しない，特定の製品の取引や契約に基づいており，一時的な取引や契約関係にある。

　従業員は，組織によって提供される個人的誘因としての個人的報酬である給料や賃金と引き換えに，彼の時間と努力を貢献として組織に提供する。組織と顧客関係，組織と雇用関係はともに契約による関係ではあるが，組織と顧客の関係は一時的な契約関係であり，雇用契約は，従業員と組織の間に継続的な権限関係を持つ。この権限関係は，従業員が組織のオーソリティーを受容することによって可能になり，従業員の受容範囲は，組織が提供する誘因の性格と大きさによる。従業員が受け取る誘因には，給料や賃金の物質的誘因に加えて，身分と威信，仕事の仲間との関係，昇進の機会といった非物質的な誘因も含まれる。

　組織への個人の参加を引き出す第2型の誘因は，組織の規模と成長から生じる「存続」価値であり，この価値を参加の誘因としているのが，企業家・資本家である。企業家・資本家が「経済人」であるとすれば，利益に興味はあるが，規模や成長には興味がないことになる。しかし，利益は組織の規模と成長と密接に関係しており，企業家・資本家が組織の存続の価値を重要視するのは，多くの企業家・資本家は利益と同様，威信や権力といった非物質的な価値に強い関心を持っているからである。企業家・資本家の組織の存続への関心は，組織への忠誠心を与え，組織に忠誠な個人（企業家・資本家）が，その組織の存続と

成長を促進するような組織忠誠心の基礎を与えてくれる。

　このような組織の参加者を，参加者の貢献と引き換えに受け取る誘因による分類以外にも，組織に対して行う貢献の形態（原料の供給者，顧客，従業員）や組織を支配する人々による分類があり，誘因，貢献，支配制度の組み合わせによって組織はさまざまな形態を取る[24]。

　組織のメンバーは組織が提供してくれる誘因と引き換えに組織に貢献しているが，1つの集団による貢献はその組織が他の集団に提供する誘因の源泉である。したがって，組織に参加する個人の貢献の合計が必要な量と種類の誘因を供給するのに十分であれば，その組織は存続し成長するが，そうでなければ，組織の均衡[25]は維持できず，組織は縮小し，結局消えてしまうことになる[26]。

　サイモンの組織均衡論は，バーナード（1938）の誘因と貢献の理論を受け継ぎ，組織の成立と存続条件を体系化したものである。すべての参加者による組織の誘因と貢献の均衡を維持することが，組織存続の条件であり，管理者（経営者）の役割なのである。

　　　，

【注】

（1）H.A. Simon, *Administrative Behavior : A Study of Decision-Making Process in Administrative Organizations*, Macmillan, 1945（松田武彦・高柳　暁・二村敏子訳『経営行動』ダイヤモンド社，1989年，訳者まえがき1ページ）.

（2）同上訳書，3ページ。

（3）同上訳書，8ページ。

（4）同上訳書，7ページ。

（5）同上訳書，56〜57ページ。

（6）科学や研究の場合，その出発点として論議の余地のないものと考えられている事実ないし原理をいう。

（7）同上訳書，60ページ。

（8）同上訳書，77ページ。

（9）同上訳書，85，95ページ。

（10）同上訳書，103〜107ページ。

（11）同上訳書，第三版への序文，28ページ。

(12) 同上訳書，第三版への序文，29 〜 30 ページ。

(13) 高橋正泰・山口善昭・磯山　優・文　智彦『経営組織論の基礎』中央経済社，1998 年，37 ページ。

(14) サイモン，前掲訳書，101 ページ。

(15) 同上訳書，113 〜 117 ページ。

(16) 松本芳男「サイモン」車戸　實編著『経営管理の思想家たち』ダイヤモンド社，1974 年，162 ページ。

(17) サイモン，前掲訳書，121 〜 123 ページ。

(18) 同上訳書，第三版への序文，15 ページ。

(19) 同上訳書，159 ページ。

(20) 同上訳書，129 〜 130 ページ。

(21) サイモンのオーソリティーの概念は，バーナードによって定義された概念に等しい定義を用いている。

　　同上訳書，162 〜 163 ページ。

　　オーソリティーは「他人の行為を左右する意思決定をする権力」として定義されており，それは，上役と部下という 2 人の個人の間の関係である。上役は部下によって受容されるという期待を持って意思決定を行い，それを伝達する。部下は，かかる意思決定がなされることを期待し，部下の行動はその意思決定によって決定される。

　　オーソリティーが他の影響力と区別される特徴は，部下は代替可能な行動の中から彼自身の能力で行動を選ぶことを止め，選択の基準として命令を受容するというフォーマルな基準を用いていることである。

(22) 同上訳書，14 〜 19 ページを参照

(23) 同上訳書，143 〜 152 ページ。

(24) 同上訳書，144 ページ。

(25) J.G. March & H.A. Simon, *Organizations*, Wiley, 1958（土屋守章訳『オーガニゼーションズ』ダイヤモンド社，1977 年，127 ページ）.

　　組織の「均衡」とは，「組織がその参加者に対して，彼の継続的な参加を動機づけるのに十分な支払いを整えることに成功していること」を指す。

(26) サイモン，前掲訳書，144 ページ。

◆参考文献◆

March, J. G. & Simon, H. A., *Organizations*, Wiley, 1958（土屋守章訳『オーガニゼーションズ』ダイヤモンド社，1977 年）.

Simon, H. A., *Administrative Behavior : A Study of Decision-Making Process in Administrative Organizations*, Macmillan, 1945（松田武彦・高柳　暁・二村敏子訳『経

営行動』ダイヤモンド社，1989 年）．

占部都美『近代組織論—バーナードとサイモン—』白桃書房，1974 年。

桑田耕太郎・田尾雅夫『組織論』有斐閣アルマ，2000 年。

佐久間信夫・大平義隆編著『改正版現代経営学』学文社，2008 年。

髙橋正泰・山口善昭・磯山　優・文　智彦『経営組織論の基礎』中央経済社，1998 年。

西脇暢子「組織管理論の系譜」田尾雅夫編著『組織行動の社会心理学』北大路書房，2001 年。

松本芳男「サイモン」車戸　實編著『経営管理の思想家たち』ダイヤモンド社，1974 年。

第13章
経営組織の基本形態と発展形態

第1節　ライン組織

　ライン組織（line organization）は軍隊組織（military organization）とも呼ばれ，最も古くから存在する組織形態である。ライン組織は「命令一元化の原則（unity of command）」および，「監督の範囲の原則（span of control）」という2つの組織原則に基づいて組織が形成されている。「命令一元化の原則」は，組織の構成員はただ1人の上司から命令を受け取らなければならないという原則である。また，「監督の範囲の原則」は，1人の管理者が同時に監督できる部下の数には一定の限界があるという原則である。

　1人の管理者が同時に監督できる作業者は15人くらいが限度であると言われている（作業者監督の範囲）ため，たとえば1,500人の作業者を有する工場においては，これらの作業者を監督するには100人の管理者が必要である。1,500人の作業者は100人の管理者の下で仕事をすることになるが，この100グループの仕事は組織の統一的な目標の下に調整されなければならないから，この100人の管理者（管理者A1〜A100とする）はさらに上位の管理者によって監督される必要がある。管理者の仕事は作業者の仕事より複雑であるため，管理者を監督する範囲は作業者監督の範囲より狭く，3〜4人であるといわれる。管理者監督の範囲を3人以内とすれば，管理者A1〜A100を監督するためには管理者が少なくとも34人（B1〜B34）必要ということになる。これらの管理者はさらに上位の管理者（C1〜C12）から監督を受ける必要があるが，

このようにして組織に階層が形成されることになる。それぞれの階層は「命令一元化の原則」にしたがって，上司と部下の関係で統合される。それぞれの職位には権限と責任が明確に規定されており，企業組織の場合には研究開発，製造，販売というような機能ごとに組織が分けられているのが一般的である。このようにして形成された組織がライン組織である。

図表 13－1　ライン組織

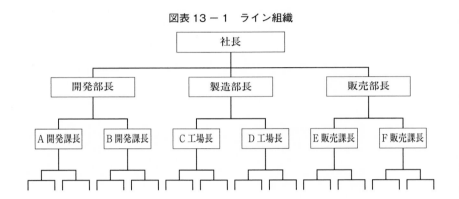

　ライン組織の長所は権限と責任がきわめて明確であることである。また，命令系統が明確であるため，命令が迅速に伝達される。したがって，組織の規律を維持しやすい。

　この組織の短所は，組織の規模が大きくなると，上位の管理者の責任が重くなり，十分に責任を果たすことができなくなってくることである。また大規模な組織においては，組織の階層数が増え，いわゆる腰高の組織（tall organization）となるため，上から下への情報伝達にはそれほど問題はないものの，下から上への情報伝達にはさまざまな問題が生じることになる。すなわち，下から上への情報伝達は時間がかかるだけでなく，たとえば現場における事故やクレームの発生などにおいては，管理者は自らの責任を回避しようとして上位者に報告する傾向があることから，情報が歪曲化される恐れも生じる。さらに，横の組織単位間でのコミュニケーションは，情報がまず上位者に伝達され

共通の上位者を介して情報が伝えられることから，時間的なロスが大きくなる。組織管理の観点からすると組織階層の低い組織（flat organization）の方が効率的であるが，企業規模の拡大とともに組織階層は多くならざるを得ない。

第 2 節　ファンクショナル組織

　ライン組織の管理者は包括的な権限と責任が与えられるため，上位の管理者の負担が重くなりすぎる欠点があった。ファンクショナル組織（functional organization）はこの管理者の負担を軽減しようとする組織形態である。すなわち，1 人の管理者がいくつかの職能（function）を遂行している場合には，職能の数だけ管理者を置き 1 人の管理者が 1 つの職能を担当することによって管理者の負担を大幅に軽減しようとすることを目指している。従業員は職能ごとに異なった管理者から指示・命令を受ける。

　テイラーの提唱した職能的職長制（functional foremanship）が職能組織の代表的な例である（図表 13 − 2）。彼は職長の仕事を執行職能と計画職能の 2 つに分け，それぞれに 4 人の職長を配置した，執行職能は①着手係，②指導係，③検査係，④修繕係の 4 人の職長が担当し，計画職能は⑤仕事の順序および手順係，⑥指導票係，⑦時間および原価係，⑧工場監督係の 4 人の職長が担当した。

　職能組織の長所は，職能ごとに専門の管理者を置くことになるため，管理者の負担が大幅に軽減されること，およびそのために管理者の養成が容易になることである。

　これに対して，職能組織の短所は「命令一元化の原則」に反するため組織に混乱が起こることである。同時に複数の上司から命令を受けた従業員はどの命令を優先して仕事をすればよいのか，また矛盾する命令を受け取った場合にどちらの命令に従えばよいのか判断ができない。テイラーの提唱した職能的職長制はこのような理由から現実の企業組織に積極的に導入され，発展することはなかったが，その原理は今日も重視されている。ファンクショナル組織をライン組織の一部に導入する組織形態もかつて提唱された（図表 13 − 3）。

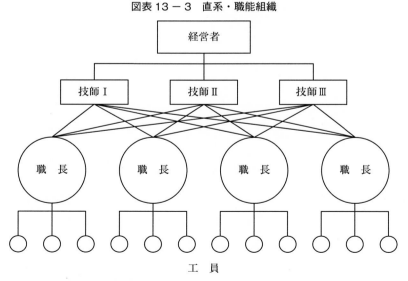

図表13－2　テイラー式職能組織

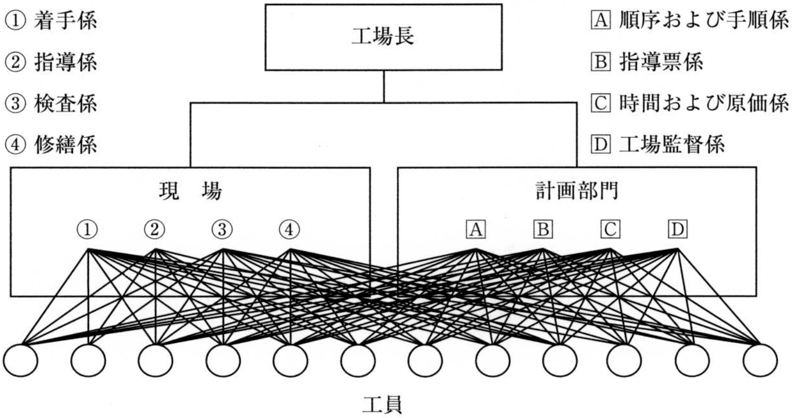

① 着手係　　　　　　　　　　　　　　Ⓐ 順序および手順係
② 指導係　　　　　　　　　　　　　　Ⓑ 指導票係
③ 検査係　　　　　　　　　　　　　　Ⓒ 時間および原価係
④ 修繕係　　　　　　　　　　　　　　Ⓓ 工場監督係

出所：藻利重隆『経営管理総論』千倉書房，1968年，465ページ。

図表13－3　直系・職能組織

出所：藻利重隆『経営管理総論』千倉書房，1968年，480ページ。

第 3 節　ライン・アンド・スタッフ組織

　ライン組織は組織の秩序や規律が維持しやすいという長所があったが，上位の管理者の負担が重くなりすぎるという短所があった。ライン組織の長所を生かしながら，短所を補おうとしたのがライン・アンド・スタッフ組織 (line and staff organization) である。

　企業経営が高度化・複雑化すると経営者はさまざまな領域に及ぶ高度な専門知識を自ら獲得することは不可能である。その際に企業は法律，会計，技術，情報などの専門領域に関するスタッフ部門を設け，経営者や管理者に対して助言することによってその職務の遂行を助けることになる。このように，ライン組織にスタッフ部門を付け加えた組織がライン・アンド・スタッフ組織である。

　スタッフの起源は 1860 年代にプロシャ陸軍が採用した参謀本部 (general staff) 制度に求めることができる[1]。プロシャの将軍フォン・モルトケ (von Moltke) は，首相ビスマルクの下で陸軍の組織改革を行った。それは新たに陸軍に参謀本部を設置し，軍事計画のすべてをここに集中するとともに軍事上の必要事項を各方面の専門家に研究させるというものであった。プロシャ陸軍の

図表 13 - 4　ライン・アンド・スタッフ組織

参謀本部制はきわめて大きな成果をあげることになったが，後に経営学者エマーソン（Emerson, H.）によってこの参謀本部制の組織形態が企業組織に採用された。

　ライン・アンド・スタッフ組織の長所は「命令の一元化の原則」に従いながら専門家の助言によって上位の管理者の負担を軽減することができることである。

　今日，ほとんどの企業がこのライン・アンド・スタッフ組織を採用しているが，問題点がないわけではない。スタッフが助言的立場を超えて行動したり，助言を受ける管理者がこれを命令と受け取るような場合には，命令一元化の原則に反する事態になり，組織に混乱がもたらされる。逆にスタッフの助言が管理者に聞き入れられない場合には，スタッフ部門を配置している意味がなくなってしまう。

第4節　事業部制組織

　事業部制組織は1920年代に，デュポン，GM，シアーズ，GE などのアメリカ企業に初めて採用された。今日，多くの企業が事業部制組織形態を採用しているものの，それが本格的に普及したのは第2次世界大戦後のことであった。

　事業部制組織は多角化戦略と密接な関連を持っている。換言すれば，事業部制組織は製品を多角化した企業の管理に適した組織形態である。したがって，今日事業部制組織は多くの企業で採用されているが，素材産業のような多角化になじまない企業では事業部制組織形態が採用されていないところもある。

　企業が製品多角化政策をとると生産・販売すべき製品が増加する[2]。これは製品によって生産技術や生産方法，必要な労働の質が異なることを意味する。また製品によって市場も異なってくる。このような場合には，多種多様な製品を生産とか販売というような機能別に管理することが難しくなる。多数の製品を持つ企業においては，機能別に組織を編成するのではなく，製品別に組織を編成したほうが合理的である。事業部制組織は製品を基準として部門編成

をした組織形態であるが，その他にも機能別組織形態にはあまり見られなかっ
たいくつかの特徴を持つ[3]。

　まず第1の特徴は，各製品部門が自立的であるということである。すなわ
ち，事業部制組織の各製品部門（事業部）は，①それが独自の製品と市場を持ち，
②生産と販売を合理的に行うのに必要な権限をすべて与えられており，③独自
の管理者層を持っている。

　第2の特徴は，トップ・マネジメントが，事業部長以下に大幅に権限を委譲
する一方で，①企業全体の予算配分の決定権と，②事業部長らの人事権を握っ
ているということである。事業部制組織は分権的組織の典型として知られてお
り，トップ・マネジメントは事業部長以下に大幅な権限委譲を行っている。そ
の結果，トップ・マネジメントは部門管理の仕事から解放され，全社的見地か
ら各部門を調整する，いわゆる全社最適を目指すことができるようになる。ま
た，トップ・マネジメントは事業部長に大幅な権限委譲を行うけれども，事業
部長の業績を評価し，この評価に基づいて人事異動を行う強い権限を持ってい
る。

　第3の特徴は，独立採算制がとられていることである。各事業部がプロフィ
ット・センター（profit center：利益計算の単位）とされ，事業部ごとに損益が算
出される。その結果，各事業部は利益の獲得に熱心になり，事業部間で競争も
行われる。大規模な企業の場合，同じ企業の中の事業部間で原材料や部品の取
引が行われるのが普通であるが，ある事業部が，他の事業部から仕入れる部品
や原材料が，一般市場から仕入れた場合に比べ価格や品質の点で劣る場合，そ
の事業部は他の事業部からの仕入れの拒否を宣言することができる。すなわ
ち，各事業部は内部取引において忌避権（right of nullification）を持つことが認
められている。

　第4の特徴は，各事業部内は機能別に組織が編成されているということであ
る。すなわち，第1次的な部門編成は製品別に行われるが，事業部内は機能別
に組織編制が行われている。

　事業部制組織は多くの長所があり，それゆえ今日大半の企業が何らかの形で

事業部制組織を採用している。その長所は[4]，まず第1に，トップ・マネジメントは現業的な執行上の仕事から解放されるため，彼らの本来の仕事である全社的な意思決定に専念することができることである。企業を取り巻く環境変化が激しい今日，長期的な市場の動向やライバル企業の行動を予測しながら戦略を立案することは，企業の生死を決するほど重要な仕事になっている。事業部制組織を採用することによって，トップ・マネジメントは現業的な仕事を部下に委譲することができ，これによって初めてトップ・マネジメントは日常的業務から解放され，本格的に経営戦略の策定に携わることができるようになったと考えられている。

　第2に，事業部制組織はトップ・マネジメントの後継者を育成する点で大きな効果をあげることができる。事業部長は，あたかも1つの企業の社長のような大きな権限を与えられ，一般の経営者が直面する問題を経験するため，現実の仕事を通して経営者としての教育と訓練をすることができる。

図表13－5　事業部制組織

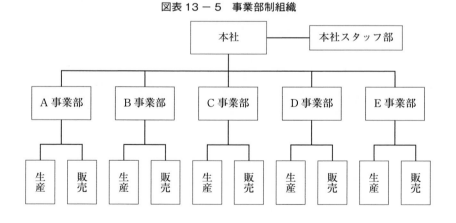

　第3に，事業部制組織は分権的組織であり，比較的下位の者にも自立的な職務と権限が与えられることになるため，①モラールの向上に役立つだけでなく，②彼らの能力を現実の活動の中で検証することができる。

　事業部制組織は利点の多い組織形態であるため，今日多くの企業によって採用されている。しかし実際に運用してみるとさまざまな問題点も出てくる。マトリックス組織やSBU組織が，事業部制組織をベースとしながらこれらの問題点を克服しようとして考案された組織形態ということができる。これは事業部制組織の適応能力の高さを意味するものと考えることができる。

　事業部制組織の問題点[5]は第1に，事業部門に賃金格差を設けることができないことである。独立採算制を徹底させるためには，高い業績をあげた事業部の従業員には高い賃金を，低い業績に終わった事業部の従業員には低い賃金を支給する必要がある。しかし，労働組合が全社的に構成されているなどの理由により，事業部門に賃金格差を設けることは，現実には困難である。事業部制組織のこの問題点を改善し，独立採算制を徹底するために，カンパニー制，さらには分社化などの組織改革が実施されることになる。

　事業部制組織の第2の問題点は，各事業部が過度に競争意識を働かせた場合には，セクショナリズムに陥る危険があるということである。他の事業部を犠牲にして自分の事業部の利益だけを追求しようとするような場合には，全社的にはマイナスの効果をもたらすことになる。

　第3の問題点は，長期的な視点からの経営が損なわれやすいということである。とくに事業部長がひんぱんに交代するような場合には，事業部長が自分の在任期間中の成績だけをあげようとして長期的な視野が欠けてくることになる。そうなると，長期的，全社的な発展の阻害要因となる。

　第4の問題は，重複投資が行われやすく，全社的な観点からは資源配分にムダが生じやすいということである。事業部長に大きな権限が与えられるため，同じ新規事業にいくつもの事業部が参入しようとするような場合には，同一企業内の複数の事業部で同じような製品開発が行われることになる。

第5節　マトリックス組織

　ライン組織と製品別事業部組織は長所とともに短所も持つ組織であった。マ

図表 13 − 6 マトリックス組織

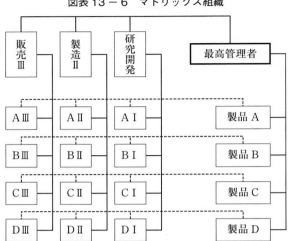

トリックス組織（matrix organization）は両組織の長所を生かす組織として考案された組織である。マトリックス組織は2人の上司から命令を受ける管理者（two boss manager）を持つ組織である。これがマトリックス組織の基本的な特質である。

　マトリックス組織には機能別組織と製品別事業部制組織の両方が並存しており，たとえば図表13−6において管理者AⅡは製造部長と製品Aの責任者の両者から命令を受け取ることになる。

　マトリックス組織の研究者として知られるデイビスとローレンスは，マトリックス組織がいくつかの段階をへて発展してきたことをわかりやすく説明している(6)。彼らはマトリックス組織発展の第一段階として機能別組織，いわゆるライン組織を取り上げているが，この組織は一般にはマトリックス組織とは呼ばれないので，ここでは彼らが次に取り上げた，「マトリックス組織の初期的形態」をマトリックス組織発展の第1段階と考えることにしよう。

1. マトリックス組織の初期的形態

　マトリックス組織発展の第1段階（デイビス＝ローレンスでは第2段階）はいわゆる「プロジェクトチーム」の組織である。デイビスとローレンスによれば，この組織はアメリカの建設会社，映画スタジオ，宇宙防衛産業などのプロジェクト単位の仕事を持つ産業で発展した。

　たとえばアメリカの航空宇宙産業では，かつて深刻な技術者不足に悩んでいたが，これを解決するために各プロジェクトが技術開発部から必要とする技術者を派遣してもらう体制をとった。技術開発部から各プロジェクトに派遣された専門技術者は，プロジェクト・マネジャーと技術開発部長の2人の上司を持つことになる。

　この組織においては，プロジェクトの目標が達成されると同時にプロジェクト自体が解散されたことから，デイビスとローレンスはこの「マトリックス組織の初期的形態」を「短期的なマトリックス」とも呼んでいる。

図表 13 − 7　短期的なマトリックス

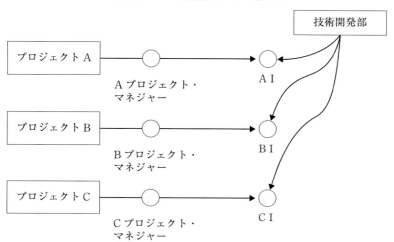

248

2. 恒久的な複合組織

　マトリックス組織の第2段階は，ブランド・マネジャーが配置された組織である。ブランド・マネジャーは製品あるいはブランドを担当する製品管理スタッフであり，特定の製品やブランドに関して製品開発から製造，販売までを一貫して責任を持つ管理者である。この組織において，たとえば管理者BⅡはブランド・マネジャーBと製造部長の2人の上司から監督を受けることになる。それぞれのブランド・マネジャーは，ある製品について，製品の開発，製造，販売促進のすべてにかかわり，自分の担当する製品に対する市場の評価を見極めた上でこれを次の製品開発にフィード・バックしていく。商品が豊富になり，企業が市場を重視せざるを得ない「豊かな社会」に対応した組織ということができる。

　この組織は，組織の目的が達成されると組織が解消されるプロジェクトチームと異なり，長期的に維持されるので，デイビスとローレンスはこれを「恒久的な複合組織」と呼んでいる。

図表 13 − 8　恒久的な複合組織

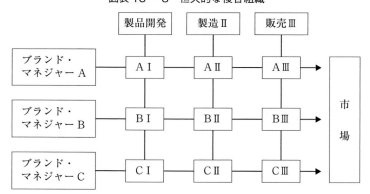

3.　成熟したマトリックス

　第2段階までは機能別の軸と製品別の軸のどちらか一方が強い権限を持つ主軸，他方が弱い権限を持つ補完軸であった。これに対して，第3段階の「成熟したマトリックス」は2つの軸が同等の権限を持つ。また，機能，製品のほかに地域や時間の軸を加えた組織も採用されるようになった。3つの軸を持つマトリックス組織は3次元マトリックス，4つの軸を持つマトリックス組織は4次元マトリックスと呼ばれる。

　文化・習慣・嗜好が大きく異なる地域を同時に管理しなければならないグローバル企業にとって，機能と製品のほかに地域の軸を設けることが必要となる。

　マトリックス組織の利点は，第1に，人員や資源の配置において重複を回避し，無駄を省くことができること，第2に，環境の変化に応じて組織構造を柔軟に変化させうること，第3に，複数の報告関係が公式に存在するため，組織

図表13－9　機能・製品・地域を軸とする三次元マトリックス

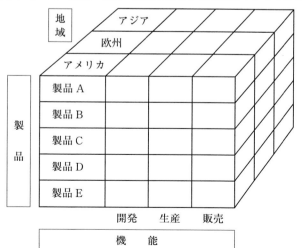

のコミュニケーションが促進されることなどである。これに対して、マトリックス組織の問題点は、第1に、複数の命令系統の存在によって責任の帰属が不明確になったり権限争いが生じたりすること、第2に、複数の命令系統の間に摩擦が生じ、それを解消するための調整に要する時間的損失がきわめて大きいこと、などである。

【注】

（1）藻利重隆『経営管理総論』千倉書房，1968年，468〜469ページ。
（2）桜井信行編『現代経営学入門』有斐閣，1954年，153〜160ページ。
（3）岡本康雄「分権制と事業部制」桜井信行編『現代経営学入門』有斐閣，1954年，155〜156ページ。
（4）同上書，156〜157ページ。
（5）日本経済新聞社編『経営の知識』日本経済新聞社，1973年，111〜113ページ。
（6）デービス＝ローレンス著，津田・梅津訳『マトリックス経営』ダイヤモンド社，1980年，65〜73ページ。

◆参考文献◆

Chandler, A.D.Jr., *Strategy and Structure*, 1962（三菱経済研究所訳『経営戦略と組織』実業之日本社，1967年）.

S.M. Davis & P.R. Lawrence, *Matrix*, 1977（津田達男・梅津祐良訳『マトリックス経営』ダイヤモンド社，1980年）.

稲葉　襄『企業経営学要論』中央経済社，1991年。

高橋正泰・山口善昭・磯山　優・文　智彦『経営組織論の基礎』中央経済社，1998年。

角野信夫『経営組織』新世社，2001年。

森本三男編著『経営組織』中央経済社，1985年。

第14章
現代企業における情報管理

第1節　はじめに

　わが国の企業における情報管理は，2000 年代の IT 革命を契機に，インターネットを介在とし，大きな飛躍を遂げていった。特に，情報システムにコミュニケーション機能が装備され，企業における内外の関係性が大きく変容していった。

　同時に，クラウドコンピュータの出現は，ビッグデータを有効に活用したイノベーションを誘発させるなど，企業の経営資源を有効に活用していく可能性を導いていった。このように，近年の情報ツールの加速度的な進展が企業に大きな刺激を与えている。とりわけ，AI の台頭は企業の意思決定にも影響を与え，企業組織の理想的なデザインが新たにモデル化された。それは，社会のあり方についてもスマート化という形で変化をもたらし，わが国の「産業の情報化」と「情報の産業化」に大きな刺激を与えた。実際，このような動きは Society 5.0 をはじめとする様々な国家戦略によって具体化されている。

　折しも 2020 年，人類はコロナ禍という未曽有の世界的危機に直面した。その時，多くの企業はスマート化された情報ツールによってこの危機と対峙した。言い換えれば，Society 5.0 が目指す超スマート社会は，このコロナ禍で立証された通り，われわれの社会や企業そのもののあり方をより柔軟なものとし，新たな可能性へと導いているのかもしれない。本章においてはこの超スマート社会に向けた情報管理について明らかにしていく。

第2節　情報管理とは何か

　これまで，情報管理とは情報化社会において，人や金と同様に資源としての価値を持つ情報を有効に利用するため，効率的・総合的に運用すること，また，限られた目的以外に，情報が故意にまたは事故等によって漏洩しないように管理することを意味すると考えられてきた[1]。

　しかし，インターネットが情報ツールとしてにわかに登場してくると，企業データは価値のある情報に転化され情報が資産となった。その意味で，現代の企業における情報管理は，効率的・総合的に運用していく初期の段階から，インターネットの普及により日常的に発生するリスクのある情報の第三者への漏洩を阻止するものへと変容していった。

　ことに，近年クラウドコンピュータによる超スマート社会の実現が，様々なコンテンツを生み出し，情報の価値転換がわれわれの予測をはるかに凌駕した。このように考えると，クラウドの出現が情報窃取に対する防御を狙いとしたものである一方で，情報窃取の技術もまた日進月歩で高度化しているのである。だからこそ，企業の情報管理は，企業にとっても極めて重要なファクターになっている。

　改めて，この情報管理の推移をここで確認すると，実は1960年代のコンピュータ活用はまずシステムを正常に稼働させ情報を効率的・総合的に運用することが中心であり，情報漏洩への対策にはあまり重きが置かれていなかった。というのも，この時代は情報技術を活用するためには専門的知識が必要であったため，集中管理されている情報システムから情報を窃取することは容易ではなかったからである。しかし，1965年，情報技術が18カ月毎に倍になるといった「ムーアの法則（Moore's Law）」が現実的なものとなり，情報システムが高度化していくにつれて専門的知識をそれほど必要とせずとも情報を窃取することが可能になった。

　つまり，情報を効率的・総合的に運用するといった情報管理だけではもはや

情報窃取という問題には対応できなくなってしまったのである。そのため，そ
れ以降の情報管理はその効率的・総合的な運用に加え，情報漏洩をはじめ企業
に損害を及ぼすリスクを食い止めることが中心になっていった。

　そこで，本節では，以上の点に鑑み，コンピュータの進展に対して情報管理
がどのように変化していったかを確認する。

　この点についてノランは，企業がコンピュータを経営強化のツールにするた
めには，一定の期間コンピュータを段階的に組織になじませていく必要があ
り，コンピュータを導入したからといっても企業は即時的にそれらを活用でき
るものではないということを明らかにした[2]。

　それに加え，ノランは1993年にコンピュータの進展をデータ処理時代，マ
イクロ時代，ネットワーク時代の3つの時代に区分する図表14-1のステー

図表14-1　ステージ理論

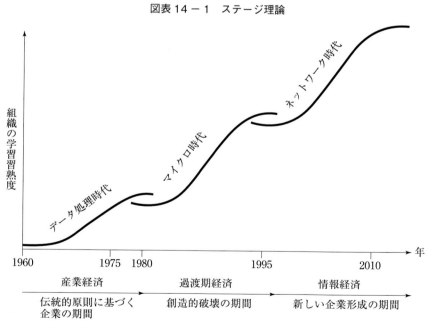

出所：S. P. Bradley, J. A. Hausman & R. L. Nolan, *Globalization, Technology, and Competition*, Harvard Business School Press, 1993, p.9.

254

ジ理論を提示した。そこでノランは，企業がそれぞれの時代においてコンピュータと組織的にどのように対峙し，経営強化のツールにしていったかを説明している(3)。ノランによれば，コンピュータが進展し新たな時代に移行する端境期においても，企業は旧時代のコンピュータとも共存せざるを得ず，その後，新時代のコンピュータが旧時代のコンピュータを凌駕し，旧時代のコンピュータが次第に消えていくのである。その過程を示したのが図表14－1のグラフである。

1. データ処理時代（1960年代〜1980年代前半）

　ノランは，この時代を「伝統的原則に基づく企業の期間」と捉え，それを「産業経済」と呼んだ。当時のコンピュータシステムは，中央集中方式で管理されたメインフレームコンピュータが主流であり，伝統的原則に基づくピラミッド型の企業形態と同様のシステムの形態がとられていた。これが第1のステージとなる「データ処理時代」である。

　この時代のコンピュータはトップ・マネジメントのためのものではなく，あくまでも事務の生産性の向上を図るものであった。つまり，事務作業をオートメーション化していくことが目標とされ，コンピュータもその目標を実現するように活用されてきたのである。その結果，事務の生産性は格段に向上し，それに伴うコストも削減された。

　しかし，1975年頃には多くの企業においてコンピュータは事務作業だけでなく中間層に対しても活用されるべきという考え方が強まり，オートメーション化された単純なシステムを超えたより複雑な業務に役立つコンピュータが求められるようになった。

　以上から，この時代の情報管理を考えると，企業が求めたコンピュータは組織の効率的・総合的な情報システムを正常に稼働させていく管理システムであった。それは，言い換えると，課業管理といった時間管理等を徹底することによって生み出される作業の合理化に他ならなかった。つまり，当時の情報管理

とは科学的管理法を貫徹するものであったのである。

2.　マイクロ時代（1970年代中頃〜1990年代中頃）

　次のステージはマイクロ時代であり，この時代においては特に中間管理職の仕事を支援するためにコンピュータが活用され，これはデータ処理時代のメインフレームコンピュータとは一線を画すものであった。そこでは，マイクロコンピュータという小型のコンピュータが活用された。また，企業形態も中央集中方式から個々の中間層の業務を支援するものへと変化していった。その意味で，ノランはこの時代を「創造的破壊の期間」，つまり「過渡期経済」と呼び，新たなコンピュータ活用の可能性を示唆した。

　実際，このマイクロコンピュータの普及により，表計算，ワープロ，設計に用いるCADなどプログラマーを必要としないソフトを活用することが可能となり，中間管理職の生産性を向上させることができた。また，従来のメインフレームコンピュータはそのプログラムの構築やプログラム集積に高額を要したが，このマイクロコンピュータの出現によりどの企業も安価なコンピュータを購入することができるようになり，企業のコンピュータ活用の可能性を広げることになった。

　データ処理時代のコンピュータは業務に対し適応の幅が狭く，企業組織がコンピュータに適合してきた経緯を踏まえると，このマイクロ時代はコンピュータの可動範囲が広がり，業務支援をスピーディーに行うことを可能にした時代であったといえる。この結果，企業はコンピュータを積極的に導入するようになり，LANシステムのような「オンライン」や「コンピュータ・ネットワーク」を生み出す土壌を培っていった。そして，それがデータ処理時代の中央集中方式による垂直的なネットワークからより分散化された水平的ネットワークへ移行するきっかけとなり，組織の情報の共有化が進展していった。

　しかし，このような情報の共有を目指したネットワーク化は同時にその情報が第三者に窃取されやすい環境を生み出す。当然，それはコンピュータがデー

タ処理時代に比べ，安価になり，その扱いがはるかに容易になったことによる。
経済協力開発機構（OECD）もそのような事態を受け，1992年に「情報セキュ
リティに関するガイドライン[4]」を策定し，情報漏洩を防ぐ方策を打ち出した。
　つまり，この時代の情報管理は科学的管理法を貫徹することに加え，情報の
リスク管理を行わなければならなくなったのである。

3. ネットワーク時代（1990年代中頃〜）

　1990年代になるとLANは企業で成熟化していったが，企業はLANのよう
な限定されたエリアでのネットワークよりも，広範囲でのネットワーク，つま
り，インターネットの活用を求めるようになっていく。
　ノランは，この時代を「新しい企業形成の期間」として「情報経済」と呼ん
だ。これが「ネットワーク時代」というステージである。また，ノランはイン
ターネットをワイドバンド・ネットワークと称し，LANの限界を超えたネッ
トワークと紹介している。実際，LANが組織内といった限られた範囲での情
報の共有しか行うことができなかったのに対し，インターネットはオープンシ
ステムであり，しかもクライアント・サーバーであったため，地理的に離れた
他の組織間との情報の共有も可能にした。
　また，LANの構築は確かにメインフレームよりも安価であったが，インター
ネットはLANよりもさらに安価で技術的にも扱いやすく，加えてシステムの
修正も容易であった。
　その意味で，インターネットは企業経営の効率的な管理を可能とし，かつ経
営戦略にも有効なツールであるとして重視されていくことになる。実際，アメ
リカではインターネットが経済を活性化させるものと考えられ，1991年には
「スーパーハイウェイ構想」が打ち出された。そして，わが国もそれを受けて，
インターネットの普及に全力を挙げていくことになる。
　つまり，この時代はコンピュータがオープンシステムであったため，社内・
外におけるネットワークの構築が容易にできるようになっていたのである。そ

して，企業においては垂直的情報伝達および水平的情報伝達がより促進され，組織構造を強固にすることが可能になった。これによって，企業間の連携も高度化し，その連携から新たなビジネスが創造された。言い換えれば，こういった状況の中で，この時代に高度化した情報ツールがインターネットによりあらゆる情報を外部に送受信することを可能にしたのである。

　ノランの時代分析はここで終わっているが，ネットワーク時代以降は，情報ツールが急激に高度化しており，ノランに代わる新たな時代解釈が求められている。特に，2000 年以降は，世界的にクラウドコンピューティングが普及し始め，これまでの情報ツールに関する概念が大きく変わることになった。クラウドコンピューティングの「クラウド (Cloud)」とは雲という意味を持つ単語であるが，一般的にインターネットを図表で示す際，雲のような絵を使うため，クラウドはインターネットについても意味として包含しているのである。

　すなわち，このクラウドコンピューティングとは，インターネットそのものがコンピュータの持つサーバーの CPU であったり，アプリケーションを稼働させるプラットフォームであったり，さらにはアプリケーションソフトウェアそのものであったりするのだ。

　これは，言い換えるならば，Web サイトさえあれば，これらのリソースにアクセスすることができるということである。すなわち，この段階においては，コンピュータの能力は必ずしも高性能である必要はなくなっている。携帯電話やスマートフォン，さらにゲーム端末といったインターネットに接続可能な機器であるならば，様々なリソースを活用できる(5)。

　このようなことが可能なのは，オープンメインフレームといったハードとソフトが統合されているシステムが活用されているからである。しかも同一のメーカーやそれらのグループがすべてリソースを提供するので，組合せの手間が不要となる上に，業界の標準的な技術にも準拠するクライアント・サーバーの持つオープンシステムの特徴も兼ね備えているので，日本企業においても導入が進んでいた(6)。

　以上より，このクラウドコンピューティングはオープンメインフレームとク

ライアント・サーバーの持つオープンシステムの特徴を兼ね備えているので，情報の効率化により総合的な運用の面で有効に機能すると考えられる。つまり，このクラウドコンピューティングは企業利益を生み出す情報の管理においては有効であったのである。

4. 超スマート化の時代へ

　以上のようにノランは，1993 年に３つのステージによって情報化の流れを示した。しかし，昨今の情報技術の発展に鑑みると，現在の状況をひとくくりにネットワーク時代として説明することは難しい。それでは，このポスト・ネットワーク時代のステージは一体どのような時代として認識されるべきなのであろうか。そのヒントは，現在，世界的に推進されている超スマート社会への移行の中に見て取ることができる。本節では，その具体例として，2011 年にドイツで提唱された Industry 4.0（ドイツ語表記：Industrie 4.0）や，わが国における Society 5.0 を参考にこのポスト・ネットワーク時代を明らかにしていく。

　まず，Industry 4.0 についてであるが，これは文字通り「第４次産業革命」と呼ばれるものであり，「スマートファクトリー[7]」によって仮想的な生産システムと現実の生産システムがグローバルかつ臨機応変に相互に協力する世界を構築することを意図している。実際，これにより製品の完全なカスタマイズ化と新たな経営モデルの創出が可能になったと Industry 4.0 は謳っている[8]。

　ところで，Industry 4.0，すなわち「第４次産業革命」は文字通り，世界史上における４番目の産業革命を意味している。このように呼称されるからには Industry 4.0 は，われわれの社会における工業の生産過程に大きな変革をもたらし，生産性を各段に向上させたはずである。では，Industry 4.0 は従前の生産過程に対し，どのような変革をもたらしたのであろうか。これについて理解するためには，人類が経験してきたこれまでの産業革命の変遷について概観することが有益となろう。図表 14 － 2 に示されている通り，われわれ人類は，既に三度の産業革命を経験している。そしてその度に新技術や新エネルギーに

図表14－2　産業革命の変遷と"第四次産業革命"の位置づけ

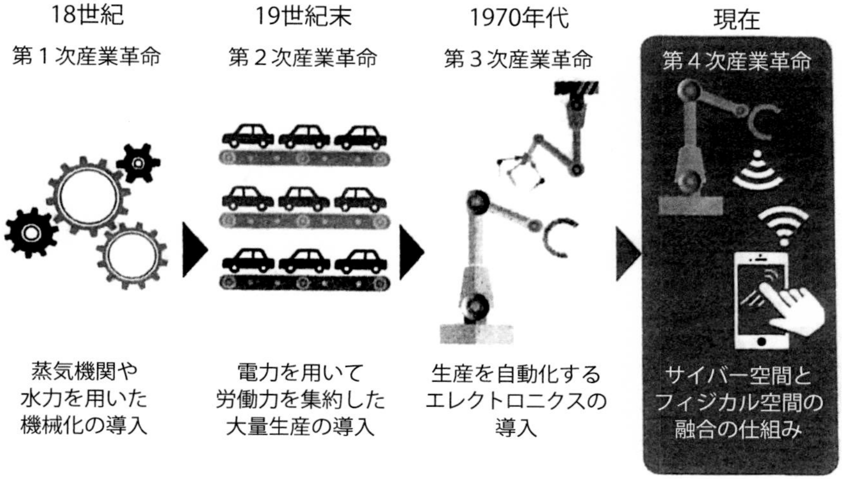

出所：日立東大ラボ編『Society 5.0―人間中心の超スマート社会―』日本経済新聞出版社，2018年，42ページ。

よる工業の飛躍的な生産性の向上を目撃してきた。

　まず，18世紀に起こった第1次産業革命では，蒸気機関の改良や石炭の利用といった技術面とエネルギー面での革命が起こり，綿工業の機械化が急速に推し進められた。次に，19世紀末に発生した第2次産業革命では，石油や電力といった新エネルギーが登場し，鉄鋼，化学，機械といった重化学工業の分野が発達し，労働力を集約した大量生産の導入が図られた。このような生産性の向上は，実質賃金を上昇させたのみならず，消費可能な財・サービスの選択肢を大幅に広げ，人々にそれまでとは比較にならないほど豊かな生活をもたらした。

　その後，1970年代に入ると，生産を自動化するエレクトロニクスの導入が図られた。これが第3次産業革命と呼ばれるものである。そして現在のようなサイバー空間とフィジカル空間を融合させるスマートファクトリーを目指した一連の転換へ向けた動きが第4次産業革命，つまりIndustry 4.0なのである。

　Industry 4.0を特徴づける具体的なツールとしては，5G，AI，ロボット技

術，IoT，自動運転などが挙げられる。そしてこれらのツールの活用によって，ビジネスモデルにおいても生産，消費，輸送，配送システムが抜本的に変わりつつあり，働き方やコミュニケーションの方法，自己表現や学習などといった分野におけるパラダイムシフトが現実的なものとなっている。すなわち，Industry 4.0 とは，有体に言えば，テクノロジーによって，人間行動や生産と消費のシステムを変えるという試みである。さらに，Industry 4.0 は，持続可能な世界の構築を強調しており，この点において，従来の産業革命とは一線を画すものとなっている[9]。

一方で，Society 5.0 は，わが国において，2016 年に閣議決定された「第5期科学技術基本計画」によって，その考え方が規定された。ここで意図されたことは，「我々が目指すべき未来社会の姿である Society 5.0 は，サイバー空間とフィジカル空間を高度に融合させることにより，地域，年齢，性別，言語等による格差なく，多様なニーズ，潜在的なニーズにきめ細かに対応したモノやサービスを提供することで経済的発展と社会的課題の解決を両立し，人々が快適で活力に満ちた質の高い生活を送ることのできる，人間中心の社会」を実現することであった[10]。つまり，この Society 5.0 は，わが国がこれまで推し進めてきた「産業の情報化」と「情報の産業化」に対し，新たな可能性をもたらしうるのである。

次に，図表 14 − 3 の「"Society5.0" の位置づけ」を見てみると，社会，生産技術，マテリアル，交通，都市（集合）形態モデル，都市理念が Society 1.0 から Society 5.0 にかけてどのように発展を遂げていったかを見て取ることができる。この図では，それぞれの時代区分が社会という観点から捉えられ，Society 1.0 が狩猟社会，Society 2.0 が農耕社会，Society 3.0 が工業社会，Society 4.0 が情報社会として定義されている。そして，Society 5.0 はこの延長線上に位置する超スマート社会，すなわちサイバー空間とフィジカル空間の融合を目指した社会として提唱されたものなのである。

さて，Industry 4.0 と Society 5.0 の関係は，図表 14 − 4「"Industry 4.0" と "Society 5.0" の比較」から理解することができる。すなわち，Industry 4.0 が

図表 14 - 3　"Society 5.0" の位置づけ

	Society 1.0	Society 2.0	Society 3.0	Society 4.0	Society 5.0
社会	狩猟社会	農耕社会	工業社会	情報社会	超スマート社会
生産技術	Capture/Gather 捕獲・採集	Manufacture 手工業	Mechanization 機械化	ICT 情報通信	サイバー空間とフィジカル空間の融合
マテリアル	Stone・Soil 石・土	Metal 金属	Plastic プラスチック	Semiconductor 半導体	Material 5.0
交通	徒歩	牛・馬	自動車・船・飛行機	マルチモビリティ	自動運転
都市形態モデル（集合）	移動／集落	城郭都市	線形(工業)都市	ネットワーク都市	自律分散都市
都市理念	Viability 生存性	Defensiveness 防御性	Functionality 機能性	Profitability 経済効率性	Humanity 人間性

出所：日立東大ラボ編，前掲書，2 ページ。

図表 14 - 4　"Industry 4.0" と "Society 5.0" の比較

名称	Industry 4.0（ドイツ）	Society 5.0（日本）
計画	・ハイテク戦略 2020 行動計画（ドイツ教育研究省，2011） ・「戦略的イニシアティブ Industrie 4.0」の実現にむけて（Industrie 4.0 ワーキンググループ，2013）	・第 5 期科学技術基本計画（2016，閣議決定） ・科学技術イノベーション総合戦略 2017（2017，閣議決定）
目標・対象	・スマートファクトリー ・主に製造業	・超スマート社会 ・社会全般
キーワード	・CPS（サイバーフィジカルシステム） ・IoT（Internet of Things） ・マスカスタマイゼーション（少量多品種生産）	・サイバー空間とフィジカル空間の高度な融合 ・経済発展と社会的課題の解決の両立 ・人間中心の社会

出所：日立東大ラボ編，前掲書，45 ページ。

あくまでも産業革命の展開を中心に焦点を当ててきたのに対し，Society 5.0 は，社会全体に目を向けていくものである。前述の通り，産業革命は生産過程に変化をもたらすだけでなく，われわれの生活様式や社会のあり方にまで大きな変化をもたらすものであった。したがって，第４次産業革命の意義を認識するためにも，これまでの産業革命によって社会がどのように変容していったのかを理解しなければならない。そして，Society 5.0 においては，工業の面だけではなく，われわれの生活の面でもサイバー空間とフィジカル空間の融合と，それによってこれまでトレードオフの関係に立つものと考えられてきた経済発展と社会的課題の解決を両立させる超スマート社会の実現が目指されている。そして，それは，自動運転技術をはじめとする 5G，IoT，AI といったサイバー空間を形作るデジタル技術がわれわれの生活に普及することによって現実化しつつある。その意味で，このポスト「情報経済」の時代は，ノランに依拠すれば，さしずめ「超スマート経済」とでも呼ぶことができるであろう。そしてこの時代が「新たな企業形態の期間」を形成している。

　しかしながら，これは，あらゆる技術革新に通底することであるが，技術革新はわれわれの社会に恩恵を与える一方で，様々な課題をもたらす。そして，それは超スマート社会においても同様である。つまり企業の情報管理が超スマート社会の進展によってより一層問われることになったのである。

　この点について次節で見ていこう。

第３節　わが国の情報管理

　前節において情報管理がコンピュータといった情報技術の進展によって変容してきたことを学んだ。それは情報管理が科学的管理法を基軸とした情報活用に加え，情報セキュリティといった危機管理にも目を向けなければならなくなったことを意味する。

　確かに，1960 年代当時も情報漏洩は企業にとって大きな問題であった。しかしながら，前述のように当時は現在のような広範囲なエンドユーザーではな

く，専門的な知識を持つ者だけがコンピュータによって生み出された情報を入手できたのである。したがって，企業が情報漏洩を防ぐための投資を積極的に行うことはなかった。というのも，1980年代後半までは企業においてはコンピュータを根付かせ経営強化のツールにすることが第一の前提であったからである[11]。

　しかし，1990年代からインターネットの活用によりネットワーク網が広域化する中で，インターネットの持つメリットが反社会的な集団にとっても有効なものとなり，不正アクセスから生じる情報窃取やテロなど様々な問題が生じた。さらに，このような問題から企業におけるセキュリティの脆弱性も露呈することになってしまっている。

　実際，わが国の情報管理はコンピュータの発展と企業経営の変遷によって効率的・総合的に情報システムを運用し，事務の生産性を向上させてきた。だからこそ，情報漏洩をはじめウイルスや不正アクセス等に対応するリスク管理にもしっかりと取り組んでいかなければならないのである。以下にこれらについての2つの流れを確認する。

1.　情報を効率的・総合的に運用する情報管理

　1960年代，わが国の産業界は太平洋戦争の敗戦からの経済的な復興を目指し，国際競争力の向上のため商用のコンピュータを導入した。当時の経営者らはコンピュータの能力を過信しており，社内業務の効率化，合理化はもとより，高度な意思決定をコンピュータで実現できると考えていた。そして，この企業の経営強化のためのコンピュータ活用は経営情報システム（MIS：Management Information System）と呼ばれ，わが国の産業界はこのMISの導入のために1967年に「訪米MIS使節団」を組織し，アメリカのコンピュータを活用している企業，銀行，研究所，省庁などを視察した。

　報告書には業務の効率化・合理化だけでなく意思決定の質的向上にコンピュータが有効に機能することが明記されており，そのため，日本の多くの経営

者らはこのようなコンピュータの活用により情報革命がわが国でも起こるのではないかと期待した。

　そこで，多くの企業はこの情報化の推進のためにまず経営管理，特に科学的管理法の徹底を図り，「作業の標準化や時間研究の徹底」，「事務の標準化」が不可欠であると考えた。これはまさに企業の情報化を推進するための環境整備といえ，その意味で，わが国初の情報管理はこのような経営管理の強化の一環として始まったのである[12]。

　しかし，いざ MIS を導入してみると，当初の期待とは裏腹に，MIS では質の高い意思決定を生み出すことが不可能であることが明らかになってしまった。これをもって MIS 構想は失敗に終わることになったが，一方で企業はコンピュータが業務の効率化・合理化の面で有効であることを改めて認識し，企業におけるコンピュータ活用は継続された。

　それは，企業が各時代における最新のコンピュータを常に導入し続けていること，コンピュータのマーケティング，販売，物流，生産，会計等の各分野での活用，またそれによる各分野の業務の効率化・合理化の実現といったことに示されている。特に，「財務会計システム」と「人事・給与システム」はわが国の企業においても必須の情報システムであるといえよう。

　さらに，「販売管理システム」，「グループウェア，社内情報ポータル」も企業のほぼ半数以上に導入されており，これらのシステムが企業活動においても優先度の高いシステムであると考えられる。その他にも，「在庫管理システム」，「購買・調達システム」，「顧客情報システム」，「生産管理システム」，「文書管理システム」，「営業支援システム」，「物流管理システム」，「経営管理システム」といったシステムが実際に稼働しており，これらのシステムが MIS の役割を担っていったのである[13]。

　さらに，企業間取引を効率的に行うための SCM（Supply Chain Management）システムも企業にとって生産性を向上させる重要なシステムの１つである。このシステムは取引先との受発注，資材の調達から在庫管理，製品の配達までのモノ，情報の流れを IT を活用することにより総合的に管理するシステムで，

余分な在庫などを削減し，コストの引き下げ，全体の最適化を行うための経営
手段となっている。

　しかし，このように生産性の向上が図られる情報システムが導入されて
も，その成果を具体的な数値で示すことは難しい。実際，「財務会計システム」
や「人事・給与システム」などと違い，これらのシステムはケースにもよる
が，生産性に結びつく具体的な数値として表れてくるような性格のものではな
い[14]。その意味で，MIS をはじめとする企業の情報システムを客観的に評価
することは困難なのである。

　したがって，これまで構築されてきたシステムがその部門や全社的に適合し
ているか否かという問題が必ずといっていいほど噴出する。たとえば，その不
具合の原因として挙げられるのは「ハードウェアの障害」，「ネットワークの障
害」，「テストにおけるミスやテスト不足」，「操作ミス等運用上のミス」，「要求
定量・設計のミス」，「性能・容量等の不足」などである[15]。

　また，SCM においてもこれまでこのシステムが目指した生産性の向上を実
現することは厳しい状態であった。これらの原因として考えられることは，こ
のシステムの導入と同時に企業内の業務プロセス改革や企業間取引の関係を見
直してこなかったことである。よって以上のシステムの不具合を解消するには
これらの問題を組織的に改革し，取り組む必要がある。

　さらに，近年の情報管理は，5G や AI や IoT の流れ，また，Society5.0 が目
指す超スマート社会に対応している。実際，「情報の産業化」また「産業の情
報化」の加速化が，企業における情報管理のあり方を変容させてきた。それは，
サイバー空間とフィジカル空間の融合によって，情報管理のさらなる効率化・
総合化を促進し，企業の生産性を飛躍的に向上させることを可能にする。そし
て，この Society 5.0 については，現在，日立と東大が共同でラボを開き，研
究を進めている[16]。そこでは，デジタルプラットフォームといった考えが打
ち出され，特にアンバンドル化のイノベーションについて言及されている[17]。
アンバンドル化とは，時間・空間・組織から分離することを意味しており，例
えばビジネスの世界で言えばテレワークなどもこの一環と考えられる。

　その意味で，このアンバンドル化の有効性は，コロナ禍におけるテレワークなどによって示されたといえよう。すなわち，企業の情報管理は Society 5.0 によって有効性・能率性が高められ，危機的な状況においても Society 5.0 の基盤を形成するビジネスプラットフォームによって，企業の情報管理の確実性が強められたのである。

　他方で，このような 5G や AI や IoT による超スマート社会は，前述の通り，サイバー空間とフィジカル空間の融合を通じて，企業の情報管理のさらなる効率化を促したが，企業組織とシステムの有機的な関係が高度化するということは，これまで以上にシステムの安定化に注力しなければならないということを意味する。というのは，このような高度に複雑化されたシステムにおいては，ほんの些細なきっかけが重大な事故へと発展しかねないからである。したがって，超スマート社会においては情報システムの維持管理が常時，適切に行われなければならないのである。

　つまり，現在形成されつつある超スマート社会において，情報を効率的・総合的に運用する情報管理体制を実現するためには，企業が最新のスマートツールを導入することによって，自らのシステムを維持管理するだけでなく，そのスマートツールの有効性が発揮できるよう企業内の環境を整えていくことが必要なのである。

2.　リスク管理から見た情報管理

　企業の情報セキュリティとは様々な形で情報を作成，入手，加工，複製，配布，共有，利用することで生成された情報資産を保護することである。さらに，情報資産とは企業の営業情報，社員情報，経理情報，顧客情報などであり，特に，「競合他社が欲しがり」，「相手が価値のあるもの」といった意味が情報に加味されれば，情報資産の価値はさらに拡大していく。

　わが国にこのような情報資産を安全に守る情報管理の考え方が認知され始めたのは 1990 年に通商産業省（現：経済産業省）が「コンピュータウイルス対

策基準」を告示し，わが国にインターネットが活用され始めた頃からであった[18]。

　また，その2年後の1992年にOECDにおいても「情報システムのセキュリティのためのガイドライン」が策定され，情報セキュリティの必要性を世界に知らしめたことは前述の通りである。

　このガイドラインでは情報セキュリティの目的を「情報システムに依存する者を，機密性（Confidentiality），完全性（Integrity），可用性（Availability）の欠如に起因する危害から保護することである」と定義し，情報セキュリティの国際標準が構築された[19]。これは，わが国においては，JIS Q 27000:2014によって定義されている。その意味で，コンピュータを活用する企業がこのガイドラインを理解し，情報セキュリティを強化することは必須といえよう。現在，この機密性，完全性，可用性は情報セキュリティの3要素と呼ばれ，情報セキュリティを考える上で重要な概念となっている。以下にその3要素の意味を確認する。

①　機密性：情報へのアクセスを許可された人だけが情報を使うことができるようにすること。

②　完全性：情報および情報の処理方法が正確であり，完全であるようにすること。

③　可用性：情報へのアクセスを許可された利用者が，必要なときはいつでも情報や情報システムにアクセスできるようにすること。

　ガイドラインではこの3つの要素の頭文字からとったCIAの意識を持つことの重要性を説き，特に，その意識の下で「認識・技術・権限移譲の原則」，「責任の原則」，「人権と基本的価値観の原則」，「協働の原則」「リスク評価と周期的な対応の原則」，「セキュリティ対策の原則」，「イノベーションの原則」，「準備と継続の原則」といった8つの原則を提示し，世界に向けて企業における情報セキュリティとは何かを説明した[20]。

　では，企業がCIAを意識した情報セキュリティを実現するにはどうすれば
よいのか。それにはまず企業組織全体に情報セキュリティに取り組む姿勢が浸
透しているか否かが重要となる。そのためには組織全体が情報セキュリティの
実現に邁進できるよう「情報セキュリティポリシー」を確立しなければならな
い。さらに，その情報セキュリティポリシーの企業全体への浸透が可能となれ
ば，攻撃者の的となる脆弱性（セキュリティホール）に対する最適な対策を打ち
出すことができる。

　では，情報セキュリティポリシーとは何であろうか。これは，基本方針，対
策基準，実施手順の3つを合わせたものと考えられているが，基本方針のみを
指す場合もある。しかし，実際のところ情報セキュリティポリシーは基本方針
や対策基準だけでは全社的な理解を得ることは難しい。したがって，情報セキ
ュリティポリシーは基本方針，対策基準に実施手順を加えることで全社的な協
力を得ることができ，企業は攻撃者に対し常に有効な打開策を講じることがで
きる[21]。

　このように，超スマート社会における情報セキュリティにおいても，多様化
する攻撃がどのようなリスクを生み，企業側がそれらのリスクに対してどのよ
うな対策を講じていくかが焦点となっている。

第4節　わが国の情報管理の現状

　わが国の超スマート社会に向けた情報化の推進は，これまで述べてきたよう
にサイバー空間とフィジカル空間の融合により，高度なサービスや新たな価値
を実社会に生み出すことを目指したものである。そして，このような仕組みに
より，「人間中心の社会」の実現を意図している。この人間中心の社会とは，
スマート社会では経済的発展と社会的課題の解決が両立し，人々が快適で活力
に満ちた質の高い生活を送ることができる社会のことである。そして，この経
済的発展と社会的課題という対立軸は情報管理にも当てはまるのである。

　すなわち，企業は，自らの発展のために大量性，多種性，リアルタイム性と

いった特徴を持つビッグデータの蓄積を行わなければならない。その一方で，ビッグデータに含まれる顧客の個人情報の流出という現代社会を覆う深刻な問題にも直面している。実際，ビッグデータのような膨大に蓄積されたデータは，企業経営にとって有効であるばかりでなく，われわれの生活にも様々な恩恵をもたらすものであるため，超スマート社会においては，企業が顧客データをはじめとするビッグデータを積極的に活用すると同時に，その取り扱いにおいては細心の注意を払わなければならない。

　他方で，昨今においては顧客の側も企業における情報流出事件の多発を背景に，企業の情報管理に対しては並々ならぬ関心を持っている。それゆえ，企業のセキュリティ対策の不備は，企業が顧客情報を蓄積することを困難にするだけでなく，一度事故が起こった場合には，企業は財政的な損失にとどまらず，信頼の失墜を被ることになってしまうのである。

　そこで，本節ではビッグデータが生み出す個人情報の管理の問題，また，ツールの高度化によって増加しているサイバー攻撃から情報セキュリティについて学んでいく。

1.　個人情報について

　わが国では 1980 年に OECD が打ち出したプライバシーガイドライン，さらには 1988 年に「行政機関の保有する電子計算機処理に係る個人情報の保護に関する法律」の制定に伴い，プライバシーは法的に保護されてきた。しかしながら，わが国で初めて明確にプライバシーについて規定されたのは，2003 年の個人情報保護法によってであった。

　2003 年の個人情報保護法制定の背景には様々な要因が存在しているが，情報化の視点に立てば，1991 年に策定され，その後も改正を重ねてきた「電気通信事業における個人情報保護に関するガイドライン」の存在が大きい。つまり，インターネットの普及によりネットワーク上に個人情報が送受信され，これまでにない様々な問題点が露呈してきたのである。実際この時期に，企業に

おける顧客情報の漏洩といった問題が顕在化した。例えば，われわれの生活の中でも自分とは全く関わりの無い企業からのダイレクトメールが届くということは誰もが経験したことであろう。このようにわれわれの個人情報が現在もなおあらゆる局面で氾濫していることを考えれば，個人情報の保護を重視する動きが活発化していることは当然のことであるといえる。

　実際，様々なポータルサイトをはじめ B to C を中心としたサイトにおける個人情報の漏洩は決して珍しいことではない。この原因として考えられることは企業が個人情報の漏洩の防止策に注力せず，個人情報を保護する対策を講じてこなかった点にある。しかしながら，最近では顧客が個人情報の重要性を理解し始めたため，企業も漏洩を防ぐための十分な投資を行うようになってきた。

　現在ではこれを受け，総務省を中心に「パーソナルデータの利用・流通に関する研究会」（2012 年）が立ち上げられ，個人情報を利用するにあたっての基本理念や原則を明確化すること，また保護されるべき個人情報の範囲，個人情報利用のルールのあり方，加えて，その法律の遵守の確保のあり方までにも踏み込み，制度を整えている。というのも，わが国の顧客は世界的に見てもネットワークは活用するが，ソーシャルメディアや電子商取引，さらにはビッグデータの活用においてきわめて慎重であるからである[22]。

2. 情報セキュリティについて

　これまで述べてきた情報セキュリティ対策に加え，政府は 2006 年「第 1 次情報セキュリティ基本計画」を策定し，2009 年には「第 2 次情報セキュリティ基本計画」，さらには，その翌年「国民を守る情報セキュリティ戦略」を策定し，官民が連携して情報セキュリティ対策を強化する取り組みに従事している。

　一方で，サイバー攻撃はさらに高度化していったため，リスクも甚大化し，その被害もグローバルレベルのものになっていった。それゆえ，政府は 2013 年「サイバーセキュリティ戦略」を策定し，「サイバーセキュリティ立国」の

実現を目指してきた。ところが，近年の 5G や AI，IoT といったデジタル技術の目覚ましい進展と比例して，サイバーセキュリティに関するリスクへの対応の重要性も従前とは比較にならないほど高まっている。実際，2018 年に閣議決定されたサイバーセキュリティ戦略においても，「サイバー空間と実空間の一体化が進展する中，こうした深刻な影響が生ずる可能性は指数関数的に拡大」することが指摘されており[23]，潜在的なサイバーセキュリティ上のリスクはわれわれの経済的・社会的生活に計り知れない被害をもたらす可能性がある。

　そのリスクの脅威を，個人と企業などの組織とで比較すると図表 14 − 5 のようになる。

　これらの事案は現在においても決して珍しいものではなく，例えば，「『組織』向け脅威」の 1 位である標的型攻撃に該当する例としては，2015 年に起こった日本年金機構の職員が利用する端末がマルウェアに感染し，約 125 万件の年金加入者情報が流出したという事件が挙げられる。

図表 14 − 5　情報セキュリティ 10 大脅威　2020「個人」及び「組織」向け順位

「個人」向け脅威	順位	「組織」向け脅威
スマホ決済の不正利用	1	標的型攻撃による機密情報の窃取
フィッシングによる個人情報の詐取	2	内部不正による情報漏えい
クレジットカード情報の不正利用	3	ビジネスメール詐欺による金銭被害
インターネットバンキングの不正利用	4	サプライチェーンの弱点を悪用した攻撃
メールや SMS 等を使った脅迫・詐欺の手口による金銭要求	5	ランサムウェアによる被害
不正アプリによるスマートフォン利用者への被害	6	予期せぬ IT 基盤の障害に伴う業務停止
ネット上の誹謗・中傷・デマ	7	不注意による情報漏えい（規則は遵守）
インターネット上のサービスへの不正ログイン	8	インターネット上のサービスからの個人情報の窃取
偽警告によるインターネット詐欺	9	IoT 機器の不正利用
インターネット上のサービスからの個人情報の窃取	10	サービス妨害攻撃によるサービスの停止

出所：IPA『情報セキュリティ 10 大脅威　2020』，2020 年，22 ページより。

　また，近年ではスマートフォンに関わる被害も多様化し，その範囲はマルウェアにとどまらない。特に，わが国では2019年10月に消費税増税に伴う経済対策の一環としてのポイント還元制度の導入によって，その手軽さや企業による大規模なキャンペーンが実施されたことと相まって，キャッシュレス決済が急速に普及したが，それによってスマホ決済の不正利用に係る事案が増大した。

　つまり，この超スマート社会においての情報セキュリティに係る問題は，もはや一元的に解決できるものではない。多元社会における情報化の問題は，もはや従来の価値観によって対応することが困難なものとなっている。言い換えれば，このような社会における企業の情報セキュリティのあり方もまた多様化・複雑化しており，これが正しいという方策を一義的に挙げることは難しい。したがって，企業は自ら主体的に能動的にセキュリティの体制を確立していく必要に迫られているのだ。

第5節　これからの情報管理

　これまで情報システムの進展とそれに伴う情報管理の変遷を確認してきたが，今日の情報管理は企業が情報を効率的・総合的に運用するといった機能だけではなく，リスク管理といった情報セキュリティの面にも重点が置かれるようになった。改めて情報システムと情報管理について整理すると，データ処理時代の情報システムはメインフレームといった中央集中方式がとられ，リスク管理が容易にできる環境にあった。さらに，メインフレームが垂直型であったために統制がとりやすかった。しかも当時の情報ツールは専門知識を有しなければコンピュータを操作することができず，そのため犯罪も少なかった。

　しかし，マイクロ時代，ネットワーク時代と中央集中方式から分散化へとコンピュータシステムが移行し，メインフレームからクライアント・サーバーといったオープンシステムになった際に，情報システムも垂直型から水平型へと移行した。このことはエンドユーザーの人口を一気に増やし，さらに，それほ

ど専門性が高くなくとも攻撃者になることを可能にしてしまうことにつながった。そのため，コンピュータによる犯罪が多発していくのである。つまり，このオープンシステムさらには情報ツールの高度化が，実は犯罪者を生み出す温床にもなってきたのだ。これは企業や政府といった組織が情報セキュリティを強化しているにもかかわらず，いっそう強力なコンピュータ犯罪が後を絶たないことからも明らかであろう。

　さらに，5G や AI や IoT を中心とする超スマート社会に移行するにあたり，前述の通り，情報セキュリティにはもはや一義的な正解は存在しなくなった。すなわち，情報技術はサイモンが予言した通り，ますます経営との結びつきを深め，情報管理は完全に経営管理の問題の範疇に含まれるようになったといっても過言ではない。実際，企業の意思決定のレベルにおいて，情報に関する責任者としての CIO（Chief Information Officer；最高情報責任者）の設置が一般的なものとなっている。この点を踏まえるならば，企業は情報セキュリティを経営の問題と考え，攻撃手段が多様化していく中で個別的，主体的な対応を常に行っていかなければならなくなっているのである。

第6節　結　び

　本章で学んだことは，情報管理とはまず情報を効率的・総合的に運用することであり，その上でリスク管理を貫徹していくというものであった。言い換えれば，ツールの高度化により複雑になってきた情報システムを正常に稼働させながら，同時に個人情報の流出や情報セキュリティ対策といったリスクにも対応することを意味する。

　では，われわれは情報管理を実現するために何をすべきなのか。時代の変遷に従い，もはやツールの高度化は止まることを知らない。また，それに伴ってサイバー攻撃も予測不能なものになっている。それゆえ，われわれはこの様々な情報にかかわる問題点を企業内において共有し[24]，体制を整えていく必要がある。

翻って，Society 5.0 は Industry 4.0 に刺激を受け，5G や AI や IoT によっ
て実現される超スマート社会の可能性を提示している。実際，こういった新た
な情報技術は，このコロナ禍といった惨事においてその有用性が示されたの
である。実はこれは，2011 年にわれわれがすでに経験していることであった。
わが国に甚大な被害をもたらした東日本大震災において電話などの通信機能が
麻痺してしまった際に，その代替として有用性を示したのがインターネットで
あり，アンバンドル化を実現するテレワークや SNS であった。そしてこの段
階からスマート化という考え方が一般化し始めたのである [25]。しかしながら，
改めて考えると企業における情報管理は明快さを欠いていることは否めない。
とはいえ，情報管理にとって重要な点は以上の事例からも明らかなように，こ
の超スマート社会で情報ツールをより柔軟に駆使することによって，企業の主
体性を喚起し，様々な危機を克服していくことなのである。

【注】

（1）1999 年第二版の大辞林から，情報管理とは「情報を有効に利用するために，効率
的・総合的に運用する」ことと「情報が故意または事故などによって漏洩しないよ
うに管理する」といった 2 つの面の意味を持つと定義しており，これは 2006 年に出
版された第三版及び 2019 年に出版された第四版においても大きく異なるところはな
かった。しかし，1988 年の初版の大辞林ではまだ情報漏洩については触れられてい
なかった。つまり，1990 年代にインターネットが登場してから，情報漏洩の問題が
発生してきたのである。ここでは，企業から情報が流出することを情報漏洩とした
が，場合によっては「情報を窃取する」ことも情報漏洩としている。

（2）R. L. Nolan, "Managing the Crises in Data Processing," *Harvard Business Review*,
57, no.2, 1979, pp.115-126.
　　ノランはコンピュータを導入し，企業が発展する段階を導入，普及，統制，統合，
データ管理，成熟の 6 段階に分け，説明した。

（3）S. P. Bradley, J. A. Hausman and R. L. Nolan, *Globalization, Technology, and
Competition*, Harvard Business School Press, 1993, pp.8-13.

（4）情報処理振興事業協会セキュリティセンター『平成 13 年 OECD 情報セキュリティ
ガイドラインに関する調査』，2001 年，60 ～ 85 ページ。
　　このガイドラインは，目的，適応範囲，定義，セキュリティの目的，原則，実施

の 6 章から構成されている。その目的はリスク対応の必要性を認識させ，対策に関
する一般的な枠組みを提供し，対策においては官民が協力を推進し，情報システム
の信頼性を高め，情報システムの国際的な利用を促進，情報セキュリティを達成す
るために国際的協力を推進するというものであり，このガイドラインがセキュリテ
ィの国際基準となっている。

（5）独立行政法人情報処理推進機構『情報セキュリティ白書2012』，2012 年，27 ページ。

（6）総務省『平成 25 年情報通信白書』，2013 年，347 ページ。

（7）Promotorengruppe Kommunikation der Forschungsunion Wirtschaft –
Wissenschaft und acatech – Deutsche Akademie der Technikwissenschaften e. V.,
*Deutschlands Zukunft als Produktionsstandort sichern – Umsetzungsempfehlungen für das
Zukunftsprojekt Industrie 4.0, Abschlussbericht des Arbeitskreises Industrie 4.0,* Frankfurt
2013, p.23.

　　ドイツ工学アカデミーによれば，スマートファクトリーとは，「生産における複雑
性の制御を行う，故障が比較的少ないにもかかわらず，生産の効率性を向上させる」
システムと定義されている。スマートファクトリーにおいては，「人間と機械，様々
なリソースがソーシャル・ネットワークさながらに行き交う」のである。

（8）*Ibid.,* pp.17-18.

（9）*Ibid.,* p.35.

（10）内閣府 総合科学技術・イノベーション会議「科学技術イノベーション総合戦略
2017」（2017 年 6 月 2 日閣議決定）2 ページ 12 行目参照。

（11）独立行政法人情報処理推進機構 『過去の情報政策と情報産業に関する調査・分析
について調査報告』，2004 年，9 ページ。

　　現在，情報処理推進機構は情報セキュリティ対策の中軸を担っているが，1970 年
に設立当時は国産のソフトウェア開発を推進するため，各企業の開発費の債務保証
を行う場であった。

（12）公益財団法人日本生産本部『アメリカの MIS・訪米使節団報告書』，1968 年，6 ペー
ジ。

（13）財団法人日本情報処理開発協会編 『情報化白書2009』，2009 年，76 ～ 77 ページ。

（14）同書，72 ～ 75 ページ。

（15）経済産業省『平成 21 年情報処理実態調査報告書』，2010 年，30 ～ 32 ページ。

（16）日立東大ラボ編 『Society 5.0』日本経済新聞出版社，2018 年参照。

（17）同書，210 ～ 212 ページ。

（18）独立行政法人情報処理推進機構『情報セキュリティ教本』実教出版，2010 年，情
報セキュリティ関連年表より。

　　1986 年，ドイツ人の攻撃者が筑波の高エネルギー研究所に侵入した時が，わが国初
の情報セキュリティに関する事件であった。また，この通商産業省（現：経済産業省）

276

の「コンピュータウイルス対策基準」はコンピュータウイルスに対する予防，発見，駆除，復旧等について実効性の高い対策をとりまとめたものである。

(19) OECD, *Digital Security Risk Management for Economic and Social Prosperity: OECD Recommendation and Companion Document*, OECD Publishing, Paris, 2015, DOI: http://dx.doi.org/10.1787/9789264245471-en［2021 年 1 月 11 日閲覧］を参照。

(20) *Ibid.*

(21) IPA『情報セキュリティ教本』実教出版，2009 年，30 〜 35 ページ。

(22) 総務省編『平成 25 年情報通信白書』2013 年，275 〜 276 ページ。

(23) 内閣サイバーセキュリティセンター（2018）「サイバーセキュリティ戦略」https://www.nisc.go.jp/active/kihon/pdf/cs-senryaku2018［2021 年 1 月 11 日閲覧］

(24) IPA『情報セキュリティ白書 2012』164 ページ。

(25) 株式会社情報通信総合研究所編『情報通信アウトルック 2012』NTT 出版，2011 年，55 〜 63 ページ。

◆参考文献◆

Bradly, S. P., Hausman. J. A. and Nolan, R. L., *Globalization, Technology, and Competition*, Harvard Business School Press, 1993.

独立行政法人情報処理推進機構『過去の情報政策と情報産業に関する調査・分析について調査報告』，2004 年。

独立行政法人情報処理推進機構『情報セキュリティ教本』実教出版，2010 年。

独立行政法人情報処理推進機構『情報セキュリティ白書 2012』，2012 年。

独立行政法人情報処理推進機構『情報セキュリティ白書 2020』，2020 年。

日立東大ラボ編『Society 5.0』日本経済新聞出版社，2018 年。

情報処理振興事業協会セキュリティセンター『平成 13 年 OECD 情報セキュリティガイドラインに関する調査』，2001 年。

株式会社情報通信総合研究所編『情報通信アウトルック 2012』NTT 出版，2011 年。

経済産業省『平成 21 年情報処理実態調査報告書』，2010 年。

公益財団法人日本生産本部『アメリカの MIS・訪米使節団報告書』，1968 年。

内閣サイバーセキュリティセンター「サイバーセキュリティ戦略」，2018 年，（https://www.nisc.go.jp/active/kihon/pdf/cs-senryaku2018）［2021 年 1 月 11 日閲覧］

Nolan, R. L., "Managing the Crises in Data processing", *Harvard Business Review*. 57, no.2, 1979.

OECD, *Digital Security Risk Management for Economic and Social Prosperity: OECD Recommendation and Companion Document*, OECD Publishing, Paris, 2015, DOI: http://dx.doi.org/10.1787/9789264245471-en［2021 年 1 月 11 日閲覧］

Promotorengruppe Kommunikation der Forschungsunion Wirtschaft – Wissenschaft und acatech – Deutsche Akademie der Technikwissenschaften e. V., *Deutschlands Zukunft als Produktionsstandort sichern – Umsetzungsempfehlungen für das Zukunftsprojekt Industrie 4.0, Abschlussbericht des Arbeitskreises Industrie 4.0*, Frankfurt 2013.

総務省編『平成25年度情報通信白書』，2013年。

総務省編『令和元年度情報通信白書』，2019年。

総務省編『令和2年度情報通信白書』，2020年。

財団法人日本情報処理開発協会編『情報化白書2009』，2009年。

第15章
ビジネスのグローバル化と多国籍企業

第1節　はじめに

　経済活動のグローバル化にともない，企業の経営活動もグローバルに展開されるようになった。経済活動のグローバル化に対する企業の対応として，「輸出と輸入」によって，様々な国で生産されている製品を国際的な流通システムに乗せて，自国の消費者や海外の消費者にそれを提供することがグローバルビジネスの原点である。しかし，輸出や輸入という企業活動には，いくつかのリスクがともなうということが認識されるようになった。例えば，1960年代のアメリカ企業は，海外企業よりも先進的な製品の生産に長けていた。このような他国と比較して先進的な製品が海外に輸出されれば，その製品を輸出する企業は，海外の消費者の心をつかみ，マーケティング戦略を優位に進めることができるのである。しかし，この輸出というグローバルビジネスの原点には，製品の模倣という，先進的な製品を販売する上でのリスクがあった。つまり，輸出ではその製品の販売を海外の販売会社に委託することによって，自らが保有するその製品の先進技術が海外企業に漏えいしていまい，次第に似通った製品が販売されるという不都合が生じるのである。そこで，アメリカ企業がとった策は，自らが海外（主にヨーロッパ）に進出してアメリカで先進的だとされてきた製品を自らの支配下で生産するということであった。あるいは，海外の委託販売会社を自らの支配下に置き，技術的な漏えいを防ぐというアメリカ企業の策が，輸出・輸入ではない新たなグローバルビジネスの萌芽となった。

　そして，ビジネスがグローバル化するにしたがって，組織構造も進化してきた。グローバル化の初期段階，つまり，輸出入中心のグローバル化や数か国への海外進出という段階では，既存の国内組織がグローバル化に対応し，企業のグローバル活動のための機能が強化されていく。さらにグローバル化が進展すると，製品多角化や地域面での多様な課題が，多様な経営環境に柔軟に対応できる組織構造の進化に繋がっていくのである。

　組織構造が国際的に展開されると，企業の経営者は，集権化，あるいは分権化というという選択肢を選ぶ決断をしなければならない。集権化とは，多国籍企業の本国の本社がリーダーシップとをとり，世界に散らばる多様な拠点をコントロールすることを意味する。集権化の組織形態がとられるケースでは，経営意思決定の一元化，経営資源の一元的管理，製品モデルの統一化など，経営の効率性を目標とする経営方針が優先される。また，海外拠点の人材や技術などの経営資源が未成熟なケースでも，集権化の組織構造が採用されることが多い。集権化の組織構造をとる企業にとって，その経営戦略上の成功は，本国の本社の様々な資源（人材・技術・資金・経営管理手法など）に依存している。

　一方，分権化とは，多国籍企業が進出している国々は多様なので，その多様な経営資源を活かすために，本国本社からの統制を弱めることを意味している。分権化のケースでは，現地での独自の製品開発や現地での独自の人材採用など，様々な面で，海外拠点に多様性を活かす経営判断が委譲されている。海外拠点の規模が大きく，その経営上の経験が豊富であるときや，海外拠点の現地国政府からの多国籍企業に対する圧力が強い場合，分権化という組織構造が採用されることが多い。集権化の組織構造とは異なり，分権化の組織構造の成功は，海外拠点の経営資源（人材・技術・資金・経営管理手法など）に依存している。

　このように様々な国に多くの海外拠点を持つ多国籍企業の組織構造は，大きく分けると，集権化と分権化という2つの方向性がある。従来，このような考え方は，どちらか一方を優先するという二律背反の関係であるとみなされてきた。実際には，多国籍企業の組織構造は，二律背反の関係で片付けられるほど単純ではなく，より複雑な経営環境に適した組織構造が展開されるようになっ

た。つまり，地球上のあらゆる地域で統一的な経営手法をとるとともに，ある特定の海外拠点での特殊な事情に対応できる柔軟な組織構造の考え方が出現している。

第2節　多国籍企業とグローバルビジネス

1.　多国籍企業の概念

　多国籍企業とは「直接投資を行い，2か国以上で付加価値活動を所有ないしコントロールしている企業」（江夏・太田・藤井編，2013，6ページ。）であるという定義は，明確で多国籍企業の実態をイメージしやすい。つまり，支配関係にある子会社を海外に所有している企業が多国籍企業であると認識できる。

　ヒーナン＝パールミュッター（Heenan, D. A. & H. V. Perlmutter）は，多国籍企業の定義に関する客観的指標について言及している（Heenan, D. A. & H. V. Perlmutter, 1979, 邦訳，17ページ）。客観的指標は，構造基準と成果基準からなり，これらは計量化が可能である。在外子会社数，つまり，自社の支配下にある子会社の数や，海外子会社の所有形態（親会社がどれだけの比率で子会社に出資しているか）など多国籍企業の形態面からの規定が構造基準である。そして，多国籍企業の経営の実態，実績からそのグローバル化の程度を規定するのが，成果基準である。これは，海外における所得，売上高，資産，雇用数などの指標から多国籍化を計る手段である（図表15－1）。ヒーナン＝パールミュッター（Heenan, D. A. & H. V. Perlmutter）は，多国籍化を計る手段としてこれらの客観的指標だけでは不十分であり，多国籍企業において意思決定がいかに行われているかという，グローバルな経営活動に対する経営者の考え方を追求することが重要になってくると述べている（Heenan, D. A. & H. V. Perlmutter, 1979, 邦訳，18ページ）。このように多国籍企業の経営者の基本姿勢から見ていくことは，具体的には次のような視点から分析することである（Heenan, D. A. & H. V. Perlmutter, 1979, 邦訳，18ページ）。

図表15－1　多国籍企業化の定義

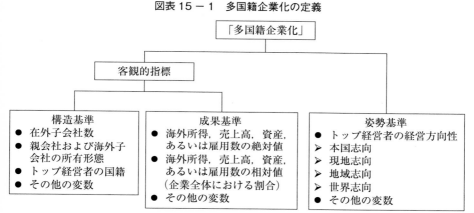

出所：Heenan, D. A & H. V. Perlmutter, *Multinational Organization Development*, Addison-Wesley Publishing Company, 1979, 邦訳, 17ページの図を一部修正。

(1)　経営者は企業の重要海外業務について従業員の任命をどのように決定しているのか。

(2)　様々な海外の市場機会をどのように分析しているのか。

(3)　合弁事業のパートナーをどのようにして選択しているのか。

(4)　以上のような重要な意思決定の根底には，どの人材のアイデアを頼りにすれば適切であるのかという親会社としての信念があるか。

　このような問いに対して，多国籍企業は4つの方向性をもっている（Heenan, D. A. & H. V. Perlmutter, 1979, 邦訳, 18～21ページ）。第1のタイプは，本国志向である。世界に散らばる多くの拠点の中から本国の人材を中心的位置におき，その本国の人材に多くの報酬を与えるという選好である。このような選好の背景には，本国の人材が海外の人材に比べ，より優れた能力を持ち，信頼できるという考えが経営者の方針の根底にある。

　第2のタイプは，世界各国の文化は大きく異なっており，それを本国の経営者が理解することは難しいので，現地事業が収益をあげているかぎり，本社は海外事業に介入すべきではないという姿勢が現地志向である。このような考え

方のもとでは，海外拠点の主要ポストは，ほとんど現地の人材によって占められ，彼らが人材発掘や人材育成を自律的に行うことができる。

　第3のタイプは地域志向である。この考え方のもとでは，地域ベースでの管理者の採用，訓練，評価，配置をすることができる。政治的，経済的共同体の結成を予測し，国は異なるが共同体的意識の強い国々の人材を管理するときに適した体制が地域志向である。

　第4のタイプは，意思決定に際し世界的な最適解を求め，その最適解を旗印に各国拠点を統合しようとする姿勢が世界志向である。つまり，本国，海外の区別なく，人材の登用がなされ，世界の拠点での中で最も能力のある人材がリーダーシップをとることが想定されている。そのリーダーは，国単位の利害にかかわらず，世界ベースでの資源配分の最適化を図るという姿勢を意思決定に取り入れるという考え方が世界志向の基本である。意思決定や人材の登用という視点から，多国籍企業は4つのタイプに分けることができる。4つのタイプの特徴を組織面や人事面でまとめると図表15 - 2のようになる。

　さて，このように多国籍企業を定義する議論は多様であるが，多国籍企業が最も考慮しなければならないのが，どのように利潤を追求していくかという行動目標である（山崎・竹田編，1993，40ページ）。多国籍企業は，世界各国の拠点

図表15 - 2　多国籍企業の4つの志向にもとづく組織面での特徴

企業の諸側面	本国志向	現地志向	地域志向	世界志向
権限と意思決定	本国本社に集中	本社集中の相対的低下	地域本部に集中あるいは，地域の海外拠点間の協議拡大	本社および海外拠点との協議
評価と統制	人事考課と業績評価に本社基準を採用	現地で決定	地域で決定	世界全体と現地の意見を含んだ基準
人材面での対応	世界の主要な地位には本国の人材を	現地の主要な地位には現地人を	地域内の主要な地位には同地域の人材を	主要な地位には世界中から優秀な人材を選抜
インセンティブ（報酬）	報酬は本社で厚く，海外拠点では薄い	報酬は海外拠点の実績に依存する	報酬は地域目標に沿った貢献度に依存する	報酬は，海外拠点および，世界目標の達成度に依存する

出所：Heenan, D. A & H. V. Perlmutter, *Multinational Organization Development*, Addison-Wesley Publishing Company, 1979, 邦訳，19ページの表をもとに筆者作成。

でのコストの違いを考慮し，より有利な条件で活動できる海外拠点の特徴を活かして，全体としての利潤の最大化を図る組織体である。例えば，労働集約的な財の生産は比較的人件費の安い中国や東南アジアの拠点に集約し，一方で，技術集約的な財の生産は，海外の優れた技術を活用するために，技術先進国であるアメリカやヨーロッパ諸国で行われる。あるいは，経済発展の程度で生産拠点を分けることも，多国籍企業の行動目標となる。日本企業であれば，高付加価値製品はその製造コストを回収することのできる日本で行い，低付加価値製品の製造は開発途上国で行うという，国の経済発展の進展状況によって，多国籍企業の生産拠点の分布を特徴づけることができる。つまり，製造コストと国の経済発展の程度による，国際分業によって，多国籍企業は組織全体としての利潤の最大化を追求しているのである。

　以上の多国籍企業の様々な側面をまとめると次のようになる。

(1) 国内生産による輸出によるリスク（模倣のリスク）を回避するために，海外の販売拠点や工場を直接支配する企業体である。
(2) 多国籍化の程度は，海外拠点の数や，海外企業に対する出資比率など，構造基準によって計ることができる。
(3) さらに，海外での所得，売上，資産，雇用数といった成果基準によって多国籍化の程度を計ることができる。
(4) 経営者の基本姿勢から，多国籍企業の特徴が明確になる（本国志向・現地志向・地域志向・世界志向）。
(5) コスト面での国際的な差異や国ごとに異なる経済発展の程度を考慮しながら，多国籍企業は世界全体としての利潤の最大化を追求している。

2.　多国籍企業と国家—国境を越える経営

　多国籍企業は多くの国々の拠点をもっているので，多様な政治的要因よって影響を受ける経済的側面を考慮して経営をしていかなければならない（吉原編，

2002, 6ページ)。多国籍企業の経営者は, なるべく国境を意識しないような経営をしたいと考えているだろう。つまり, つまり世界の市場に自由に進出し, 安価で良質な労働力や原材料を調達し, 最適な地で最適な製品を生産し, 世界のいたるところでそれを販売したいという願望を, 多国籍企業の経営者は抱いているのである。このようなボーダーレス (国境を意識しないという意味) の経営手法は, 経営上の効率面では追求されるべき考え方で, どの多国籍企業もこのような効率性を追求している。しかし, 国境を越える経営であるがゆえに, 国の政策との兼ね合いを考慮する必要に迫られることが, 多国籍企業の経営で重視すべき視点である。

　例えば, 海外で原材料調達から, 部品加工, 組立, 販売まですべてを垂直統合して, これらを完全支配したい多国籍企業に対し, 現地国のローカルコンテンツ規制が, その経営の障害となることもある。ローカルコンテンツ規制とは, 海外から進出してきている企業に対し, 現地国政府が部品や原材料を現地のローカル企業から調達するように要請するという, 国策である。つまり, 進出してきた企業に対して, 自由に経済活動を行うことを制限し, 自国産業の発展を促進させようとする政策が, ローカルコンテンツ規制である。この規制によって, その国に進出した多国籍企業は, 本国と同程度の品質の部品を求めている場合, 特に開発途上国でのローカルコンテンツ規制によって, 現地ローカルの企業の育成をしていかなければならないという立場におかれる可能性がある。

　ローカルコンテンツ規制によって, 現地のローカル企業に日本の先進企業が技術的な面で支援をし, その国の人材育成が促進されるようなケースでは, 進出先国政府の日本企業に対する印象が良くなるとともに, 現地労働者の能力アップによって良質な労働力が確保されれば, 日本企業にとってもメリットが大きくなる。つまり, このようなケースでは, 国家と多国籍企業との利害は一致するのである。

　以上, 多国籍企業と国家との関係について検討してきた。ここから見えてくることは, 多国籍企業の経営において, 効率性と現地国国家と良好な関係をいかにして両立させていくのかいう課題がある。経済がグローバル化した現代に

おいて，海外の人材や資源を活用することなしに企業は存立しえない。ゆえに，多国籍企業は，進出先国家との良好な関係を維持しつつ，独自の経営上の強みを発揮し，共存共栄という視点で経営されている。

多国籍企業の活動は，規模が大きいだけではなく，その戦略の機動性が高いため，国の経済に与える影響はとても大きく，迅速である。1970 年代以降アジア各国が著しい経済発展を達成したが，その主要な要因は，多国籍企業の様々な活動である。経済発展の初期の段階では，日本からの製造企業の進出によって，現地の人々に日本的な製造，品質管理の手法が伝達され，優れた労働者が育っていった。次第に日本企業の生産量が増大するにつれ，現地労働者の賃金は上昇し，現地市場向けに製造されていた製品は，日本企業で働く労働者によって購入され，彼らは豊かさを手に入れることになったのである。

第 3 節　多国籍企業の史的展開—日本企業の海外進出

1.　資源開発と紡績業による中国進出

日本企業のグローバル化は，原料資源を輸入して，それを加工し，国内需要を充足させたうえで，輸出もするという加工貿易によって進展した。特に日清戦争（1894-1896 年）の勝利，日露戦争（1904-1905 年）の勝利を契機として日本企業は，中国大陸に資源開発のための海外進出を増加させた。1906 年に設立された南満州鉄道会社は，中国での資源開発をし，その資源を日本に輸送する鉄道を敷設して，日本の加工貿易の基盤をインフラの整備から強化した（吉原編，2002，37 ページ）。

明治期，日本において先進産業であったのは，紡績業であった。東洋紡，鐘紡，大日本紡績をはじめとする主要な紡績企業は，日清戦争後から綿糸輸出を，日露戦争後からは，綿布輸出を中国向けに行った。中国での保護貿易策，つまり，日本から中国へ入ってくる輸入品に高額な関税をかけたため，これらの紡績企業は，中国現地で工場を建設して，その中国での影響力を増大させた。

1930年時点で，中国で紡績業を営む日本の紡績企業は，15社を数え，これら
の会社は，在華紡と呼ばれていた（吉原編，2002，37ページ）。在華紡には，日
本からの経営管理者や技術者，熟練工が派遣され，彼らは長期にわたって中国
に滞在して，日本的な優れた経営管理方式や，品質管理の手法を現地の従業員
に伝授した。欧米の紡績会社は中国での工場の管理を単に支配しようとしてい
たのに対し，日本の在華紡は，高度な技術を駆使して，中番手や細番手の綿糸，
薄地綿布など，より品質の高い製品を生産した。在華紡の当面の目的は，中国
市場向けの製品供給（つまり，日本からの輸出代替）であったが，次第にその生
産規模が拡大し，東南アジアの国々への輸出や日本への逆輸入をする在華紡も
出現するようになった。しかし，日中戦争の激化や第2次世界大戦の敗北によ
って，在華紡は，中国政府によって接収された。第2次世界大戦後，日本企業
の海外進出は途絶えてしまったが，1950年の民間貿易の再開によって，貿易
量が増加し，そのような経済の国際的な繋がりが強化されるにつれて，日本企
業の海外進出も再開されるようになった。

2. 世界経済の激動と日本企業の海外展開

1945年の終戦以降，日本企業は復興需要の増大，重化学工業化の進展，高
度経済成長，輸出の増大，国際収支の黒字化の定着，円ドル為替相場の固定化
から変動化への移行，石油危機，アメリカとの経済的な摩擦の高まりといった
様々な局面に向かい合ってきた。このような過程において，日本企業がまず直
面したことは，国内資源の脆弱さによる経済再生へのパワー不足であった。天
然資源に恵まれない日本が復興を果たすためには，日本の企業は，石油，鉄鉱
石，パルプといった製品加工型産業に不可欠な資源の獲得を目的に，海外に進
出していった。次第に，資本力を高めた日本企業は，重化学工業分野での企業
発展を進め，それ以外の労働集約型産業である，軽工業品加工企業（繊維や食
品加工業）は，国内の賃金高騰による利益の減少を避け，低賃金労働力を活用
できる開発途上国にその活動の拠点を移すことになった。

　1970 年代になり，日本とアメリカでの貿易摩擦が激化し，加工貿易製品の花形であった，カラーテレビや自動車のアメリカへの輸出が制限された。そのため，日本の家電メーカーや自動車メーカーは需要のあるアメリカへ進出するようになった。円ドルレートが固定制から変動制に移行したことにより，当初 1 ドル =360 円というという固定レートが変動相場制に移行し，為替レートが円安から円高に推移したことによって，日本企業は，海外の土地や工場，オフィスビルなどをそれまでよりも有利な価格で購入することができるようになった。このように，労働集約型企業は開発途上国へ，資本集約型企業はアメリカへといった海外進出のパターンが確立された。

　1980 年代以降は，日本の自動車メーカーのアメリカ進出が顕著になった。トヨタ自動車は 1982 年にカルフォルニア州で，GM（ゼネラルモーターズ）との合弁企業である，NUMMI（New United Motor Manufacturing, Inc.）を設立した。1980 年代末までに，日産，本田技研，マツダ，三菱，いすゞといった日本の自動車製造企業がアメリカに進出し，アメリカのビッグ 3 である，フォード，ゼネラルモーターズ，クライスラーの市場を脅かす存在となった。

3.　日本企業の経営手法とその課題

　日本企業の経営手法は，海外進出した多国籍企業ではどのように評価されているのであろうか。国際的に評価されているのは，作業現場での労働者の人間性尊重（人は機械ではないという考え方）やチームワークによるコミュニケーションの促進である。このような労働慣行は，特に海外のブルーカラー（工場の作業現場）では，好評である（江夏・太田・藤井編，2013，287 ページ）。カンバン方式，ジャストインタイムといった生産管理上の工夫についても，効率的で無駄のない生産を実現できるという意味で，日本企業の世界的な躍進の源泉となった上に，世界の多くの先進的な企業にもこれらの工夫が導入された（江夏・太田・藤井編，2013，287 ページ）。

　しかし，日本の経営手法を海外に展開には，いくつかの問題点もあることに

留意しなくてはならない。従業員が企業全体のことを理解し，自己判断で様々な問題を解決するというゼネラリストの活躍は，永続的な雇用を重視した終身雇用制の採用を前提としている（江夏・首藤編，1994，288ページ）。その一方で，海外での従業員の定着率の低さは，永続的雇用関係と企業への忠誠心の醸成を難しくし，日本企業特有の家族主義的な経営理念が機能せず，日本企業独自の競争力はその長所を発揮できないという現状がある。

　日本企業の経営手法の特徴は，長期的志向と人間関係志向が強い経営制度である。ゆえに，日本の多国籍企業は企業の理念やビジョン及び戦略を明確にし，それらのアピールを十分理解した従業員を採用し，従業員に対して時間をかけて教育をし，忠誠心のある，そしてゼネラリストとしての能力のある人材を育成してきた。

第4節　組織構造の発展経路

1. 国際事業部から製品事業部制・地域別事業部制へ

　1945年以前の日本企業の輸出では，商社を通じて行われる間接輸出が多かった。製造企業が自ら市場を開拓して，輸出するという直接輸出は少なかった。本格的にグローバルビジネスを管理する組織構造が確立したのは，日本企業が東南アジアなどで海外生産をはじめた，1950年代以降である。海外の製造拠点を管理するためにつくられたのが国際事業部である（図表15-3）。海外の製造拠点を管理するためには，海外出向者の管理，日本からの技術の移転，部品の原材料の調達の手配などを国内部門とは切り離して，海外の製造拠点をサポートする部門が必要となったのである。この時代の国際事業部は，事業部といっても独立採算制を担うプロフィットセンターではなく，あくまでも海外事業のスタッフ的な役割を持っていたにすぎなかった。

　アメリカでは，1960年代半ばまでに国際事業部は廃止され，新たな組織構造が構築された。国際事業部が廃止され，海外の製造拠点は，国内の経営活動

図表 15 − 3　国際事業部の位置づけ

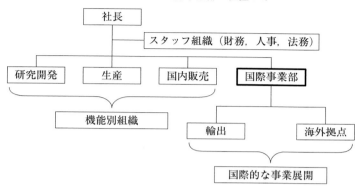

出所：吉原英樹『国際経営 ［新版]』有斐閣，2001 年，168 ページの図を
もとに筆者作成。

図表 15 − 4　製品別事業部制

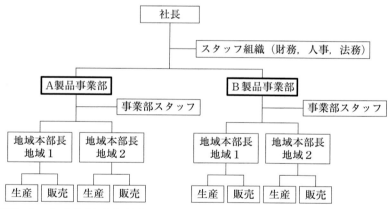

出所：Stopford, J. M. & L. T. Wells, Jr, *Managing the Multinational Enterprise*, Basic
Books, 1972，邦訳，59 ページの図をもと筆者に作成。

を管理してきた事業部の管轄下に入った。国内の経営活動に専念していた事業
部は，輸出を含め海外生産の管理，技術移転の管理などの海外事業を遂行する
ようになった。この事業部は，製品別に区分された製品別事業部制として機能
することになった。(図表15 − 4)。製品別事業部制は，様々な製品を取り扱う

図表 15 － 5　地域別事業部制

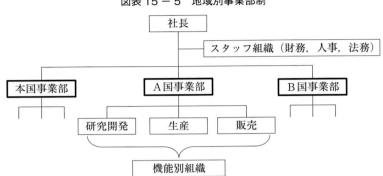

出所：山崎　清・竹田志郎編『テキストブック国際経営［新版］』有斐閣，1993 年，
　　　118 ページの図をもとに筆者作成。

多角化した多国籍企業によって採用され，それぞれの製品別事業部が国内と海
外とを統合してグローバルビジネスを展開するようになった。一方，専業化企
業，つまり，市場に提供する製品が単品あるいは，その数が少ない企業は，地
域別に事業部を区切った地域別事業部制を採用するようになった（図表15－5）。

2.　グローバル組織

　ここまで検討してきた，国際事業部や，製品別事業制，地域別事業部制とい
う組織の見方は，多国籍企業の形式的な骨格を表しており，このような視点で
組織を分析することを組織の解剖学という（吉原，2001，179ページ）。そして，
多国籍企業の組織の中の血液の流れ，つまり情報の流れがどうなっているのか
を分析することを組織の生理学という（吉原，2001，180ページ）。具体的には，
組織間でのコミュニケーションの流れ，戦略策定のプロセスなど，多国籍企業
がいかにして活き活きとした組織体として機能しているのかを見る視点が組織
の生理学である。このような視点で多国籍企業の組織を分析したのが，バート
レット＝ゴシャールである（Bartlett, C. A. & S. Ghoshal, 1989，邦訳，119～126ページ）。
　彼らが示した組織モデルは，グローバル組織，インターナショナル組織，マ

ルチナショナル組織，そしてトランスナショナル組織である。これらの組織モデルを順に見ていこう。図表15－6から図表15－9に示されている本社と海外拠点との関係を示す実線は，つながりが強力であることを意味し，破線はつながりが弱まっていることを意味する。背景の色が濃いボックスは，権限が強いことを意味し，背景の色が薄いボックスは，権限が弱いことを意味している。

　グローバル組織では，経営に必要な情報や権限は本国本社に集中化されており，海外での事業は，グローバルな規模での事業を展開するための出発点として位置づけられている（図表15－6）。海外拠点の役割は，部品を組み立て，製品を販売し，本国本社で立案された計画と方針を実行することである。グローバル組織内での海外拠点は，製品や戦略を生み出す自由はなく，既存にある製品や戦略を改良する権限ももたない。海外拠点の長は，様々な経営情報の獲得や経営上の指示を本社に依存している。また，本社の社長は，海外拠点の運営及び，そこで扱われる製品の特性を厳しく管理しており，海外拠点へのサポートは，本社から海外拠点への一方的通行になっている。このグローバル組織の特徴は，中央集権型の結びつきの中で，本社の社長が世界全体を1つの経済単

図表 15 － 6　グローバル組織モデル

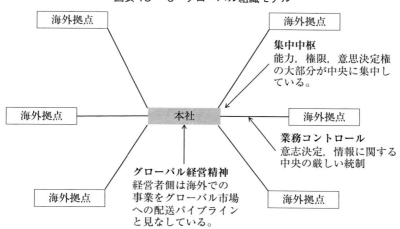

海外拠点

海外拠点

集中中枢
能力，権限，意思決定権
の大部分が中央に集中し
ている。

海外拠点

本社

海外拠点

業務コントロール
意志決定，情報に関する
中央の厳しい統制

グローバル経営精神
経営者側は海外での
事業をグローバル市場
への配送パイプライン
と見なしている。

海外拠点

海外拠点

出所：Bartlett, C. A. & S. Ghoshal, *Managing Across Borders: The Transnational Solution*, Harvard Business School Press, 1989, 邦訳，70ページの図をもとに筆者作成。

位としてみなす経営方針をもっていることである。つまり，海外拠点のマーケットの差異を考慮せず，本国のグローバルスタンダードで全世界の拠点をまとめようとする思想が，グローバル組織の根底にある。

3. インターナショナル組織

　第2次世界大戦後，国際化をはかった先進国企業にとっての主な経営課題は，技術的進歩の遅れている国や，市場開発の進んでいない国に，本社の技術やマーケット手法を移転することだった。このような経営環境のもとで，海外拠点は，製品開発，経営手法，アイデア発想については本社に依存していた。その一方で，移転された技術や経営手法の海外拠点での改良が自由にできるようになっていたのが，インターナショナル組織の特徴である。本社によって開発された経営資源に依存しながらも，現地での細かなマイナーチェンジが認められた調整型連合体がインターナショナル組織である（図表15－7）。

　インターナショナル組織における本社は，いくらかの権限を海外拠点に委譲

図表15－7　インターナショナル型組織モデル

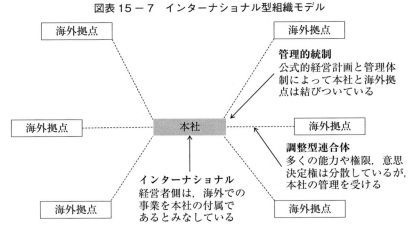

出所：Bartlett, C. A. & S. Ghoshal, *Managing Across Borders: The Transnational Solution*, Harvard Business School Press, 1989, 邦訳，69ページの図をもとに筆者作成。

しながらも，多国籍企業全体は，先進的な経営手法と専門的知識のある本社の社長によって総合的に管理されていた。グローバル組織と異なる特徴は，多国籍企業全体の経営支配権をもつ本社の社長が，一定の自由度を与えられた海外拠点の経営を管理し，海外拠点が目指すべき方向を主導することである。本社の国際経営に対する考え方は，時として偏狭になることがある。なぜならば，新しいアイデアや技術開発のすべては，本社の経営幹部の手で行うという前提があるからである。インターナショナル組織でもこのような本社の中央集権的な考え方は変わっていない。ゆえに，海外での事業は，本社の付属であって，本社主導で開発した経営資源を海外に転用することが，海外拠点の役割である。このような考え方が，グローバル組織とは変わっていない本社のスタンスである。しかし，本社の社長は海外市場について理解を深めていることにインターナショナル組織の新規性がある。このような新規性が，海外マーケットの諸特徴を考慮しなければ，世界のマーケットを支配できないという，多国籍企業の国際化戦略の原点となっている。次項では，本社が海外拠点の差異を考慮して，現場への権限移譲を積極的に行うことを認めた，分権化組織について考察していこう。

4.　マルチナショナル組織

　国ごとに異なる環境に敏感に対応できるようになった企業は，海外拠点に権限を委譲して，独立した海外拠点の集合を管理するようになる（Bartlett, C. A. & S. Ghoshal, 1989, 邦訳, 19 ページ）。特に，ファミリービジネスにおいては，その組織は，個人的な人間関係や私的な付き合いをもとに成り立っていることが多い。このような経営手法では，信用できる人物を海外拠点のトップに派遣して，自立した経営をさせるという傾向が強まってきた。海外拠点の統制は，多国籍企業本社の社長と海外拠点のトップとの人間関係にもとづいておこなわれるようになる。このような組織を採用する多国籍企業の戦略課題は，世界中の重要な市場ごとに事業を発展させ，全体としての成功を目指すことである。

図表 15 - 8　マルチナショナル型組織モデル

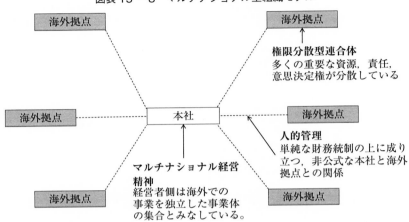

出所：Bartlett, C. A. & S. Ghoshal, *Managing Across Borders: The Transnational Solution*, Harvard Business School Press, 1989, 邦訳, 68 ページの図をもとに筆者作成。

　このような考え方にもとづく組織がマルチナショナル組織である。この組織では，各国の海外拠点は，独立した１つの経営体としてみなされ，現地の経営環境での立場を最大限利用するという戦略目的をもっている（図表15 - 8）。

　具体的には，徹底した現地人労働者の採用と育成，現地マーケットの熟知とそれに応じた製品の投入，現地の原材料や資源を用いた生産工程の構築などが実践されている。マルチナショナル組織にもとづく多国籍企業のグローバル経営では，各国の独立した海外拠点の集合体であるという経営方針が優先される。このような多様な対応ができるマルチナショナル組織であるが，世界各国間での経営資源の重複利用が多く，非効率という側面をもっている。グローバル組織が，全世界の市場を同一とみなし，本社主導のもと，同一の経営資源を世界市場に配分し，同一規格の製品を世界中に提供することによって規模の経済性を発揮している状況とは対照的である。

　また，ローカルな経営手法や，現地で開発された技術が限定された地域で活用され，経営上の強みになっても，それを他の地域に適用するという仕組みがマルチナショナル組織にはない。一定地域限定の経営単位の集合体として考え

られているマルチナショナル組織の限界がここにある。次項では，海外拠点間で経営上の強みを共有できるような組織について考察していこう。

5. トランスナショナル組織

　マルチナショナル組織では，多国籍企業の能力や技術を分権させて，現場市場のニーズに適切に対応しようとするところにその特徴がある。そして，マルチナショナル組織では，現地で感知された市場ニーズや技術情報は，当該ローカル地域での活用が原則であった。

　トランスナショナル組織では，イノベーションのための様々な情報が，海外拠点間のネットワークで共有され，海外拠点間のつながりも，より緊密になっている（図表 15 − 9）。トランスナショナル組織は，本社のイノベーション成果を海外拠点に移転する，あるいは，海外拠点で生み出されたイノベーションを現地だけで利用するという従前の組織形態の機能を備えたうえで，海外拠点の

図表 15 − 9　統合ネットワーク（トランスナショナル型組織モデル）

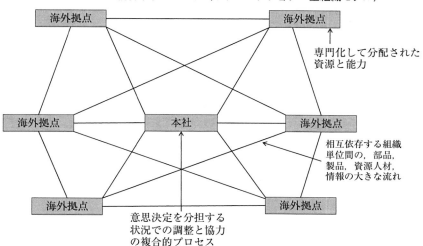

出所：Bartlett, C. A. & S. Ghoshal, *Managing Across Borders: The Transnational Solution*, Harvard Business School Press, 1989，邦訳，120 ページの図をもとに筆者作成。

イノベーションを世界中に移転し，本社と海外拠点とが共同で，研究開発を行うような，3つの目的を併存して追求する多国籍企業の進化モデルなのである（江夏・桑名編・IBI 国際ビジネス研究センター著，2012，132 ページ）。

　トランスナショナル組織の一番の特徴は，海外拠点間のつながりを大切にすることである。このつながりによって，研究開発の重複，規模の経済性を達成できない小さな生産規模，調整がとれていない世界戦略という多国籍企業にとっての負の側面が解消されるようになった（Bartlett, C. A. & S. Ghoshal，1989，邦訳，125 ページ）。トランスナショナル組織の構築によって，本社が多国籍企業でつくられる製品の開発のための一連の技術開発を一手に引きうける必要もなくなり，海外拠点でも，自らの力のみで新たな技術開発をする必要もなくなった。多国籍全体として，分業された技術開発をすることによって，本社や各拠点は相互依存の関係の中に位置づけられるのである。

第5節　おわりに

　明治期の紡績業の発展によって，中国に進出した日本の多国籍企業が誕生した。第 1 次世界大戦，第 2 次世界大戦の戦間期を経て，日本企業は，国際的な経済社会に復帰し，優秀な技術力をもとに輸出から海外進出へシフトしていった。企業の多国籍化に密接に関連しているのは，経済力の高度化である。輸出相手国の保護貿易の強化や為替変動といった経済環境の変動に連動して，企業の多国籍化が促進されてきた。これまでの歴史的な経緯から多国籍企業の進化の過程が明確になった。

　さらに本章では，ビジネスのグローバル化に伴ってどのような組織構造が構築されてきたのかを検討してきた。組織の解剖学的視点（骨格・形式面）では，国際事業部，製品別事業部制，地域別事業部制という一連の流れがあった。組織の生理学的視点，つまり多国籍企業内の情報の流れや権限の所在（コミュニケーション）に関する分析では，グローバル組織，インターナショナル組織，マルチナショナル組織，トランスナショナル組織という流れを紹介してき

た。多国籍企業組織の形式面及びコミュニケーション面での進化は，その戦略上の目的達成の程度に影響されてきたのである。グローバル化の拠点が数か所で，展開する製品も数点であれば，国際事業部が十分対応できたのだが，製品数や進出先数がより複雑になれば，それに対応した組織構造がとられるようになったのである。コミュニケーションの進化についても同様のことがいえるだろう。多国籍企業は，多くの国に籍を持つ企業であるがゆえに，その強みは，多くの海外拠点で得られる情報をくみ上げ，統合し，新たな知を生みだすことである。このような多国籍企業の利点を強化する上で，綿密なネットワークで，海外拠点のニーズとシーズという情報を資源として活用できる組織構造が求められている。

◆参考文献◆

Bartlett, C. A. & S. Ghoshal, *Managing Across Borders: The Transnational Solution*, Harvard Business School Press, 1989（吉原英樹監訳『地球市場時代の企業戦略―トランスナショナル・マネジメントの構築』日本経済新聞社，1990 年）.

Heenan, D. A & H. V. Perlmutter, *Multinational Organization Development*, Addison-Wesley Publishing Company, 1979（江夏健一・奥村皓一監修・国際ビジネス研究センター訳『グローバル組織開発―企業・都市・地域社会・大学の国際化を考える―』文眞堂，1990 年）.

Stopford, J. M. & L. T. Wells, Jr, *Managing the Multinational Enterprise*, Basic Books, 1972（山崎清訳『多国籍企業の組織と所有政策―グローバル構造を超えて』ダイヤモンド社，1976 年）.

江夏健一・首藤信彦編『多国籍企業論』八千代出版，1994 年。

江夏健一・桑名義晴編・IBI 国際ビジネス研究センター著『理論とケースで学ぶ国際ビジネス［三訂版］』同文舘出版，2012 年。

江夏健一・太田正孝・藤井健編『国際ビジネス入門［第 2 版］』中央経済社，2013 年。

林　倬史・古井仁編『多国籍企業とグローバルビジネス』税務経理協会，2012 年。

佐久間信夫編『現代の多国籍企業論』学文社，2002 年。

山崎　清・竹田志郎編『テキストブック国際経営［新版］』有斐閣，1993 年。

吉原英樹『国際経営［新版］』有斐閣，2001 年。

吉原英樹編『国際経営論への招待』有斐閣，2002 年。

第16章
創造的企業と知識経営

第1節　はじめに

　資金や工場，原材料と同様に知識も企業にとって有力な経営資源である。知識は，人間が創造するアイデア等の無形資産である。そのアイデアは，製品やサービスとして直接的に具現化されるものがある。一方で，流通経路や広報など，支援活動として企業の競争力を高めるアイデアもある。企業の主活動において，競争力を発揮する人間の力，また，支援活動において企業の競争力を高める力，これらを創造していくことが現代企業を成功に導く原動力となる。

　この知識創造は，ある一人の個人を起源としている。その個人の知識が組織全体にとって大事な知識に変換される。つまり，個人が知識を公表せず，頑なに守っている段階では，知識は具現化されえない。逆に，知識が組織の中に溶け込めば，その知識のパワーは何倍にも拡張される。ゆえに，個人が持っている些細な知識の共有知化が，知識創造経営の必要条件となる。組織的に知識が増幅される段階において，知識が対話や討論，共有という段階を通じて，より進化した知識が創造される。組織のチームメンバーは，議論を通じて新たな視点を見つけだすことができる。この議論において，意見の衝突が起きることは，組織の調和を乱すのではなく，団結感を生み出す良い機会となる。意見の衝突が，それまで組織内で当然視されてきたことに疑問を抱く機会となり，新たな角度で問題を見つめなおす契機となる。こうした，より動態的な個人間の相互作用が，個人知識から組織知識への変換を促進するようになる。

このように，本章では個人の知識が組織の知識にいかにして変換されるのかを考察し，その変換によってイノベーション企業がいかに生み出されるのかについて説明していきたい。現代経済において，多くのイノベーション企業が存在するが，これらの企業が一朝一夕に優秀企業となったわけではない。イノベーション企業がいかにして，世界を席巻する優良企業となったのか，この点についても本章の問題意識とする。さて，知識の議論に戻るが，知識に言葉や数字で表現される知識と，目に見えにくく，形式化しにくい知識がある。このような知識の 2 側面について次節で説明しよう。

第 2 節　知識の創出プロセス

1.　知識の主観性

　知識が情報と異なる点は，知識を持つ者がどう思うか，その知識は当人にとってどういう意味があるのかという主観による価値判断が伴ってくることである。現象やデータの背後にある意味を読み取るのは人間の主観であり，その主観が人によって異なるので，新しい意味をもった知識が創造され，新たな価値が創造される（野中・遠山・平田，2010，16 ページ）。

　ゆえに，たとえ情報が 1 つであったとしても，その情報を受け取る人の主観が多様であるからこそ，知識創造の多様性が生み出される。情報を主観で包み込めば，すぐに知識となるというわけではない。知識は，関係性の中で作られる資源なので，知識を理解するには関係性という動的なプロセスを理解する必要がある。個人が知識の生産に労力をどれだけ投入するのかは，個人の夢ややる気といった主観に依存している。これはのちに述べる感情的知性が知識創造に影響を与えていることを意味している。共感する心，やる気を満たす心といった人間が本来持っている感情を知識に変換していくことが，創造性の発揮に大きな影響を与える。

　個人が抱いている社会的課題，グローバルな事象は多様であり，知識とはそ

れらを現実にどう受け止め，自らの中で，その現実をどのように位置づけるかという問題解決の成果である。このような主観的な知識こそ，自らが経験を能動的に統合していく中で生まれる。個人の体験は人それぞれ異なっている。そのような体験から生まれる信念は，自分の主観を正当化する要因となる。ただし，知識は主観によってのみ評価されるのではなく，客観的な側面も持ちうる。主観と客観の二項対立の問題は，主観を排除するという問題提起ではない。知識の中心に主観を置き，志向性によって客観を開かれたものとして位置づけることにより，主観から客観が生まれると考えることができる。主観と客観は連続したプロセスの上にあり，知識はまず，主観の表出化から始まり，ある場面での意味づけが行われる。その後，どのようは場面でその知識が活用できるかを見極める志向性の段階で主観は客観へと転換される。

2. 暗黙知から形式知へ

知識には形式知と暗黙知がある（野中・竹内，1996，8 〜 10，13 ページ）。形式知とはコンピューター処理が可能で，電子的に伝達でき，データベースに蓄積できる知識であり，他者への伝達が比較的可能な知識である。具体的には，言語で表現でき，数値化できる知識が形式知である。一方で，個人的なものであり，他人に伝達することが難しい知識がある。主観の基づく洞察，直感，経験，理想，価値観，情念などがこの知識の範疇に入る。これらをまとめて，暗黙知という。

暗黙知の1つ目は，技術的な側面におけるノウハウと表現される。はっきりと示すことが困難な技能や技巧は技術的ノウハウである。長年の経験をもつ熟練職人が，指先の感覚に頼って仕事をしている場合，その指先の感覚を他者に伝達することは難しい。しかし，それは知識として蓄積されている。暗黙知の2つ目は，認知的側面である。個人のメンタルモデル，想い，知覚など，個人の領域の外に出ることのない側面が，暗黙知の第2側面である。個人が持っている「こうあるべき」という信念がさらに進化した規範的ビジョンが，周りの

世界とどう接していくべきかを左右するのである。

　主観的な暗黙知を体系的に処理し，伝達することは難しい。暗黙知を組織内部のメンバー間で伝達，共有するには，だれにでもわかるような言葉や数値に変換しなければならない。つまり，暗黙知の形式知化が必要になってくる。その変換過程において，組織としての知識が形成される。日本企業の知識創造の特徴は，暗黙知から形式知への変換にあるとされる。個人の主観的な洞察を大切にして，それらを形式知に変換することが日本企業の得意技である。

　知識の変換がなぜ必要なのか。暗黙知を形式知に変換できなければ，組織メンバー間での議論，そして，知識の高度化ができないからである。究極的には，暗黙知を形式知に変換できなければ，個人の持っている技能的側面と認知的側面が組織の知として活かされなくなってしまう。技能と想いを組織の知として活かしていくことこそ，企業がグローバル競争を勝ち抜く力となる。主観を客観に転換し，知識を応用適用いていく力が企業の知識創造の重要な課題となっている。

3.　暗黙知と創発

　ポラニー（M. Polanyi）は，暗黙知について次のように述べている。暗黙知として知られるものの中には，予感，技能，道具などが含まれる。このような知はさらに拡張され，原初的な形態の知り方，つまり，感覚による外界での知覚までもが，暗黙知に含められる。暗黙知の対象を知覚とするときには，我々の身体がそれを担う。ゆえに，我々の身体は，身体の外部にあるいかなる物事を知ることにも関与している。このように我々は，物事の諸細目を内部化する。こうして，その物事の意味がまとまりをもつ存在物という形でとらえられる。このような仕方で把握された，1つの解釈としての宇宙が知的に，または実践的にも形成される（M. Polanyi, 1966, 邦訳, 51～52ページ）。

　このように知識創造の原点は暗黙知である。人が感覚や知覚からシグナルを受けることから，知の創造は始まる。暗黙知から始まる知識創造をモデル化した

図表 16 − 1　知識創造の SECI モデル

出所：野中郁次郎・遠山亮子・平田透『流れを経営する—持続的イノベーション企業
　　　の動態理論』東洋経済新報社，2010 年，29 ページの図をもとに筆者作成。

のが SECI モデルである（野中・遠山・平田，2010，28 〜 40 ページ）。図表 16 − 1
によれば，S は共同化（Socialization）を意味し，暗黙知から暗黙知への変換の
モードである。社会的な相互関係の形成によって得られる経験の共有が，共
同化の基盤となる。自然環境の理解や他人との同一空間での接触を通じて，異
質な暗黙知が個々に感知され，新たな暗黙知が創発される。次の E は表出化
（Externalization）を意味する。共同化の段階で集積された暗黙知は，モデル化
など，何らかの表現手段を媒介にして，具体的な形となる。共同化の段階での
知は，個人の心の中に限定されている知であるが，表出化段階の知は集団とし
ての形式知となっている。C は連結化（Combination）を意味する。表出化の段
階で形式知となった知識が，高度な形式知へ変換される。具体的には，製品仕
様を定めるうえでの製品設計の精緻化がこの段階にあり，抽象的であいまいな
コンセプトを具体的な形態へ落とし込むことが次の段階への橋渡しとなる。最
後の I は，内面化（Internalization）を意味している。共有化された知識が，再
度個人に取り込まれ，それがシグナルとなり，暗黙知が生まれる。そして，形
式知が組織の知識であったのに対して，この段階の知識はバージョンアップし

た暗黙知として個人の再創発のための原点知となる。このように，感覚から生まれる暗黙知が知識創造のサイクルを経て，組織と個人の創造力を増強させる。

第3節　知識創造の特徴

1.　資源としての知識の諸特徴

　知識は，生産財としていくら使っても減らないというと特性をもっている（野中・紺野，2018，33 ページ）。仮に知識を売却しても，それはなくならず，元の持ち主の所有のもとにある。例えば，生産財を販売する企業は，その財を生産し続けなければ相手方に供給を続けることはできない。その一方で，知識という財は，一度確立できれば。追加費用なしに供給し続けることが可能なのである。供給の無限性という特徴が，知識を有する企業の強みとなる。

　知識の第2の特徴は，移動可能性である（野中・紺野，2018，35 ページ）。企業の有形資産である工場や事務所は移動が難しく，企業の活動範囲は地域的に限定される。製造企業は究極的には工場の立地に制約される。知識は人的なネットワークによって共有でき，人や情報通信機器によって市場の境界をたやすく超えることができる。グローバル化した知識集積や課題解決が，このような知識の移動可能性によって可能になる。この移動可能性を実現するには，前節で述べた，暗黙知の形式知化が必要になってくるので，組織内での言語や数値の共有化というハードルを越えなくては，移動可能性のメリットを活かすことはできない。

　知識の第3の特性は知識を創造した人と使う人を完全には分けられないということである（野中・紺野，2018，35 ページ）。具体的には，知識を創造する側が企業で，使う側が顧客であるという分離が不可能なのである。むしろ，知識を使っているとさらに良いアイデアが生まれてくるという連鎖が知識生産の増殖を促す。顧客の持っている知識が企業にとって重要な資産であり，顧客と企

業との共同作業が新たな発想につながる。先に述べたように，知識は使っても減ることはないので，顧客に知識を利用させることで，その増幅の相互作用が知識の高度化につながっていく。

　知識の第4の特徴は，価値の多様化とそれに応じた組み合わせを意味あるものにすることである（野中・紺野，2018，37ページ）。顧客は自分の求める製品やサービスを独自の視点で探索している。環境問題，コミュニティ，文化的視点，グローバル化，先進性といった切り口が顧客の見出す価値となって，それらが企業選択の尺度になっている。企業は，これらの価値観を部分的に組み合わせて，新たな価値を生まなければ，顧客の要望に応えることができない。多様な価値を取り込み，それを知識として活かしていく企業であれば，市場の潜在的な構造を見出すことができるようになる。

　知識には以上のような4つの特徴がある。第1の特徴である，価値の無限性は，知識を源泉とする収益の安定性を意味する。第2の特徴である移動可能性は，グローバル化した経済における企業成長の可能性を裏付ける要因となる。第3の特徴である，知識供給と需要の不可分性は，知識創造の相互依存性を説明する大きな要因となる。第4の特徴である価値の多様化に応じた知識創造は，社会の多様な切り口が企業のビジネスチャンスとなることを示唆している。

　このような特徴を有する知識をベースとした知識経営における競争空間の広がりは複雑多岐で，その成長パターンは指数関数的な様相を呈している（野中・紺野，2018，43ページ）。知識ベースでの競争では，競争空間の変質という脅威があることに注意しなくてはならない。使っても減らない知識を活かして市場を席巻する企業は，その知識が市場にマッチしている間，独占状態を維持できる。しかし，成長してきた競争空間が変質すれば，急激に成長の原動力を失ってしまうことになる。自動車産業において，これまで，内燃機関を原動力とし，燃料はガソリンを用いるという時代が長く続いた。しかし，顧客の環境志向や国家の新エネルギー政策の変化によって，二酸化炭素を排出する自動車の販売拡大にブレーキがかかりつつある。つまり，自動車産業の競争空間が変質している。例えば，国連によるSDGs（持続可能な開発目標）が，このような

市場の変質を喚起している。そのような，市場空間の変質の中で，自動車製造企業は，100％電気自動車，ハイブリット車，水素をエネルギー源とする燃料電池車，エタノール自動車などを市場に投入している。顧客価値の多様化に応じた自動車のラインアップが，現状では試されている。組織内での知識創造，顧客と企業間での知識創造において，どのような形の自動車がこれから主流になっていくのかに注目が集まっている。二酸化炭素を排出する移動手段としての自動車は市場空間から撤退し，健康や快適という新たな価値を意識した自動車が今後 10 年くらいの間に主流となるだろう。移動手段プラスアルファの知識創造が求められている。

2.　知識経営と新たな力

　知識の獲得をめぐる変化は，世界的に巨大なパワーシフトを引き起こしている。このパワーシフトは，我々の生活において，かなり重要な経済的進歩となっている。このような経済的進歩において，経済的価値を生み出すのは筋肉労働ではなく，頭脳労働にシフトしたのである（A. Toffler, 1990, 邦訳, 29 ページ）。つまり，知的労働が，経済活動における価値の創出に大きく貢献しつつある。
　新しい知識創造型経済の広がりは，爆発的な新たな力を持っている。パワーシフトの主要因となっているのは，知識の役割の変化，つまり，新たな富創出システムの幕開けであることは明確である（A. Toffler, 1990, 邦訳, 30 ページ）。世界の経済は，頭脳を駆使するニューエコノミーとなることを，トフラー（A. Toffler）は，30 前に予測していた。経済において，頭脳が新たな役割を果たせば，さらに 20 〜 30 年先（2021 年頃）には，個人生活のレベルでも，世界的レベルにおいても，知的生産性の進歩が新たな経済的パワーとなりうる。
　300 年前の産業革命では，新たな価値創出システムが世界にもたらされた。かつての広大な大地に，煙突が立ち並び，工場群が建設された。人々は，それまでとは違った新たな生き方をするようになった。つまり，当時としては新たなパワーシフトが生まれた（A. Toffler, 1990, 邦訳, 31 ページ）。地主の傘下で

農奴という立場で働いていた人々は，自由に都会に出て，私有企業の雇い主に雇用される労働者となった。労働者なくして近代工業化産業は成立しないので，労働者の社会的地位は向上した。その一方で，それまで地主という立場でパワーを持っていた人々は斜陽階級に没落していった。このような転換も，パワーシフトの表れといってよいだろう。

　社会経済的に活躍できる人々は，新たな価値創出システムの出現に依存している。古いパワーシステムを支える柱は，徐々に変化し，新たな柱に侵食されていく。トフラーが1990年台初頭に予想したとおり，現代の価値創出システムは，知識創造をメインとした経済構造になっている。ゆえに，今後20〜30年の間にこの知識創造の流れがどのように変化するか，2020年代の今，予測し，新たな技術発展の可能性を見極めることが現代経営の課題である。

3. パワーシフト後の経済

　パワーシフト後の知識創造経済にはどのような特徴があるのだろうか。以下，3つの特徴があるとされる（紺野，2004，39ページ）。

① 創造的産業において，知識を提供する新たな世代の台頭や社会の到来という側面。（アート・エコノミー）
② 知識が経済的価値の源泉となり，新たな産業セクターとして台頭していくということ。（アイデア・エコノミー）
③ このような時代の企業や組織の変化。（イノベーション・エコノミーあるいは知識ベース経営への変化）

　つまり，企業，産業，社会，個人の各レベルで，知識創造が活性化していくことが知識創造経済の特徴である。これまでの企業経営においては，客観的方法で，数値で表することのできる成果を出すことが求められてきた。デジタル社会においては，このような仕事の仕方と成果測定はたやすかった。しかし，

デジタル化できる仕事と成果測定は，どこの企業でもできることが明確になり，経営のコモディティ化が企業の成長力を抑制することになった。そのコモディティ化を打開するには，人間の主観的な側面を重視すべきという考え方が出てくるようになった。そこには，個人的，感情的，直感的な側面からなる3領域をひとまとめにすることがアートの根源とされる（紺野，2004，64 ページ）。個のアートは，経済的イノベーションの供給源としての役割を担っている。アートは，何が新しいかという発見や気づきを審美的な価値観として示している。審美的な価値観は，個人や組織，社会へ広まることで，経済に対してイノベーションを促進するという性質をもっている。知識創造経営は，様々なアートがぶつかり合い，新結合して，新しい価値を生み出す激変の状態を意味する。そのアートの価値は，瞬く間に広がり，一方で，すぐに陳腐化していくという，経済の一般的な波という特徴をも持っている（紺野，2004，65 ページ）。このような流れをうまくつかみながら，企業がアートの側面を活用することで，富の創造や競争力の増強が生み出される。アートを共有する仲間同士の協働が，知識創造の質と希少性を高めることになる。

第4節　賢慮から生まれる実践知

1．知識経営における賢慮

　知識経営が従来と経営と異なる点は，知識社会における経営目的，根本的には共通善の追求をするということである。社会 − 企業 − 個人の関係性の変化，市場競争モデルの現実との乖離を背景として，企業は知識社会において，競争優位性や私利の追求ではなく，社会における多様なステークホルダーへの貢献，社会的関係性の中での持続的な存立を問われている。誰もが納得できる共通の善は，多様な人々の意見の融合から導き出される。

　従来型の私利の追求という目標は，比較的単純な目標設定であるといえるだろう。一方で，共通善の追求は，より複雑な価値や目的を前提にしているため，

その追求には，社会の多様な考え方を統合していく知識経営が適している。そこで，賢慮のリーダーという，崇高なリーダーシップを発揮できる人材育成とそのリーダーに導かれる組織の構築が現代企業の課題である。

　賢慮とは個別具体的な場において，その状況の本質を把握しつつ，同時に全体の善のために最良の行為を選び，それを実践できるようになるための智慧である（野中・紺野，2012，148，143ページ）。変化する状況下で，行為の只中を熟慮し，絶妙なバランスで，ちょうどよい解を見つけ判断し，実践する智慧が，実践知となる。賢慮のサイクルを実践する人は，図表16－2のようなサイクルで実践知を導き出している（野中・紺野，2012，149，153，155，157，158ページ）。

① 　善き目的を創る。まず何かをするときに善悪の判断を日々心掛けることが求められる。賢慮の実践では，共通善に照らした正当な目的が前提となる。
② 　場をタイムリーに作る。いかなる実践においても，時と場を誤ってはならない。賢慮は社会や組織に対してリーダーがかかわる日常的な場において実践される。そこで求められるのがタイムリーに場を作ることである。タイムリーな場を作るには，他者の気持ちの理解，共感，感情の機微な察知，

図表16－2　賢慮の知識創造サイクル

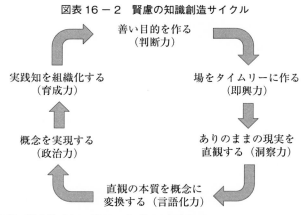

出所：野中郁次郎・紺野　登『知識創造経営のプリンシプル』東洋
　　　経済新報社，2012年，150ページの図をもとに筆者作成。

介入のタイミングとその後の配慮が重要になる。

③　ありのままの現実を直観する。共通善は，現実を詳細に直観しつつ，個別の状況を通じて実践されなければならない。微細で複雑な事象から全体の意味を把握して，どの手段を選択し，無視するかといったことを直観的に見抜くことで，適切な判断が可能になる。

④　直観の本質を概念に変換する。リーダーの賢慮は組織行動を促すものでなければならない。リーダーは，組織行動が実践に移るのに際しての意味形成をしていく必要がある。豊かな意味を持った言語や概念で行動の意味を表現することが，概念化である。

⑤　概念を実現する。目的に向かって行為を具現化することが最も重要なプロセスである。善いことの実現に向かって，あらゆる手段や資源を用いて実践知が形成される。多くの人々を巻き込んで，概念を実現へと移行することが，概念の実現化につながる。

⑥　実践知を組織化する。どんなリーダーできも，すべてのことを一人で実践することはできない。そのため，関係性の輪を広げていくことで共通善が実現する。リーダーの中に埋め込まれている賢慮を，実践の中で伝承し，育成し，体系化しなくてはならない。

　賢慮のサイクルにおいて，①から⑤までは，個人の能力や考え方の研鑽によって実践できる領域である。⑥の実践知の組織化は，組織内の賢慮を集約するという集約知の創造という，個人の領域を超えた部分の活動になる。賢慮のプロセスによって，実践知が生み出される。その実践知は，社会的な課題を解決しようとする実践を助ける集約知となる。善き目的を前提とする賢慮のプロセスは，純粋な営利企業のみならず，非営利組織や政府，病院，学校など公共セクターの組織においても適用可能な知識創造モデルなのである。このモデルには，感情をコントロールしていくといったマインドフルネス（mindfulness）を含んでいる。マインドフルネスは，自分自身を再度，新しく，力を満たすことを意味する。それは，静かな力であり，同時にあらゆる事態に対処できる可能

性に満ちた力である（ハーバード・ビジネスレビュー編集部，2019，1ページ）。

2. 知識が生まれる場

　知識は関係性の中で創られる。対話と実践という人間の相互作用により，知識を継続的に創造していくためには，そのような相互作用が起こるための心理的・物理的・仮想的空間が必要である。そうした空間が知識創造の場ということができる（野中・遠山・平田，2010，59ページ）。知識創造の場は，社会的プロセスの基盤となるものであり，人が場に参加するということは，他者との関係の中で，個人の主観の限界を超越することである。つまり，場に参加するということは，他の人，物事，状況に敢えて自己関与することであり，主客分離を超えて今という時間と，限定された所で他者との共感を経験することなのである（野中・遠山・平田，2010，61ページ）。

　このように他者との共感を理解できる場において，知識が創造される。共感概念には他者と同じ体験をして，相手を慮るエンパシー（empathy）と，他者との同じ体験をしなくとも相手を慮るシンパシー（sympathy）がある。両方とも個人の主観の限界を超えるという意味で知識創造の重要な構築プロセスとなっている。この共感なくして，個人間の相互理解は生まれない。前節で紹介したマインドフルネスも知識創造に欠かせないプロセスである。マインドフルネスによって，あらゆる事態と問題に冷静に対処し，柔軟に自らを変化させる行動を形成することができる状態を作り出すことが可能になる。このような心の持ちようの源泉には，意識を落ち着かせて思考を明瞭にすること，集中力と健康を維持するという，新しいことを発想する上でのポジティブシンキングがある。

　知識創造の場は，多様な人々の思いを受け止め，そして，自分の意見を思い存分発揮する場でなければならない。共感やマインドフルネスは，感情的知性という，人間が本来持っている，生きていくための力なのである。この力を引き出していく場を作ることが，知識創造の土台となる。そして，自由闊達な場

において，賢慮が実践知となる可能性が高まる。賢慮と感情的知性は人間に秘められた力であり，個人や組織がこれらを相互に刺激することで創造的企業が生み出される。

3.　知識の獲得と伝達における欠陥

　情報技術が大規模になり，さらに複雑化し，外部からのビジネス要求も高度化している。仕事の上流工程の不備に起因した失敗は深刻さを増している。失敗原因の代表格がコミュニケーションギャップである。経営者，仕事の依頼者，設計者，開発者が同一人物であればコミュニケーションギャップは発生しない。しかし，実際のシステム開発はそう単純ではない。立場，業務，文化，所属企業が異なる，複数対複数の関係者による壮大なシステムが構築されている。壮大なシステムのどこかで，うまく伝わらない事態が起こる。きちんと伝わるべき項目を100%として，その8割しか伝わらないことがある。それにより何かが足りなくなり，これが漏れとなる。

　コミュニケーションとは，自分の保有している知を媒体（文書や言葉など）介入で他者に伝えることである。知識には測定可能な知識だけではなく，体験などによって得られた感覚，要領，コツ，知恵，気付きといったものも含む。自分が保有していない知識は，コミュニケーションによって新たに獲得しなければならない。知識獲得段階での伝達漏れは，以下のように分類できる。第1の問題は，知識を獲得するインプットとなる文書や人からの情報，現行の財，プロトタイプなどが欠落していたり，不十分だったり，曖昧だったりするということから生じる。具体的なシーンは「必要なステークホルダーがいない」「既存の業務フロー図がない」「業務フロー図が陳腐化している」「提示された要求や文書に矛盾がある」などである。第2の問題は，正しい知識を引き出せないということから生じる。提示された要求に欠落や矛盾を発見したら，ステークホルダーと調整して正しい知識を獲得する必要がある。要求自体が分からない状態であれば，要求獲得会議を開いて新たな知識を獲得する。第3の問題は，

312

情報過多で消化できなかったり，難解すぎて理解できなかったりして，知識が漏れてしまうということから生じる。

　知識のコミュニケーション自体の課題として，表現できない，伝達できない，という2つの漏れを確認することができる。表現できないということは，人から人へ何かを伝えようとしたとき，伝えるための文書や言葉として表現するときに漏れが出るという欠陥である。例えば，あるパターンモデルを記載漏れすること，曖昧な表現でモデル化することがある。また，暗黙知を可視化できない場合も表現漏れとなる。伝達できないということは，コミュニケーション媒体の選択が不適切という問題である。文章以外の言語コミュニケーションを怠ることで，コミュニケーションの欠陥が生まれる。情報化社会においても，知識の獲得と伝達がうまくいかないことがある。そのため，情報機器に頼らず，相手に伝えたいこと，相手の要望を賢慮して対処することが，現代社会における知識の獲得とコミュニケーションに必要なことである（NIKKEI SYSTEMS, 2017, 34〜41ページ）。

第5節　知識を生み出す外的要因

1. 発明と風土

　ウィナー（N. Wiener）は発明の必要性を次のように述べている。新しい機械類および概してわれわれの環境を制御する新しい手段の発明が，もはや散発的な現象ではなくなり，我々は単に生活水準と生活環境の改善のためにだけではなく，将来の文明生活どころか，将来の生存を何とか可能にするためにさえ，発明に頼らねばならない。我々は，発明の恩恵によらねば，生きてゆけないのであり，単に既になされた発明に依存しているだけではなく，新しい未だ存在しない未来の発明の見込みにも依存している（N. Wiener, 1993, 邦訳, 21, 24ページ）。

　つまり，発明なくしては将来の人類の生存ありえない。彼は，生存の危機を乗り越えるために，食糧不足，きれいな水の不足，天然資源の枯渇，環境の汚

染を解決する発明の必要性を説いている。発明は、次の 4 つの要因によって促進される。それらは、個人の独創的頭脳である知的風土、適切な材料や技術といった技術的風土、新しい方法が学者から職人へ伝えるための社会的コミュニケーション手段といった社会的風土、知識人の仕事は助成するに値するものであり、その仕事が可能になるような雰囲気の促進に尽くす機関は公共の利益を代表するという考えに基づく経済的風土である。人間の思考の豊饒さを維持することは、土地の肥沃さを維持すること同様に、根本的な義務である。それらはどちらも未来の世代に寄与することであり、永遠の未来に対してではなくても少なくとも非常に遠い未来に対して責任を感じる人によらねば遂行されえない（N. Wiener, 1993, 邦訳, 21 ～ 23, 28 ～ 30, 154, 159 ページ）。発明は知的風土、技術的風土、社会的風土、経済的風土の組み合わせによって成功する。これらは "風土" と記述されているので、行為者にとって所与の要因となっている。これらの与件は、世界の各国、各地域において異なり、日々変化し続けている。組織における知識創造の多様さは、企業が発明の過程における多様な風土を吸収し、その発明を社会的要請に結びつける手段であるといえよう。つまり、社会的要請を見極めて技術的なハード面の発明が創出されるのである。そして、知識というソフト面での発明も同時に行われなければならない。

2. 知識創造とポスト資本主義社会

　創造的な発明において、感覚から伝達される暗黙知を形式知化し、それを具体的な企業の製品化へ落とし込んでいくプロセスが知識創造経営である。このような観点から、社会感知の差が創造的企業の力の差となっていき、社会的要請に応えられる企業経営が実現される。知識創造経営は何よりも、社会の求めることが何かを見極め、それを解決する具体案を作り出すことである。そのため、善き目的を設定するという知の起源が重要になる。

　ポラニー（M. Polanyi）が論じていたように、暗黙知は予感、技能といった感覚的なことから生まれていく。最初は 100％であった暗黙知が形式知化する

過程で減少していくという，知識の欠陥がるあることが検証されている。そのため，知識の取りこぼしをなくすための方策を探ることが必要になってくる。基本的に考えると，知識の言語化という SECI モデルの第 2 段階の表出化（Externalization）が知識創造モデルにおいて一番重要なフェーズであるといえるだろう。

　基本的な経済的資源，つまり，生産手段は資本でもなく，天然資源でもなく労働力でもない。知識の創造が経済的資源の中心となった。そして，富の創出は知識を活かした生産性の向上とイノベーションとなった。そのような考え方の下，価値は創出される（P. F. Drucker, 1993, 邦訳，10 ページ）。このような価値創出主体の移行が，ポスト資本主義社会の大きなうねりとなって，経済活動のリニューアルを促すようになった。ドラッカー（P. F. Drucker）が 20 世紀末に予測していた経済活動の転換は現実となった。

第 6 節　おわりに

　経済の中心は，ものをつくり，運搬する産業から知識や情報を創出していく産業に移行している。このような中心産業が転換したことをポスト資本主義社会という（P. F. Drucker, 1993, 邦訳，220 ページ）。つまり，知識をキーワードに，経済と社会は一体化して進化し，お互いが影響を与え合っていくことがポスト資本主義社会なのである。このような社会の中で生き抜いていく企業は，知識の創出をより効率的に進め，それを社会に還元することが求められるだろう。そのような役割が，創造的企業に求められている。そして，企業で働く多くの人々にとっての働き方は，大きく変わっていく。労働力で価値を生み出す労働集約型の資本主義社会は次第に終焉し，知識で勝負するポスト資本主義社会が，21 世紀以降のスタンダードとなりつつある。

　AI（人工知能）の出現により，人間の能力を超えた機械が出現しつつある。自ら周りを観察し，最適解を生み出す人工知能は人間の能力を超えた機械なのであろうか。ポスト資本主義社会の後の資本主義社会は機械に支配される社会

となるのか。人間には機械を超えた感情的知性や共感という能力を持ってい
る。プログラム化された感情に支配された機械以上に，人間の能力は賢慮のサ
イクルを増幅させるパワーを持っている。ゆえに，これから先も，人間の知性
が社会的善を生み出し続けることができるだろう。

◆参考文献◆

紺野　登『創造経営の戦略』ちくま新書，2004 年。

野中郁次郎・竹内弘高『知識創造企業』東洋経済新報社，1996 年。

野中郁次郎・紺野　登『知識創造経営のプリンプル―賢慮資本主義の実践論』東洋経済
　　新報社，2012 年。

野中郁次郎・遠山亮子・平田　透『流れを経営する―持続的イノベーション企業の動態
　　理論』東洋経済新報社，2010 年。

野中郁次郎・紺野　登『知識経営のすすめ―ナレッジマネジメントとその時代』ちくま
　　新書，2018 年。

ハーバード・ビジネスレビュー編集部編『マインドフルネス』ダイヤモンド社，2019 年。

『NIKKEI SYSTEMS』6 月号，日経 BP 社，2017 年。

Drucker, P. F., *Post-Capitalist Society*, HarperCollins, 1993（上田惇生訳『ポスト資本主義
　　社会』ダイヤモンド社，2007 年）．

Polanyi, M., *The Tacit Dimension*, Routledge & Kegan Paul, 1966（佐藤敬三訳『暗黙知
　　の次元―言語から非言語へ』紀伊國屋書店，1990 年）．

Toffler, A., *Powershift: Knowledge, Wealth, and Violence at the Edge of the 21st Century*,
　　Bantam Books, 1990（徳山二郎訳『パワーシフト―21 世紀へと変容する知識と富と
　　暴力』扶桑社，1991 年）．

Wiener, N., *Invention-The Care and Feeding of Ideas*, MIT Press, 1993（鎮目恭夫訳『発明
　　―アイデアをいかに育てるか』みすず書房，1994 年）．

索　引

A－Z

AI（人工知能）…… 251, 259, 262, 265,
　　　　　　266, 271, 273, 274, 314
CEO　… 48～50, 53～56, 59, 60, 62, 65
CIA …………………………… 267, 268
CIO ……………………………… 273
CSR…………………………………… 68
　——ピラミッド………………… 69
CSV ……………………………… 83
ESG………………………………… 79
　——投資 ……………………… 106
GRI ……………………………… 111
IIRC ……………………………… 112
Industry 4.0 ……………… 258～261, 274
IoT ……260, 262, 265, 266, 271, 273, 274
ISO14001 ……………………… 101
ISO26000 ……………………… 81
IT 革命 ………………………… 251
LAN ……………………… 255, 256
MIS…………… 263～265, 275, 276
OECD……… 256, 267, 269, 274
PRI ……………………………… 79
QOL ……………………………… 70
SCM ……………………… 264, 265
SDGs ……………………………… 85
SECI モデル ………………… 302
Society 5.0 ……… 251, 258～262, 265,
　　　　　　266, 274～276

SRI ……………………………… 107
SWOT 分析 ……………………… 146
VRIO 分析 ……………………… 127

ア

アクティビスト ………………… 106
アプリケーション ……………… 257
アメリカ機械技師協会（ASME）
　…………… 156, 157, 159, 160
安定株主………………………… 30
アンバンドル化 ………… 265, 266
暗黙知…………………………… 300
委員会設置会社………………… 36
委員会等設置会社……………… 34, 35
意思決定………………………… 224
移動組立法……………………… 168
イノベーション
　………… 251, 265, 267, 275, 299
インターナショナル組織………… 292
ウォール・ストリート・ルール… 53, 58
エンロン……………… 59～62, 66
オーソリティー………………… 216
オートメーション化…………… 254
オープンシステム… 256～258, 272, 273
オープンメインフレーム………… 257

カ

会社機関………………………… 15
外部環境………………………… 116

科学的管理法
　　……… 156，162〜168，183，255，256
課業（task）… 157，161，162，166，184
　　――管理（task management）
　　…………………………… 157，160
価値判断……………………………… 224
株式会社……………… 9，101，102，104
株式相互所有…………… 30，32，38
株式相互持合い………………… 31，40
株主資本主義………… 45，48，50，66
株主提案………………… 41，54，59
可用性………………………………… 267
監査委員会………… 35，36，48，54
監査等委員………………………… 36
監査等委員会……………………… 36
　　――設置会社… 22，27，28，36，42
監査役会設置会社……………… 16，35
監査役設置会社…… 27，28，30，37，42
完全性………………………………… 267
監督の範囲の原則………………… 237
管理過程学派……………… 172，185，186
管理過程論………………… 172，185
管理原則…………… 176，179，183，185
管理者の役割……………………… 218
企業改革法（Sarbanes-Oxley Act）
　　…………………………… 62，63，65
技術革新……………………………… 262
機能別戦略…………………………… 134
忌避権………………………………… 243
規模の経済…………………………… 125
機密性………………………………… 267
キャンペーン GM…………………… 52
共感…………………………………… 310
競争戦略の一般類型……………… 122
競争地位別…………………………… 151
協働体系……………………………… 211

クライアント・サーバー… 256，257，272
クラウド……………………… 252，257
　　――コンピュータ………… 251，252
　　――コンピューティング… 257，258
グローバル組織……………………… 291
経営人………………………………… 227
経験曲線効果………………………… 125
経済人………………………………… 227
形式知………………………………… 300
継電器組み立て実験………………… 191
権威受容説…………………………… 217
限定された合理性…………………… 226
賢慮のサイクル……………………… 308
コア・コンピタンス………………… 127
公害問題……………………… 72，101
貢献…………………………………… 232
合資会社…………………………………… 7
公式組織……………………………… 212
工場管理……………………………… 157
合同会社…………………………………… 13
行動科学的管理論…………………… 198
合名会社…………………………………… 5
国際事業部…………………………… 288
国際分業……………………………… 283
個人企業…………………………………… 5
コーポレートガバナンス・コード
　　………………… 37，39，41，79
コロナ禍…………………… 251，266，274

サ

サイバー空間……… 259，260，262，265，
　　　　　　　　　　266，268，271
サイバー攻撃………… 269，270，273
サイバーセキュリティ…… 270，271，276
サイモン……………………… 223，273
差別賃率制度………………………… 162

差別出来高払制……………………………… 157
産業の情報化…………… 251，260，265
３次元マトリックス……………………… 249
私企業…………………………………………… 4
事業戦略……………………………………… 134
事業部制組織………………… 242〜245
刺激─反応型………………………………… 229
資源配分……………………………………… 140
事実判断……………………………………… 224
持続可能性……………………………… 97
執行役……………………………… 35，37
シナジー効果………………………… 142
指名委員会………… 34，36，42，54〜57
　　　───等設置会社
　　　　　 20，27，28，34，36，42
社外監査役………………… 33，35，41
社外取締役…… 29，34〜36，40，41，43，
　　　　　 48，50，54，55，59，60
ジャストインタイム……………………… 287
遵守せよ，さもなくば説明せよ（comply
　or explain）…………………………… 38
情報管理…… 251〜254，256，262〜266，
　　　　　 268，269，272〜274
情報技術………… 252，258，262，273
情報セキュリティ… 256，262，266〜275
　　　───ポリシー……………………… 268
情報窃取………………… 252，253，263
情報の産業化……………… 251，260，265
情報漏洩… 252，253，256，262，263，274
照明実験……………………………………… 190
職能的職長制度
　………………… 157，161，168，183，239
垂直的情報伝達…………………………… 257
スイッチング・コスト…………………… 124
水平的情報伝達…………………………… 257
スタック・イン・ザ・ミドル………… 127

スタッフ…………………………… 241，242
スチュワードシップ・コード…… 37，40
ステークホルダー…………………………… 68
　　　───・エンゲージメント………… 81
　　　───資本主義………………………… 45
スーパーハイウェイ構想………………… 256
スマートツール…………………………… 266
スマートファクトリー…… 258，259，275
政策保有株…………………………………… 38
成長ベクトル……………………………… 137
製品別事業部制…………………………… 289
製品ライフサイクル（PLC）………… 138
世代間倫理……………………… 98，100
全社戦略……………………………………… 134
全人仮説……………………………………… 210
相互会社……………………………………… 14
組織影響のメカニズム…………………… 231
組織影響論………………………………… 228
組織均衡論………………………………… 234
組織構造……………………………………… 279
組織的怠業………………………… 158〜160
組織の参加者……………………………… 232
組織の成立………………………………… 213
組織の存続………………………………… 214
ソーシャルメディア……………………… 270

タ

第５期科学技術基本計画………………… 260
代表取締役…………………………………… 30
第４次産業革命………… 258，259，262
地域別事業部制…………………………… 290
地球環境問題……………………………… 101
チャレンジャー…………………………… 151
中間管理職………………………………… 255
躊躇─選択型……………………………… 229

超スマート社会……258～260，262，265，
　　　　266，268，269，272，273
直接投資……………………………… 280
デジタルプラットフォーム…………… 265
データ処理時代…………… 253～255，272
テレワーク……………………………… 265
動機付け理論…………………………… 202
統合報告………………………………… 112
動作研究…………………… 160，167
独立採算制……………………………… 243
独立社外取締役
　………… 34，41，43，47，54，57
独立取締役………………… 54，55
ドッド・フランク法（金融規制改革法）
　…………………………………… 64
トップ・マネジメント………………… 254
トランスナショナル組織……………… 295

ナ

内部環境………………………………… 116
ニッチャー……………………………… 151
日本経団連・1% クラブ ……………… 75
ニューエコノミー……………………… 305
人間関係論……………………………… 188
ネットワーク時代… 253，256～258，272
ノラン……………………… 253～258，274

ハ

買収防衛策……………………… 54
発明……………………………………… 312
バーナード……………………………… 208
パリ協定……………………………… 97
バリュー・イノベーション…………… 131
バリューチェーン……………………… 142
バルディーズ号事件…………………… 52
パワーシフト…………………………… 305

バンク（電話交換機の一部）配線観察
　実験…………………………………… 194
非公式組織……………………………… 216
ビッグデータ……………… 251，269，270
標的型攻撃……………………………… 271
5G … 259，262，265，266，271，273，274
ファイブフォース……………………… 122
ファンクショナル組織………………… 239
フィジカル空間……… 259，260，262，
　　　　265，266，268
フォード（Ford, H.）………………… 168
フォロワー……………………………… 151
プライバシー…………………………… 269
プラットフォーム……………………… 257
ブランド・マネジャー………………… 248
ブルー・オーシャン戦略……………… 130
プロジェクトチーム…………………… 247
プロダクト・ポートフォリオ・マネジメ
　ント…………………………………… 140
分業の原則………………… 176，177
分権的組織………………… 243，244
報酬委員会…… 35，36，42，43，54，65
ポジショニング理論…………………… 121
ポスト資本主義社会…………………… 314
ホーソン実験…………………………… 189

マ

マイクロコンピュータ………………… 255
マイクロ時代……………… 253，255，272
マインドフルネス……………………… 309
マグレガーの X 理論 Y 理論 ………… 203
マーケティング・ミックス…………… 154
マズローの欲求階層説………………… 202
マトリックス組織………… 245～249
マルウェア………………… 271，272
マルチナショナル組織………………… 294

満足化……………………………… 227
ムーアの法則……………………… 252
無限責任…………………………… 5
命令一元化の原則………… 168，237，239
命令一元性の原則………………… 183
命令の一元化の原則……………… 242
命令の一元性の原則……………… 178
メインフレームコンピュータ… 254，255
メーヨー…………………………… 188
面接実験…………………………… 192

ヤ

誘因………………………………… 232
有限会社…………………………… 13
有限責任…………………………… 8
　　──事業組合……………… 14
輸出と輸入………………………… 278
４次元マトリックス……………… 249

ラ

ライン・アンド・スタッフ組織
　………………………… 241，242

ライン組織…… 237〜239，241，245，246
利害関係者資本主義……………… 50，66
リスク管理…… 256，263，266，272，273
リソース・ベースト・ビュー理論…… 121
リーダー…………………………… 151
　　──シップ……………………… 219
　　──論…………………………… 199
リッカート………………………… 199
リーマン・ブラザーズ………… 63，66
流通経路（Channel）……………… 144
リレーション・シップ・インベストメント
　……………………………… 53
レスリスバーガー………………… 188
労働集約型産業…………………… 286
ローカルコンテンツ規制………… 284

ワ

ワイドバンド・ネットワーク……… 256

《著者紹介》（執筆順）

浦野倫平（うらの・のりひら）　担当：第 1 章
　※編著者紹介を参照

佐久間信夫（さくま・のぶお）　担当：第 2 章，第 3 章，第 8 章，第 9 章，第 13 章
　※編著者紹介を参照

矢口義教（やぐち・よしのり）　担当：第 4 章
　東北学院大学経営学部教授

山口尚美（やまぐち・なおみ）　担当：第 5 章
　香川大学経済学部准教授

大塚英美（おおつか・ひでみ）　担当：第 6 章，第 7 章
　神戸学院大学経済学部講師

金　在淑（きむ・ちぇすく）　担当：第 10 ～ 12 章
　日本経済大学経営学部准教授

石井泰幸（いしい・やすゆき）　担当：第 14 章
　千葉商科大学サービス創造学部教授

井上善博（いのうえ・よしひろ）　担当：第 15 章，第 16 章
　神戸学院大学経済学部教授

《編著者紹介》

浦野倫平（うらの・のりひら）　担当：第 1 章
　　同志社大学大学院商学研究科博士課程（後期）満期退学
　　現職　九州産業大学商学部　教授
　　専攻　企業財務論，企業論

主要著書

『コーポレート・ガバナンス改革の国際比較』（共著）ミネルヴァ書房，2017 年，『コーポレート・ガバナンスの国際比較』（共著）税務経理協会，2007 年。

佐久間信夫（さくま・のぶお）　担当：第 2 章，第 3 章，第 8 章，
　　　　　　　　　　　　　　　　　　　　第 9 章，第 13 章
　　明治大学大学院商学研究科博士課程修了
　　現職　創価大学名誉教授，博士（経済学）

主要著書

『コーポレート・ガバナンス改革の国際比較』ミネルヴァ書房，2017 年（編著），『地方創生のビジョンと戦略』創成社，2017 年（共編著），『ベンチャー企業要論』創成社，2020 年（共編著）など。

（検印省略）

2014 年 2 月 20 日　初版発行
2021 年 3 月 31 日　改訂版発行　　　　　　　　略称―経営原理

経 営 学 原 理 ［改訂版］

編著者　浦 野 倫 平
　　　　佐久間信夫

発行者　塚 田 尚 寛

発行所　東京都文京区　　**株式会社　創成社**
　　　　春日 2 ‐ 13 ‐ 1

　　　　電　話 03 (3868) 3867　　Ｆ Ａ Ｘ 03 (5802) 6802
　　　　出版部 03 (3868) 3857　　Ｆ Ａ Ｘ 03 (5802) 6801
　　　　http://www.books-sosei.com　振　替 00150-9-191261

定価はカバーに表示してあります。

©2014, 2021 Norihira Urano　　組版：ワードトップ　印刷：エーヴィスシステムズ
ISBN978-4-7944-2579-9　C3034　製本：エーヴィスシステムズ
Printed in Japan　　　　　　　落丁・乱丁本はお取り替えいたします。

───────────── 経 営 選 書 ─────────────

経　営　学　原　理	浦　野　倫　平 佐久間　信　夫	編著	2,800 円
現　代　環　境　経　営　要　論	野　村　佐　智　代 山　田　雅　俊 佐久間　信　夫	編著	2,800 円
ベ ン チ ャ ー 企 業 要 論	小野瀬　　　拡 佐久間　信　夫 浦　野　恭　平	編著	2,800 円
現　代　国　際　経　営　要　論	佐久間　信　夫	編著	2,800 円
現　代　経　営　組　織　要　論	佐久間　信　夫 小　原　久美子	編著	2,800 円
現 代 中 小 企 業 経 営 要 論	佐久間　信　夫 井　上　善　博	編著	2,900 円
現　代　経　営　学　要　論	佐久間　信　夫 三　浦　庸　男	編著	2,700 円
現　代　経　営　戦　略　論	佐久間　信　夫 芦　澤　成　光	編著	2,600 円
現　代　C S R　経　営　要　論	佐久間　信　夫 田　中　信　弘	編著	3,000 円
現　代　企　業　要　論	佐久間　信　夫 鈴　木　岩　行	編著	2,700 円
経　営　学　原　理	佐久間　信　夫	編著	2,700 円
経営情報システムとビジネスプロセス管理	大　場　允　晶 藤　川　裕　晃	編著	2,500 円
おもてなしの経営学［実践編］ ―宮城のおかみが語るサービス経営の極意―	東北学院大学経営学部 おもてなし研究チーム みやぎ おかみ会	編著 協力	1,600 円
おもてなしの経営学［理論編］ ― 旅館経営への複合的アプローチ―	東北学院大学経営学部 おもてなし研究チーム	著	1,600 円
おもてなしの経営学［震災編］ ―東日本大震災下で輝いたおもてなしの心―	東北学院大学経営学部 おもてなし研究チーム みやぎ おかみ会	編著 協力	1,600 円

（本体価格）

───────────── 創 成 社 ─────────────